KB040165

고로, 철학한다

고로, 철학한다

저부제 지음
허유영 옮김

찌질한 철학자들의
위대한 생각 이야기

시대의창

들어가는 글

철학의 의의는 무엇일까?

철학자들에게 이렇게 물으면 아마도 저마다 다른 대답을 내놓을 것이다.

궤변에 능한 소크라테스는 "의의란 무엇이오?"라고 반문할 것이고, 진지한 신학자 토마스 아퀴나스는 "철학은 신학의 시녀입니다. 나의 철학은 인간이 하나님을 더 깊게 믿도록 하기 위함이지요. 아멘"이라고 대답할 것이다.

데카르트는 "나의 철학은 인간의 주체성을 확립하기 위한 것이다"라고 말할 것이며, 헤겔은 "이성이 모든 것을 지배한다. 나의 철학은 이성을 가장 높은 지위로 올려놓기 위함이다"라고 대답할 것이다.

또 마르크스는 "다른 철학자들은 세상을 해석하려고 하지만 나는 세상을 개조하기 위해 철학을 하지"라고 대답할 것이고, 비트겐슈타인은 "철학의 논쟁은 일상언어를 사용하는 법이 잘못되었기 때문이오. 나는 철학을 하지 않기 위해 철학을 하오"라고 말할 것이다.

* * *

사상과 학파에 따라 의견이 제각각 다른 것은 당연하다. 하지만 철학의 궁극적인 의의에 대해서는 철학자들의 견해가 일치한다. 철학이 인간의 행복과 최고의 선을 추구하는 학문이며 인간의 생존과 관계되어 있다는 것이다. 그런데 이런 의의는 세속에 발을 딛고 사는 평범한 사람들에게는 범접할 수 없을 만큼 거창하고 고상하다.

덴마크 철학자 키르케고르는 "철학은 인생의 보모다. 이 보모는 우리를 돌보아주지만 유모가 아니므로 젖을 먹여 우리를 기르지는 않는다"라고 말했다. 키르케고르는 또 철학자들을 조소했다.

"철학자는 선량하고 마음씨 좋은 사람들이다. 그들은 남들이 이론을 이해할 수 있도록 도우려고 한다. 그런데 그들에게는 황당무계함, 틀에 박힌 엄숙함, 이론을 중시하는 태도 그리고 광적인 경력이 있다. 철학자들은 옛날 사람들을 동정하고 그들이 불완전하고 불공정하며 객관성 없는 이론 체계 안에서 살았다고 생각한다.

하지만 철학자들에게 새로운 체계에 대해 물으면 언제나 새로운 평계로 말을 가로막는다. '아니요. 아직 완벽하게 준비되지 않았소. 새로운 체계가 거의 완성되었소. 다음 주면 될 거요.'"

키르케고르처럼 예리한 철학자들은 이처럼 철학자들을 자조적으로 바라보았지만, 남들 눈에 그 광적인 철학자들은 후대인들의 칭송을 받을 만한 매력이 있다.

개인에게 철학의 의의는 '무의미함'에 있다. 철학 공부로 돈을 벌고 승진하고 사회적으로 높은 지위에 오르는 것은 불가능하다. 게다가 많은 철학자들이 사상 자체로 인한 고통에 우울증을 앓았다. 그러나 인류 전체로 보면 철학은 커다란 의미를 가지고 있다. 철학은 인류에게 영혼의 안식처이며 인간의 존엄성은 인간의 사상에서 나온다. 인간은 어디에서 와서 어디로 가는가? 인간은 욕망을 충족시키기 위해 도구를 만들고 과학을 발전시키고 각종 상품을 생산해냈다. 하지만 이런 것들은 인간을 더 행복하게 해주지 못했다. 인간은 이익을 더 많이 갖기 위해 서로 싸우고 소비 욕구를 만족시키기 위해 수없이 고민하고 방법을 짜낸다.

인간은 훗날 자신이 이 도구와 상품의 노예로 전락하지 않을지 생각해본 적이 없다. 인류의 몰락을 피하기 위해 철학은 지칠 줄 모르는 비판 정신으로 인류에게 나아갈 방향을 알려주고 있다. 설령 어느 날 인류 사회가 유토피아처럼 완벽해진다 해도 철학자들은 끊임없이 그 속에서 문제를 찾고 비판할 것이다. 철학은 초월이다. 시대의 단점과 부족함을 초월하고 인류의 고통과 고독을 초월하며, 인간이 쉼 없는 열정으로 극한의 자유와 행복을 추구하도록 이끌어준다.

철학을 열렬히 사랑하지만 심오하고 난삽한 많은 철학서들을 읽을 엄두가 나지 않아 포기한 이들에게 이 책의 일독을 권한다. 예전에 철학을 공부하고 싶지만 너무 어려워 이해할 수가 없다고 내게 푸념하는 사람에게 내가 재미있고 통속적인 철학사 책을 쓰겠노라고 농담을 건넨 적이 있다. 그 일을 계기로 나는 인터넷 게시판에 '12인의 철학자'라는 제목으로 글을 끼적이기 시작했다. 그런데 뜻밖에도 나의 글이 높은 조회 수를 올리며 많은 이들에게 호평받기 시작했고, 나는 그때부터 진지하게 글을 써서 게시판에 올렸다. 그 후 나의 놀라움과 기쁨은 계속되었다. 우선 내가 이렇게 꾸준히 글을 쓸 수 있다는 사실이 놀라웠고, 오늘날과 같은 소비지상주의 시대에 철학을 사랑하는 이들이 이처럼 많다는 사실에 더욱 기뻤다. 마침내 출판사의 제안으로 인터넷 게시판에 올렸던 글을 모아 책으로 엮어 출간하게 되었다.

이 책은 기전체로 배열했으며 본편과 번외편으로 나누었다. 각 장마다 철학자 한 명 또는 두 명 또는 한 학파에 대해 이야기했으며 철학자 또는 학파의 사상이 가진 매력과 영향력을 평가해 본편과 번외편으로 구분했다. 본편의 배열 순서는 나의 주관적인 선호도를 완전히 배제하지 못했으므로 객관성이 다소 떨어진다. 독자들의 너그러운 양해와 오류 지적을 기대한다.

각 사상 간의 계승 및 발전 관계와 철학사의 발전 과정에 대한 독자들의 이해를 돕기 위해 책의 목차에 편년체 차례를 덧붙였다.

마지막으로 이 책의 역할에 대한 나의 의견을 밝히겠다. 이 책은 통속서로서 각 철학 사상에 대해 간략하게 설명하고 철학에 대한 독자들의 흥미를 높이는 데 주력했다. 철학자들의 생명력 넘치는 사상들이 여러 철학서를 통해 활력을 잃고 딱딱하게 굳어져 있는 현실에서 이 책이 철학자와 그들의 사상을 이해하는 새로운 방식을 제시할 것이다. 비유하자면 이 책은 철학의 성대한 만찬을 시작하기 전에 가볍게 마시는 식전주와 같다. 이 책이 독자들의 욕구를 자극하고 소화를 촉진해 철학을 공부하고자 하는 일반인들과 심오한 사상 간의 거리를 좁혀줄 것이다. 하지만 반드시 짚고 넘어가야 할 것이 있다. 철학 공부에 있어서 원서를 읽는 것은 그 무엇으로도 대체할 수 없는, 매우 중요한 일이라는 점이다.

철학자 파스칼은 "진정한 철학은 철학을 조롱하는 것이다"라고 말했다.

독자들이 이 책을 가볍게 읽으면서 유익함을 얻을 수 있기를 진심으로 바란다.

칭화위안에서

저부제哲不解

차례

:

고로, 철학한다
본편

차례

:

고로, 철학한다
번외편

시간 순서와 철학 유파에 따른 차례

:

시간 순서와 철학 유파에 따른 차례

.

고로, 철학한다

본편

은둔형 외톨이, 이마누엘 칸트

"철학으로 향하는 길 위에 있는 모든 사람들이 건너야 할 다리가 있다. 그 다리의 이름은 바로 이마누엘 칸트다."

- 야코브 옙마누일로비치 골로소브케르

18세기 독일 쾨니히스베르크(지금의 칼리닌그라드 – 옮긴이).

당시 이곳에 사는 사람들은 시계의 시간이 맞지 않을 때 반드시 하는 일이 있었다. 바로 칸트^{Immanuel Kant}(1724~1804)의 집 앞에 쪼그리고 앉아 칸트가 나오기를 기다리는 것이었다. 칸트가 매일 오후 4시에 정확하게 집에서 나와 산책하러 가기 때문이었다. 그 시간이 오늘날 저녁 뉴스 직전 ○○시계 광고의 시보만큼이나 정확했다.

이렇게 규칙적인 행동은 루소가 《에밀》을 출간할 때까지도 계속되었다. 그런데 루소의 충실한 팬인 칸트는 《에밀》에 심취해 책을 손에서 놓지 못한 나머지 산책하러 나가는 것마저 잊고 말았다. 그날 오후 4시, 언제나처럼 교회당의 종소리가 울렸지만 칸트가 모습을 나타내지 않자 쾨니히스베르크 전체가 공황에 빠졌다. 사람들은 모두 교회당의 종이 고장 난 게 분명하다고 생각했다!

　칸트, 남, 1724년에 태어나 1804년 사망할 때까지 평생 쾨니히스베르크를 떠나지 않았다. 그가 태어나던 해에 머나먼 동쪽의 중국은 옹정 2년이었다. 옹정제와 그의 신하들은 기독교 전파를 금지하고 나라의 문을 단단히 잠근 채 쇄국정책을 펼치고 있었다. 겉으로는 강인한 척했지만 속으로는 두려움에 벌벌 떨고 있었다. 칸트가 세상을 떠나던 해에는 한때 찬란한 전성기를 누린 독일 고전 철학계의 종결자 포이어바흐가 탄생했다.

　어린 시절 칸트는 가난한 집의 천덕꾸러기 자식이었다. 수공업자인 부친의 벌이가 변변치 않아 집이 찢어지게 가난한 데다가 형제자매도 많았다. 칸트는 열세 살에 어머니를 잃고 열여섯 살에 우수한 성적으로 쾨니히스베르크 대학교에 입학했다. 대학 시절 뉴턴의 사상과 자연과학에 강한 흥미를 느꼈다. 청년 칸트가 철학 분야에서 재능을 마음껏 발휘하기 위해 준비하고 있을 무렵 그의 아버지가 세상을 떠나고 가정의 수입원이 끊기고 말았다. 요즘 중국이라면 칸트의 딱한 처지가 소년소녀 가장 돕기 TV 프로그램에 소개되어 후원자를 찾을 수도 있겠지만, 당시 우등생 칸트에게는 청운의 뜻을 꺾고 생활전선에 뛰어드는 것밖에는 달리 방법이 없었다. 결국 칸트는 학업을 포기하고 가정교사로 일하며 가족의 생계를 책임졌다.

당시 유럽 사회에서 가정교사란 하인과 다를 바 없었다. 한때 도도하고 자존심 강했던 철학도 칸트는 "고통을 피해가지 않고 똑바로 부딪힐 것이다!"라고 외쳤다. 그의 가정교사 생활은 그 후 9년간이나 계속되었고, 자신이 가르치던 학생의 어머니인 카이절링 백작 부인과 스캔들에 휩싸이기도 했다.

1755년, 예전에 함께 공부하던 친구들이 신흥 귀족이나 부자가 되고 동생들도 모두 성인이 되자 우등생 칸트는 서른한 살의 늦은 나이에 다시 대학으로 돌아갔다. 나이는 들었지만 역시 재능은 녹슬지 않았는지 그는 라틴어 논문 〈불에 대하여〉로 쾨니히스베르크 대학교 철학과 석사 논문 심사를 순조롭게 통과하고, 그 기세를 몰아 3개월 뒤에는 두 번째 논문 〈형이상학적 인식의 제1원리의 새로운 해명〉도 심사를 통과했다. 학위를 딴 칸트는 쾨니히스베르크 대학교의 사강사가 되었다. 사강사란 대학에서 강의료를 받지 않고 수강생들에게 강의료를 받는 강사직이다.

칸트는 마침내 가정교사에서 대학의 사강사로 변신하며 그의 인생에서 처음이자 마지막인 전업에 성공했다. 그 후 칸트는 평생 학교에 머물며 학문 연구에만 전념했다. 1758년 칸트는 정교수 임용 경쟁에서 고배를 마셨고 그로부터 12년 후인 1770년에야 쾨니히스베르크 대학교에 다시 교수직 결원이 생겼다. 칸트는 〈감성계와 예지계의 형식과 그 원리들에 대하여〉라는 논문이 변론에 통과해 드디어 쾨니히스베르크 대학교의 정식 교수로 임명되었다. 그런데 다른 교수들은 1년 동안 저명 학술지에 논문을 몇 편이나 게재하고 대작이라 부를 만한 저서를 몇 권이나 출간하며, 또 프로이센 국가급 프로젝트를 몇 건이나 수행한다는 사실에 칸트는 다시 한 번 충격을 받았다. 그는 교수가 된 후 1781년까지 11년 동안 단 한 편의 소논문조차 발표하지 않았던 것이다. 이에 대해 작곡가 멘델스존의 할아버지인 계몽철학자 모제스 멘델스존은 "칸트가 교수의 명예에 먹칠을 하고 있다"라며 노발대발 화를 내기도 했다. 하지만 '루저loser' 칸트는 주변의 냉대와 조롱에도 아랑곳하지 않고 느긋하기만 했다. "철학은 가르칠 수 있는 학문이 아니다. 철학은 사상가만이 할 수 있는 것이다. 남들이 아무리 뭐라고 해도 나는 학문에 열중하며 내실을 쌓겠노라."

과연 교수가 된 지 11년 만인 1781년, 10년 넘게 침묵하고 있던 칸트가 단 한 권의 책으로 세상을 놀라게 했다. 그가 불과 몇 달 만에 완성한 철학의 거작《순수이성비판》이 발표되자마자 철학계 전체가 충격과 환호에 휩싸였다. 서양철학사 책을 한 번이라도 들추어본 사람이라면 칸트 이전에 인류의 인식에 관해 이성주의와 경험주의가 시끄럽게 갑론을박하고 있었다는 사실을 알고 있을 것이다. 이성주의 학파의 대표적인 인물은 "나는 생각한다. 고로 존재한다"라는 명언으로 유명한 데카르트와 스피노자, 라이프니츠 등이었다. 그들은 지식은 감각과 경험에서 나오는 것이 아니며 오직

이성만이 사물의 본질을 정확하게 파악할 수 있고, 이성 자체는 절대로 잘못될 수 없다고 주장했다. 데카르트는 본유本有 관념과 연역법을 제창했다. 그는 신이 존재한다는 관념, 수학 원리, 논리 규칙, 도덕 원칙은 모두 사람들이 보편적으로 인정하는 본유 관념이며, 이런 본유 관념에서 출발해 엄격한 논리의 추론을 거쳐야만 인간이 지식을 얻고 진리를 획득할 수 있다고 주장했다. 그러나 칸트는 이를 '독단론'이라고 불렀다. 경험주의 학파의 대표적인 인물로는 베이컨, 로크, 버클리, 흄 등이 있었다. 그들은 모든 관념은 경험의 인식에서 추상적으로 개괄해내는 것이며 지식은 오로지 경험에서만 나온다고 주장했다. 논리와 수학을 제외하면 사람들이 알고 있는 모든 것은 감각적인 재료에 의거하고 있다는 것이다. 이성은 감각과 경험에 의거하지 않으므로 사람들에게 현실적인 지식을 부여할 수 없다는 것이 그들의 생각이었다. 하지만 칸트는 이를 '회의론'이라고 불렀다. 왜냐하면 칸트는 모든 지식의 밑바탕을 의심했기 때문이다. 이 철학적 논쟁을 쉽게 이해할 수 있도록 예를 들어보겠다. 뉴턴과 데카르트는 주장했다. "보라! 데카르트 – 뉴턴 모델로 우주의 구조와 운동을 해석하지 않았는가? 이게 바로 인간의 이성을 통해 세계에 관한 믿을 만한 지식을 얻을 수 있음을 증명하는 것이다." 그러자 로크, 버클리, 흄 등 경험주의 학자들이 벌떡 일어나 핏대를 세우며 반박했다. "인간의 감각적 기초 위에 형성된 경험으로는 결코 이 세계의 진실한 존재를 파악할 수 없다!"

시끄러운 싸움이 계속되고 있을 때, 바로 칸트의 대작《순수이성비판》이 등장해 이성주의와 경험주의의 충돌과 모순을 부드럽게 중재하고 나섰다. "이성주의파와 경험주의파는 그만들 싸우시오. 내가 보기에 세계는 물자체와 현상계로 나뉘어 있소. 물자체, 즉 사물 자체는 알 수 없으며 현상계는 인간이 인식할 수 있는 것이오." 칸트의 이론은 영원히 끝나지 않을 것 같았던 철학계의 논쟁을 효과적으로 중재했을 뿐 아니라, 친절하게도 점성학, 주역, 기문둔갑 등 다른 분야에도 이론적 근거를 제시했다. 칸트의 관점에 따른다면 누가 이것들을 사이비 과학이라고 단언할 수 있겠는가? 과학이 발전한 지는 수백 년밖에 되지 않았고 과학을 초월한 물자체는 인간이 감히 알 수 없는 것이다.

《순수이성비판》이라는 책에서 칸트는 첫머리에서부터 단도직입적으로 철학에 관한 네 가지 기본적인 문제들을 제시했다. 첫째, 우리는 무엇을 인식할 수 있는가? 둘째, 우리는 무엇을 해야 하는가? 셋째, 우리는 무엇을 기대할 수 있는가? 넷째, 인간이란 무엇인가? 철학은 이 네 가지 문제의 해답을 찾기 위한 학문이라는 것이 칸트의 생각이었다. 칸트의 《순수이성비판》은 이 가운데 첫 번째 질문 "우리는 무엇을 인식할 수 있는가?"의 해답을 찾는 데 집중했다. 이 책에서 칸트는 이성을 이론이성과 실천이성으로 구분했다. 순수이성이란 곧 이론이성이며 모든 경험에서 독립된 이성이고 이성의 유한한 범주를 통해 인식하는 것을 의미한다. '비판'이란 본래 '서평', 즉 분석을 의미한다. 다시 말해, 순수이성비판이란 곧 순수한 사변을 통해 이성을 고찰한다는 의미를 가지고 있다.

칸트의 관점에서 볼 때 순수이성비판은 단순히 독단론과 회의론의 단점을 비판하는 것에 그치지 않고 완전히 새로운 주체와 객체의 관계를 제시했다. 그는 인간은 자연이 실제로 표현해내는 것이나 인간에 의해 포착된 일부분의 현상만을 인식할 수 있을 뿐 진실의 존재 자체와 그 규칙은 인식할 수 없으며, 지식은 대상이 아니라 인간의 인식능력에 의해 결정된다고 주장했다. 한마디로 인간이 인식하는 세계는 세계의 본질이 아니라 인간이 인식하는 세계일 뿐이라는 것이다. 칸트의 《순수이성비판》은 이성적 판단을 통해 이성이 적용될 수 있는 범주를 확실히 정하고 이성이 창출해내는 지식의 객관성을 인정했다.

칸트의 순수이성은 인간의 이성이 상식에서 탈피해야 한다고 주장한다. 객관적인 인식의 필연성과 보편성이 객체가 아니라 인지의 주체, 즉 인간 자신에게서 나오기 때문이다. 어떤 선천적인 조건들은 논리적으로 경험보다 앞서고 또 경험을 결정하는데 이것을 바로 '선험'이라고 한다. 이로써 칸트는 인식론 분야의 '코페르니쿠스 혁명'을 완성했다. 이 혁명의 핵심은 이른바 "인간이 자연계의 법을 세운다"라는 논리다.

칸트 사상을 철학계의 코페르니쿠스 혁명이라고 부르는 것은 칸트 이전에는 인간의 관념이 반드시 대상에 부합해야 한다고 인식했기 때문이다. 마치 태양이 지구 주위를 돈다는 천동설과 비슷하다. 하지만 칸트는 관념이 대상에 부합해야 하는 것이 아니라 대상이 관념에 부합해야 한다고 주장했다. 세계는 인간 자신의 인지 조건에 따라 인식한 세계라는 칸트의 주장은 지구가 태양 주위를 돈다는 지동설과 닮아 있다.

칸트가 제시한 순수이성은 신에게까지 그 위력을 미쳤다. 사람들이 감각기관에 의지해 포착한 영상은 진실한 세계가 아니라 환상이며, 인간이 유한한 감각 능력을 통해 신과 영혼의 존재를 관찰하는 것은 한낱 잠꼬대에 불과할 뿐 인간에게는 신의 존재를 독단적으로 인정할 권력이 없다는 것이다. 이에 대해 시인 하이네는 "칸트여, 이 비인간적인 무신론자여! 그대의 비정한 검에 스러진 신과 천사들의 시신이 산처럼 쌓였구나. 그 후로 고통의 나락에 빠진 인간들은 고통을 토로할 곳도, 구원받을 곳도 잃고 말았으니"라며 촌철살인을 날렸다. 똑똑한 칸트도 자신의 철학이 종교를 너무 철저히 파괴할 수 있음을 인식했다. 게다가 그의 충실한 하인 람페마저 신이 부당한 대우를 받았다며 하루 종일 울고불고 통곡하자 칸트도 더는 두고 볼 수가 없었다. "불쌍한 늙은 람페에게 신이 반드시 필요하다. 그렇지 않으면 고통에 빠진 인간이 영원히 절망에서 헤어나지 못할 것이 아닌가?" 그래서 칸트는 자신으로 인해 불쌍해진 신을 달래고 하인을 위로하기 위해, 비록 순수이성으로는 신을 부정했지만 실천이성을 통해 신을 부활시켰다. 늙은 하인 람페는 그제야 눈물을 닦고 미소를 지었다.

1788년 《실천이성비판》이 출간되었다. 이 책에서 칸트는 자신이 제시한 두 번째와 세 번째 질문, 즉, "우리는 무엇을 해야 하는가?"와 "우리는 무엇을 기대할 수 있는가?"의 해답을 모색했다. 순수이성이 인간의 인식 문제를 논했다면 실천이성은 인간의 도덕적 행위, 즉 도덕에서 이성이 수행하는 기능에 관한 것이다. 칸트는 실천이성이 순수이성보다 우위에 있으며 인간의 인식은 최종적으로 도덕을 위해 쓰여야 한다고 주장했다. 실천이성이 도덕적 행위를 가능하게 하기 위해서는 인간의 자유, 영혼 불멸, 신의 존재라는 세 가지 가설을 반드시 인정해야 한다. 이 세 가지 가설이 인간의 도덕적 가치를 자아와 신의 높이, 즉 칸트가 말한 도덕 형이상학의 차원으로 끌어올렸다. 이 책에서 칸트는 주로 윤리학의 문제에 대해 논하고 인간으로 하여금 윤리적 행위를 하게 만드는 원동력과 그 규범에 대해 설명했으며, 윤리 도덕과 신앙의 관점에서 신의 존재, 영혼 불멸, 의지의 자유가 가지는 의의를 고찰했다. 1790년《판단력비판》이 출간되었다. 이 책은 칸트의 네 번째 질문인 "인간은 무엇인가?"에 관한 것이다. 칸트는 이 책에서 실천이성은 순수이성에 영향을 미치고 도덕은 인간의 지식에 영향을 미치며 자유는 필연에 영향을 미칠 수밖에 없다고 했다.《판단력비판》은 앞서 출간한 두 가지 비판에서 설명한 필연과 자유의 충돌과 대립을 해결하기 위해 쓴 책이었다. 칸트는 순수이성과 실천이성 사이에 다리를 놓고 심미적인 관점에서 바라보는 것이 바로 판단력이라고 했다. 판단력이 미학과 자연계 사이에서 필연과 자유를 결합하고 최종적으로 화해시키는 역할을 한다는 것이다. 그리고 인간, 즉 완전한 이성을 가진 인간은 순수이성과 실천이성을 통합할 수 있다고 주장했다.

훗날 사람들은 칸트의 《순수이성비판》, 《실천이성비판》, 《판단력비판》을 '3대 비판서'라고 부르고, 1770년 그를 교수직에 앉혀준 논문을 전환점으로 삼아 그의 대학 졸업부터 1770년까지를 '전비판기', 1770년부터 세 편의 비판을 잇달아 발표할 때까지를 '비판기'로 구분했다. '전비판기'에 칸트는 뉴턴 역학 등 자연과학에 심취해 라이프니츠 철학에 깊은 영향을 받았고, '비판기'에는 인식론, 윤리학, 미학 연구에 치중하고 독단론을 비판했다.

'3대 비판서'가 발표된 후 독일 명문 대학과 철학계를 중심으로 '칸트 열풍'이 일어나고 독일의 모든 대학 철학과에서 칸트 철학을 필수과목으로 지정했다. 칸트의 '3대 비판서'는 확실히 남들과는 다른 높은 안목과 식견으로 논리를 거침없이 풀어나갔다. 칸트는 모든 분야를 섭렵한 전략가처럼 남들의 학설에서 장점은 취하고 약점은 배제해 자기만의 방대한 철학 체계를 수립했다. 근대 철학은 칸트에 이르러 집대성되었고 현대 철학은 칸트에게서 출발했다.

그런데 철학계의 우상 칸트에게도 우상이 있었다. 바로 루소다. 당시 루소의 사상은 이미 처참하게 왜곡되고 저마다의 입맛에 맞게 변질되어 있었지만 루소에 대한 칸트의 존경과 흠모는 조금도 흔들리지 않았다. 무협 소설을 보면 이런 줄거리가 단골로 등장한다. 젊은 협객이 무림 제일의 고수가 되어 강호를 지배하려는 야심을 품고 강호의 군웅을 찾아다니며 대결을 펼치고 차례로 제압하는데, 어디선가 홀연히 나타난 강호의 전설적인 선배가 "무예는 나라와 백성을 위해 써야 한다. 천하의 백성을 이롭게 하는 것이 무예의 정신이다. 그러지 않으면 아무리 강한 무예도 포악한 발톱에 불과할 뿐이다"라고 충고한다. 젊은 협객은 그제야 큰 깨달음을 얻어 자신의 무공을 선을 위해 악에 대항하는 데 사용하기 시작했고 마침내 무림의 대협객으로 우뚝 서게 된다. 루소가 바로 칸트에게 이런 깨달음을 주었다. 젊은 철학도 칸트는 의욕적으로 지식을 흡수하고 지식 탐구를 자기 인생 최대 목표로 삼고 있었다. 물론 이 시기에 그에게서는 문인의 고고함이 흘러넘쳤다. 바로 그때 루소의 책과 사상이 칸트에게 인간의 존엄과 권리, 자유가 인간의 사상보다 우선해야 한다는 사실을 일깨워주었던 것이다. 사상가의 사상이 인간의 권력과 자유를 확립시키지 못한다면 그 사상은 아무런 의미도 없다. 이 점을 깨달은 칸트는 마치 꿈에서 깨어난 듯 순수이성에 관한 학설을 포기했다. 별자리를 관찰하고 내면의 도덕률을 찾는 데 심취했던 은둔형 외톨이 칸트에게 일생 최대 명제는 과학과 자유, 단 두 가지였다. 칸트는 뉴턴의 자연과학 체계와 루소의 자유주의를 바탕으로 폭넓은 관점에서 인간 사회를 고찰했다.

또한 칸트는 '이율배반'이라는 유명한 철학 개념을 제시했다. 이른바 이율배반이란 간단히 말해 하나의 문제에 대해 두 사람이 각각 자신의 학설을 내놓았는데, 이 두 가지 학설이 서로 모순되지만 각각 동등한 타당성을 가지고 있는 것을 의미한다. 한마디로 "네 말도 맞고 네 말도 맞다"라는 것이다. 그런데 여기에서 문제가 발생한다. 두 사람이 모두 맞는다면 도대체 누가 틀린 걸까?

순수이성의 단점을 논증하기 위해 칸트는《순수이성비판》에서 이율배반의 네 가지 사례를 열거했다.

(1) 정립: 세계에는 시간상의 시초가 있고 공간상으로도 한계가 있다.

반정립: 세계는 시간상으로든 공간상으로든 무한하다.

(2) 정립: 세계의 모든 것은 단일한 것들로 이루어져 있다.

반정립: 세계에는 단일한 것은 없으며 모든 것이 복합적으로 합성된 것이다.

(3) 정립: 세계에는 자유에 의한 인과성이 존재한다.

반정립: 세계에는 자유가 없으며 모든 것은 자연의 법칙에만 따른다.

(4) 정립: 세계의 인과 체계 안에 필연적인 존재가 있다.

반정립: 세계의 인과 체계 안에 필연적인 존재는 없으며 모든 것은 우연적인 것이다.

칸트는 이율배반이 있는 것은 사람들이 물자체를 인식할 수 없기 때문이라고 생각했다. 인간의 인식은 '감성' 단계에서 '지성' 단계로 발전했다가 최종적으로 '이성' 단계로 나아가는데, 감성은 감각 기관을 통해 느끼는 것이고 지성은 선천적 종합판단을 통해 현상적 세계를 인식한다. 예를 들면, 우리는 감성을 통해 사물의 색깔과 크기, 냄새 등을 알고, 지성을 통해 사물의 개념과 범주를 파악한다. 하지만 우리가 인지한 것은 모두 현상적 세계이며 본질적 세계, 즉 물자체는 인간이 파악할 수 없다. 이성은 감성과 지성의 능력적 한계에 만족하지 못하고 무한하고 영원한 물자체를 추구하게 된다. 하지만 유감스럽게도 이성이 자신의 경험적 한계를 초월해 조건적이고 상대적인 현상 지식을 통해 우주, 또는 물자체를 인식하고자 하면 보편적으로 인정되는 원칙에 따라 세운 두 개의 명제가 필연적으로 충돌하게 된다. 즉, 이율배반이 생겨난다. 한마디로 인간의 인식은 눈에 보이는 현상 세계에 국한될 수밖에 없으며 인간은 물자체를 영원히 알 수 없다. 예를 들어 정상 시력을 가진 사람들의 눈에 보이는 빨간색은 색맹인 사람들의 눈에 보이는 빨간색과 다를 수 있다. 이처럼 사람들이 인식하는 것은 사물의 현상이지 사물 자체는 아니다.

칸트는 사생활에서도 훌륭한 사람이었지만 도덕적으로는 더더욱 훌륭한 사람이었다. 최근 하버드 대학교 마이클 샌델 교수의 철학 공개 강의 '정의Justice'가 세계적으로 큰 반향을 일으키며 수많은 수강생들이 줄지어 그의 강의를 듣고 있다. 샌델 교수가 이 강의에서 칸트의 절대론적 윤리설에 대해 언급한 적이 있다. 그는 '전차 문제Trolly Problem'를 제시했다. 한 미치광이가 다섯 명의 무고한 사람들을 전차 궤도 위에 묶어놓고 브레이크가 고장 난 전차를 그들을 향해 달리게 했다. 전차가 사람들이 묶여 있는 곳으로 들이닥치기 직전이다. 이때 당신은 기관사이고 레버를 당겨 전차를 다른 궤도로 방향을 틀게 할 수 있다. 그런데 다른 궤도에는 또 다른 사람 한 명이 묶여 있다. 그렇다면 당신은 어떤 선택을 할 것인가? 벤담으로 대표되는 공리주의 철학자들은 한 치의 망설임도 없이 궤도를 바꿀 것이다. 한 사람을 희생시키는 것이 다섯 사람을 희생시키는 것보다 낫기 때문이다. 그러나 칸트의 절대론적 윤리설에서는 이 선택에 반대한다. 레버를 당겨 궤도를 옮겨 한 사람을 죽인다면 당신도 역시 비윤리적인 행위에 동참하게 된다는 것이다. 칸트는 좋은 사람이든 아니든, 선의가 있든 없든, 그가 한 행동의 결과가 이롭든 아니든 관계없이, 무조건 그가 어떤 행동을 한 동기만을 놓고 판단해야 한다고 주장했다. 가령 살인범이 당신의 친구를 뒤쫓고 있고 당신의 친구는 당신 집 옷장 속에 숨어 있다고 치자. 당신이 만약 친구가 당신 집에 없다고 거짓말을 한다면, 비록 친구의 목숨은 구할 수 있겠지만 칸트의 관점에서 본다면 그것은 비윤리적인 행동이다. 칸트의 윤리는 일종의 '절대 명제'이며 의지의 자유와 도덕의 보편적 유효성을 강조한다. 자유가 없다면 진정한 의미의 도덕적 행위도 없다는 것이다.

칸트의 철학은 강하고 거침없다는 점 외에도 또 한 가지 뚜렷한 '장점'이 있다. 바로 난삽하고 이해하기 어렵다는 것이다. 사실 칸트만이 아니라 피히테, 헤겔 등 독일 철학자의 작품은 모조리 '어색하고 난삽하다'는 '찬사'를 받고 있다. 프랑스에서는 루소, 볼테르 등 계몽사상가들의 저서가 미려한 글과 기발한 사상으로 인기를 끌며 책이 출간되자마자 날개 돋친 듯 팔려나가고 사람들이 앞다투어 읽었다. 하지만 가엾은 독일 철학자들은 힘들게 책 한 권을 써내도 사람들은 "이해하기 어렵다!"라고 입을 모아 외쳤다. 몇몇 독일 철학자들은 궁여지책으로 자기 책에 주석을 달아 해석본을 출간하기도 했지만 이 역시도 "역시 이해하기 힘들다!"라는 사람들의 핀잔만 더해졌을 뿐이다. 독일 철학자들이 울며 겨자 먹기로 자신들의 주장을 자세하게 해석해서 소개하자 사람들은 그제야 "알 것 같다"라는 반응을 보였다. 통속적이고 쉬우며 문학성이 강한 프랑스 철학과 달리 독일 철학은 대부분 사고가 깊고 사상이 심오하다. 독일 철학은 프랑스 철학과 비교할 때 문학적 가치는 다소 떨어질지 몰라도 사상의 깊이와 체계성만큼은 세계 어느 나라의 철학과 비교해도 월등히 우수하다.

독일 고전주의 철학은 칸트에 의해 창시된 후 피히테, 셸링을 거쳐 헤겔에 이르러 최고 전성기에 이르렀으며 규모가 방대하고 내용이 풍부해 삼라만상을 모두 품을 수 있었다. 칸트의 충실한 추종자인 쇼펜하우어도 "철학자가 되고 싶다면 먼저 칸트의 제자가 되어라. 칸트를 모른다면 글을 모르는 아이와 같다"라고 말했다.

칸트는 일생 쾨니히스베르크를 떠나지 않았고 결혼도 하지 않은 채 평생을 은둔형 외톨이로 살았다. 이 때문에 후대에 '3대 비판서'도 이해하지 못하면서 칸트에게 심취한 '변태'들이 파파라치 정신을 발휘해 칸트의 사생활을 깊이 파헤치고 칸트의 남자 하인 람페에서부터 칸트를 후원했던 남학생에 이르기까지 시시콜콜 연구한 후 "칸트는 동성애자였다!"라는 결론을 내리기도 했다.

하하! 하지만 그들은 칸트가 평생 독신으로 산 것이 가족의 생계를 책임져야 하는 막중한 부담을 짊어졌던 것 외에도 그가 중세 유럽에서 유행했던 체액 이론의 철저한 신봉자였기 때문이라는 사실은 전혀 모르고 있다. 체액 이론이란 간단히 말해 인체의 체액이 사람에게 생명력을 부여하기 때문에 체액은 반드시 체내에서만 순환되어야 하며 체액이 소진되면 인간이 늙어 사망한다는 이론이다. 따라서 이 이론에서는 격렬한 운동에 반대한다. 체액이 땀으로 빠져나갈 수 있기 때문이다. 프렌치 키스 역시 금한다. 타액이 손실될 수 있기 때문이다. 그렇다면 섹스는? 흥! 꿈도 꾸지 마시라! 이 모든 것을 거부했던 칸트는 80세까지 살았다.

칸트는 팔방미인이었다. 철학 외에도 논리학, 수학, 물리학, 역학, 지리학, 생물학, 신학, 자연법에도 조예가 깊었으며 '성운설'을 처음 제창하기도 했다. 혹자는 키가 157센티미터밖에 안 되는 왜소한 체구에다가 선천적으로 가슴이 좁고 체질이 허약했으며, 평생 사람들과 교류하지 않고 고독하게 산 그가 도대체 무슨 체력으로 세상을 놀라게 한 '3대 비판서'를 완성시키고 철학의 거장으로 우뚝 설 수 있었는지 의아해한다. 나는 저우룬제의 노래 〈선샤인 홈보이〉에 나오는 이 가사가 칸트와 절묘하게 맞아떨어진다고 생각한다.

"겉으로는 조용하지만 속은 침착하고 강해. 구름 없는 하늘 햇빛이 온 세상을 비추듯이!"

갖가지 의문과 억측에 대해 칸트가 제일 하고 싶은 말은 바로 이 것일 것이다.

"내게 미련 갖지 마. 난 전설이 아니야. 난 외롭지 않았어!"

까다로운 불만쟁이, 게오르크 헤겔

황혼 무렵 헤겔^{Georg Wilhelm Friedrich Hegel}(1770~1831)이 높은 산에 올라 늠름하고 호방한 기개로 두 손을 뻗어 창공을 가리키며 슈바벤 사투리가 강한 말투로 소리 높여 외친다.

"미네르바의 부엉이는 황혼이 깃들 무렵에야 날기 시작한다!"

홀연히 불어온 한 줄기 바람이 헤겔의 듬성듬성한 머리카락을 흩뜨린다.

철학자 중에 누구를 제일 좋아하느냐고 내게 묻는다면 나는 입술을 질끈 깨물고 눈동자를 반짝이며 이렇게 대답할 것이다.

"헤겔은 역시 헤겔이다!"

그 이유를 묻는다면 나는 또 이렇게 말할 것이다.

"헤겔이 나와 같은 처녀자리이기 때문이죠."

그렇다. 슬픈 페르세포네의 전설이 깃든 이 처연한 별자리에서 헤겔 같은 철학계의 거성이 탄생했다는 사실은 철학의 바다에서 허우적대고 있는 나 같은 철학도에게는 암흑 속의 등대와도 같다.

정말이지 헤겔의 바짓단을 부여잡고 진심을 다 바쳐 〈당신이 나를 일으켜주시기에$^{\text{You raise me up}}$〉라도 부르고 싶은 심정이다.

"오, 헤겔, You raise me up, so I can stand on mountains. You raise me up, to walk on stormy seas. I am strong, when I am on your shoulders. You raise me up. To more than I can be(당신이 나를 일으켜주시기에 나는 산에 우뚝 서 있을 수 있어요. 당신이 나를 일으켜주시기에 나는 폭풍의 바다도 건널 수 있답니다. 당신이 나를 떠받쳐줄 때 나는 강인해지지요. 당신은 나를 일으켜, 나보다 더 큰 내가 되게 합니다)."

내 주변에 별자리에 심취한 문과 여학도들이 많다. 그녀들은 사회과학에는 별 흥미를 못 느끼지만 남들이 미신이라 부르는 별자리에 푹 빠져 있다. 별자리 이야기를 할 때면 그녀들의 눈동자에서 형형한 광채가 발산되곤 한다. 처음에는 별자리에 비판적인 입장이었던 나도 주변의 영향으로 조금씩 별자리에 관심을 갖게 되었다. 그녀들에게 들은 바에 따르면, 처녀자리는 흙 원소를 가진 3대 별자리 중 하나이며 수호성은 수성이다. 흙 원소를 가진 별자리의 가장 큰 특징은 착실하고 빈틈이 없다는 것이다. 허구한 날 돈이 없네, 여자도 없네 넋두리를 입에 달고 사는 '루저' 철학자들이 수두룩하지만 헤겔은 당당히 결혼을 했다. 그것도 자신보다 스무 살이 어린 아가씨 마리 폰 투헤르를 아내로 얻어 백년해로했다. 자유분방하고 방탕을 일삼은 다른 철학자들에 비하면 헤겔은 단란한 가정의 좋은 가장이었다. 그는 사회적으로도 성공했을 뿐 아니라 세 아들을 두고 행복한 가정을 꾸렸다. 세 아들 중 한 명이 결혼 전 연인과의 사이에서 낳은 사생아이기는 했지만 말이다.

처녀자리 사람들의 장점은 완벽을 추구하는 것이지만 단점도 역시 과도한 완벽주의자라는 점이다. 정신적인 완벽함을 추구한 헤겔은 절대정신이라는 개념을 수립하고 독일 철학이 자신에게 이르러 아무도 능가할 수 없는 최고봉에 이르렀다고 선언했다. 하지만 다른 한편으로 그는 세속적인 생활에서도 완벽함을 추구했다. 그의 철학은 부르주아혁명에 이론적 기초를 제공했지만 그 자신은 봉건 정부인 프로이센 정부의 초청으로 베를린 대학교의 철학과 학장을 지내며 부귀영화를 누렸다. 헤겔은 사람들에게 "나의 인생 목표는 모두 이루었소. 관직과 아름다운 아내를 가졌으니 무엇을 더 바라겠소?"라며 으스대기도 했다. 그런데 과도한 완벽주의는 복잡한 문제를 일으키는 법이다. 헤겔은 세속의 생활에서뿐만 아니라 형이상학적인 학문 연구에 있어서도 많은 모순을 일으켰다. 헤겔 철학을 들여다보면 그의 철학 체계와 방법론에 여러 가지 모순과 충돌이 존재한다. 독일 고전주의 철학자들은 거의 모두 절대적인 진리를 창안해 자기만의 철학 체계를 세우고자 했다. 물론 헤겔도 예외가 아니었다. 그런데 헤겔이 내놓은 것은 가히 혁명적이라고 할 수 있는 변증법이었다. 변증법에 따르면 모든 사물은 일시적인 것이고 운동의 절대성을 가지며 모든 현실은 필연성과 합리성을 가지고 있다. 따라서 완벽하며 조용히 정지해 있는 것처럼 보이는 체계와 쉬지 않고 운동하는 변증법 사이에 충돌이 발생한다. 약삭빠른 헤겔은 역시 타협에 능했다. 그는 "모든 현실은 이성에 부합하며 이성에 부합하는 것은 모두 현실이다"라고 주장했다. 프로이센 전제 정부는 헤겔의 주장을 두 팔 벌려 환영하며 "우리가 바로 현실이므로 이성에 부합한다"라고 희희낙락했다. 하지만 그들은 헤겔의 논리 속에 "현존하는 모든 것은 멸망한다!"라는 행간의 뜻이 숨어 있다는 사실은 까맣게 모르고 있었다.

괴테는 헤겔이 교수가 될 수 있도록 도움을 주었고 두 사람은 줄곧 가까운 친분을 유지했다. 훗날 사람들은 헤겔의 《정신현상학》과 괴테의 《파우스트》를 나란히 놓고 비교하곤 했다. 《정신현상학》은 철학적인 언어로 논증한 철학서이고 《파우스트》는 문학적인 언어로 묘사한 문학작품이라는 뚜렷한 차이점이 있기는 하지만, 끝없는 세계 속에서 인생의 의의를 탐색하는 파우스트의 모습이 세상을 끊임없이 탐험하는 절대정신과 오묘하게 닮아 있다. 헤겔 철학의 핵심 개념은 '절대정신'이다. 절대정신은 세상 만물의 법칙을 관통하는 우주의 본질과 이성의 절대적인 형식을 의미한다. 다시 말해 절대정신은 모든 사물의 기원이므로 절대정신을 빼놓고는 세상 그 어떤 것도 설명할 수 없다.

절대정신은 세 가지 단계를 거치며 우주를 탐색한다. 논리 단계, 자연 단계, 정신 단계가 바로 그것이다. 따라서 헤겔의 철학 체계는 논리학, 자연철학, 정신철학을 모두 아우르는 셈이다. 논리학은 존재론과 본질론, 개념론 세 가지 부분으로 이루어져 있고, 자연철학과 정신철학은 논리학에서 파생된 것으로 응용논리학이라고 부를 수 있다. 자연철학은 자연을 연구하고 정신철학은 인간과 사회를 연구하며 모두 논리학의 '외화^{Externalization}'를 통해 형성된 철학이다. 자연철학에는 물리학, 생물학, 화학이 포함되고 정신철학은 주관정신, 객관정신, 절대정신으로 나뉜다. 주관정신은 다시 인류학, 정신현상학, 심리학으로 나뉘고 객관정신은 법철학과 역사철학으로 나뉜다. 하지만 절대정신은 순수한 정신 영역으로 주관적이면서도 객관적이고, 예술철학이자 종교철학이며 또 철학사다. 헤겔은 자신의 철학이 절대정신의 최고봉에 올랐으며 자신이 절대적인 진리를 깨달았다고 자부하고 또한 자신이 세상 만물의 종결자이자 신의 자아의식이라고 단언했다. 이것이 바로 헤겔의 철학 체계다.

헤겔의 철학 체계는 커다란 원과 같아서 자아의식에서 출발해 세 단계를 거쳐 절대정신으로 회귀했다. 한마디로 "정신이 자아를 초월하고 자아를 분열시키며 자아를 소외^{alienation}시킨 뒤에 다시 자아로 돌아왔다". 이 과정에서 정신은 논리를 원칙으로 하고 대립과 통일을 원동력으로 삼아 왕복 순환을 했다. 자연, 인간, 사회, 국가, 법이 이 순환 속에서 탄생하고 세상 만물이 순환을 통해 풍부해졌다. 헤겔은 자연계와 인류 사회보다 우선해 홀로 존재하는 절대정신이 바로 신이라고 말했다. 헤겔은 기독교 철학자가 아니었다. 오히려 그의 초기 저서를 보면 기독교를 비판한 것들이 많다. 그런데 어째서 헤겔은 절대정신을 신이라고 했을까? 사실 '신神'이라는 말에는 아주 많은 뜻이 담겨 있다. 많은 철학자들이 자기 철학의 핵심 개념을 신으로 귀결시켰다. 스피노자도 "실체가 곧 신이다"라고 했다. 하지만 철학자들이 말한 '신'이란 기독교의 하나님이 아니며 그 철학자들도 독실한 기독교도나 상제론上帝論 신봉자가 아니었다.

헤겔이 절대정신을 신으로 귀결시킨 것은 절대정신이 최고의 권위를 가졌음을 강조하기 위함이었지만 이 밖에도 자신을 보호할 수호신이 필요하기 때문이기도 했다. 사람들은 헤겔을 철학의 신으로 찬미했지만 그 신은 '속물적인 꼬리'를 등 뒤에 감추고 있었다. 헤겔은 자신을 보호하기 위해 자기 철학의 혁명적인 의의를 '신'이라는 폐허 속 깊숙이 감출 수밖에 없었다.

헤겔은 논리는 존재의 바탕이며 정신은 만물이기 때문에 사유의 법칙과 실재의 법칙은 불가분의 관계에 있다고 여겼다. 그런데 모순율(아리스토텔레스가 확립한 논리학의 기본원리로 어떤 명제와 그것의 부정이 동시에 참이 될 수 없다는 원리-옮긴이)의 기초 위에 세워진 전통적인 논리는 일상생활과 과학에만 적용될 수 있을 뿐 철학적 사고에는 적합하지 않았다. 철학은 더 높은 진리에 도달해야 하며 쉬지 않고 변화하는 모든 실재를 아울러야 한다. 그래서 헤겔은 변증법이라는 새로운 방법론을 제시했다. 변증법은 식물이 씨앗에서 시작해 열매가 되었다가 다시 씨앗으로 돌아가는 과정과 유사하며 간단히 '명제＋반대명제＝종합명제'로 표현할 수 있다. 고대 그리스 사상가 헤라클레이토스도 이런 주장을 펼치기는 했지만 헤겔은 종합명제가 단순히 명제와 반대명제를 부정하는 것이 아니라 이 두 가지를 '지양aufheben'(상반된 명제나 개념이 보다 높은 차원에서 하나가 되는 것-옮긴이)함으로써 탄생한 새로운 명제임을 명확하게 밝혔다. 칸트가 진리의 수호신으로 여겼던 모순을 헤겔은 사물의 중심에 놓은 것이다. 헤겔은 처음으로 자연의 역사와 정신세계를 끊임없이 운동하고 변화하고 발전하는 과정으로 인식했다.

헤겔과 칸트의 철학을 읽으면 대부분의 사람들이 "너무 어렵다"라고 말한다. 헤겔은 칸트가 정립한 독일 고전주의 철학을 최고봉으로 밀어 올렸으며 그 자신도 역시 독일 고전주의 철학의 집대성자로 칭송받았다. '고전주의'가 장엄하고 화려하며 웅장한 건축 양식을 일컫는 말이듯 독일 철학 역시 그와 같은 특징을 가지고 있다. 헤겔의 세계는 이성이 모든 것을 지배하는 세계였다. 그는 역사의 우연한 사건이나 주관적인 동기들의 배후에 모두 필연성이 숨어 있다고 주장했다. 역사의 변천은 불사조와 같다. 불사조는 활활 타오르는 장작더미 위에서 자신을 불사르지만 잿더미 속에서 새롭게 부활한다. 헤겔은 나폴레옹의 충직한 숭배자였다. 그는 나폴레옹을 "말을 탄 세계정신"이라고 칭송했다. 영웅은 종종 보통 사람들은 이해하기 힘든 행동을 하기도 하고 고독하고 적막한 일생을 사는데 헤겔은 이것이 영웅들이 절대정신에 가장 근접하기 때문이라고 했다. 헤겔은 또 "하인에게 영웅은 없다"라는 말을 남겼다. 하인은 영웅의 일상생활을 가까이에서 보기 때문에 남들은 모르는 영웅의 자질구레한 단점들도 알고 있으므로 영웅에게서 신비한 아우라^{aura}를 느낄 수 없다는 뜻이다.

처녀자리의 독선적인 성격을 그대로 가지고 있었던 헤겔은 동양 사회와 동양철학을 무시했다. 그는 "중국에는 역사가 없다"라고 단언했다. 중국에는 군주의 멸망이 반복적으로 순환될 뿐 그 어떤 진보도 이루어지지 않는다는 것이다. 헤겔은 또 중국과 인도의 철학을 시시한 이성이라고 폄훼했다. 그는 특히 공자를 폄하하며 《논어》를 공자가 제자들에게 뻔하고 상식적인 도덕을 늘어놓은 것에 불과하다고 주장했다. 공자는 그저 실용을 중시하는 세속의 지혜로운 사람일 뿐이며 사변철학도 없이 그저 착하게 살라고만 되뇌었을 뿐이라는 것이다. 헤겔은 또 "중국어는 철학적 사변에 적합하지 않다"라고 비난하기도 했다. 중국 칭화 대학교 졸업생 하나가 헤겔의 이 말에 입심 좋게 반박했다. "헤겔은 중국어가 사변에 적합하지 않으며 독일어야말로 오묘한 진리를 담아내기에 적합한 언어라고 자랑했다. 그는 '아우프헤벤^{aufheben}'이라는 단어를 예로 들었다. 하나의 단어 속에 '보존하다'와 '폐기하다'라는 상반된 뜻이 동시에 담겨 있는 이 말이 독일어가 사변적 성격을 가진 언어임을 증명한다는 것이다. 헤겔이 중국어를 모르고 한 말이므로 그를 탓할 필요는 없다. 무지하여 경솔하게 고론^{高論}을 펼치는 것은 대가 어르신들의 흔한 습관이므로 그리 이상할 것도 없다." 이 칭화 대학교 졸업생이 바로 중국을 대표하는 작가 첸중수다. 중국어에 대한 헤겔의 비판은 경솔하고 무책임하기 짝이 없다. 독일어에서 '아우프헤벤'이라는 단어는 옛것에 대한 비판과 계승을 통해 새로운 단계로 발전한다는 의미를 담고 있다. 중국에서는 이 단어를 '들어 올리다'라는 뜻의 '양揚'과 '버리다'라는 뜻의 '기棄'를 합쳐 '양기揚棄'로 번역한다. 농민들이 수확한 보리를 방아에 찧은 뒤 키질로 쭉정이와 겨를 날려 보내는 동작을 상상해보라. 이 얼마나 정확하고 논리적인 표현인가! 버리는 것이 있어야 얻는 것이 있고, 먼저 들어 올려야 버릴 수 있다. 사실 중국어는 사변성과 논리성이 풍부한 언어다. 헤겔이 중국어능력검정시험인 HSK(한어수평고시)를 본다면 아마 4급도 통과하지 못할 것이다.

까다롭고 불평 많은 성격도 처녀자리의 특징이다. 베를린 대학교에 재직하던 시기에 헤겔은 툭하면 동료 교수들과 언쟁을 벌었다. 중국 옛말에 "군자는 말싸움은 해도 몸싸움은 하지 않는다"라고 했는데 헤겔은 말싸움은 물론이고 육탄전도 불사할 기세로 싸웠다. 한번은 한 논리학 교수를 향해 그의 강의가 "깊이가 얕고 우둔하고 평범하다"라고 악평을 늘어놓기도 했다. 하지만 뛰는 놈 위에 나는 놈 있다고 했던가. 얼마 못 가서 헤겔은 타고난 독설가 쇼펜하우어와 맞닥뜨렸고 그때부터 두 사람의 '독설 배틀'이 시작되었다. 쇼펜하우어는 헤겔을 "역겹고 천박하며 아무것도 모르는 야바위꾼", "오만하고 헛소리를 지껄이는 미치광이"라고 비난했다. 쇼펜어하우어의 독설은 언제나 어휘가 풍부하고 중복됨이 없다. 학술적인 공격에서 시작된 쇼펜하우어의 독설은 곧장 인신공격으로 발전했다. 그는 "헤겔은 맥줏집 주인처럼 딱한 정신적 괴물"이라고 악담을 퍼부었다. 쇼펜하우어는 맥줏집 주인들과도 심심치 않게 다툼을 벌였을 듯싶다.

헤겔은 "철학은 곧 철학의 역사다"라는 명언을 남겼다. 철학 유파에 따라 내세우는 주장들도 다르기 마련이다. 자연철학의 대가 러셀은 《서양철학사》에서 헤겔을 주인공으로 내세우지 않았으며 "헤겔의 국가학설을 인정한다면 모든 폭정과 대외 침략의 핑계를 상상해낼 수 있을 것이다"라고 헤겔을 비판했다. 헤겔의 앙숙인 쇼펜하우어가 철학사를 저술했다면 아마도 헤겔의 철학은 쓰레기 취급을 받았을 것이다. 미국 철학자 프랭크 틸리가 쓴 《서양철학사》를 보아도 칸트의 사상이 주를 이루고 헤겔은 그저 비중 낮은 조연일 뿐이다. 물론 중국인이 쓴 철학사에서는 마르크스의 영향을 받아 헤겔 철학이 많은 분량을 차지하고 있다.

다른 위대한 철학자들과 마찬가지로 헤겔도 생전에는 명성이 높았지만 세상을 떠나자마자 그에 대한 비판이 수면 위로 떠올랐다. 헤겔이 한창 잘나가던 시기에 그에게 깊은 영향을 받은 한 독일 청년이 있었다. 콧수염을 덥수룩하게 기른 그 청년은 헤겔의 책을 꼼꼼히 읽다가 헤겔의 신비주의를 비난할 수 있는 이론을 정립해보려고 머리를 짜냈다. 그런데 헤겔이 사망한 후 과거 그의 뒤를 쫓아다니던 추종자들이 무참하게 그를 공격하자 그 콧수염 청년은 분연히 일어나 공개적인 자리에서 "노자가 헤겔의 제자다!"라고 외쳤다.

이 청년은 세상을 바꾸고 동양 사회를 바꾸어놓았으며 중국의 역사를 바꾸고 또 중국의 한 여성 철학도의 인생을 바꾸어놓았다. 그 여성 철학도가 바로 나다. 이 콧수염 청년의 이름은 바로 카를 하인리히 마르크스다.

사고뭉치 낭만 시인, 카를 마르크스

마르크스$^{Karl\ Marx}$(1818~1883)가 지금도 살아 있다면 그는 아마 대단한 부자일 것이다. 거액의 인세는 말할 것도 없고 자신의 이름을 내걸고 책을 출간한 출판사 아무 곳이나 골라서 저작권 침해로 고소하거나 원서를 자세히 읽지도 않고 제멋대로 책을 쓴 작가들을 명예훼손죄로 고소한다면 정신적 피해 보상 명목의 위자료만 해도 한몫 두둑이 챙길 수 있을 것이다. 하지만 이건 어디까지나 상상일 뿐 현실에서 마르크스는 찢어지게 가난했다. 그의 자식 일곱 명 중 넷이 어려서 죽었는데 모두 돈이 없어 병원에 가지 못해 안타깝게 숨을 거두었으며 돈이 없어서 장례조차 치러주지 못했다. 마르크스는 일생 가난뱅이 신세를 면치 못했다. 마르크스가 친한 벗 엥겔스$^{Friedrich\ Engels}$(1820~1895)에게 보낸 편지를 보면 세계사와 프롤레타리아 운동, 인생의 이상 등에 대해 이야기를 하다가도 언제나 마지막에는 갑자기 화제를 바꾸어 이런 부탁을 하곤 했다.

"친애하는 엥겔스, 내가 최근에 ××를 예약 구매했다네. 그러니 ○○파운드를 속히 부쳐주게나."

사람들이 내게 "정말로 마르크스를 연구했어요? 그 전공이 진심으로 마음에 들어요?"라고 물을 때마다 나는 "왜요? 안 그렇게 보여요?"라고 반문한다.

사람들은 마르크스를 전공한 여성 철학도라면 두꺼운 뿔테 안경을 쓰고 유행과는 무관한 옷차림에 고리타분한 마르크스·레닌주의 철학서를 옆구리에 끼고 있거나, 아니면 이론적인 깊이도 없이 공산주의에 세뇌당해 인류의 해방을 부르짖는 무지몽매한 소녀일 것이라는 선입견을 가지고 있다. 하지만 안타깝게도 나는 그 둘 중 어느 쪽에도 속하지 않는다. 수상쩍은 표정으로 내게 질문을 던지는 사람들에게 이 자리를 빌려 확실하게 대답하고 싶다. "나는 마르크스주의를 전공했으며 나의 전공을 뜨겁게 사랑합니다!"라고 말이다.

형형색색의 수많은 이론 가운데 나는 마르크스를 선택했고 그의 충성스러운 제자로 살고 있다. 내가 그를 선택한 것은 부와 명예를 얻기 위함이 아니며 이데올로기와도 무관하다. 내가 그를 선택한 것은 오로지 그의 이론이 내게 충만한 에너지를 선사하기 때문이다. 그의 이론은 근시인 나에게 도수가 아주 잘 맞는 안경과 같아서 그 안경을 쓰면 갑자기 역사를 이해하게 되고 사회를 꿰뚫어 보게 되며 세상의 얼굴에 난 작은 주근깨까지도 선명하게 보인다. 그는 나의 영웅이다. 할 수만 있다면 그의 앞에 무릎을 꿇고 엎드려 그의 손등에 입을 맞추며 "오, 나를 당신의 제자로 받아주시옵소서!"라고 애원하고 싶은 심정이다.

좋다. 감성적인 찬사는 이걸로 마치고 이제부터 진정한 마르크스를 알아보자. 당신이 날마다 도서관에서 머리 싸매고 유학 공부를 하는 사람이든 하루 종일 수업을 '땡땡이' 치고 여자 친구와 노닥거리거나 게임 삼매경에 빠져 있는 사람이든 상관없다. 그런 것들은 당신이 앞으로 마르크스 같은 위인이 되는 데 아무런 영향도 미치지 않는다. 마르크스도 본 대학교에 다니던 시절에는 세상의 틀에 얽매이지 않고 젊은 날의 객기를 마음껏 발산하며 자유분방하게 살았다. 술에 만취해 금지된 무기를 소지한 채 결투를 벌이기도 하고 빚더미에 올라앉기도 했으며 감옥에 간 적도 있었다. 술에 취해 싸움질을 벌이지 않을 때는 대부분의 시간을 시를 지으며 보냈다. 그의 상태가 조금만 더 심했더라면 아마 세상에는 삼류 낭만주의 돌팔이 시인만 한 명 더 늘어났을 것이다. 다행히도 마르크스의 아버지가 문제의 심각성을 알아차리고 아들에게 전학을 제안했다. 그는 결국 본 대학교에서 베를린 대학교로 학교를 옮기게 되었다. 지금으로 따지면 자유분방한 문과생이 인문적인 분위기의 베이징 대학교에서 이과 성향이 강한 칭화 대학교로 전학한 것과 비슷하다. 낭만 시인 마르크스는 시단을 떠나 마음잡고 철학에 몰두하기 시작했다.

1835년 다비트 슈트라우스가 《예수의 생애》를 발표하고 그 일을 계기로 헤겔학파가 둘로 분열되었다. 노년헤겔학파는 완고하며 헤겔의 절대정신을 수호하고 종교와 프로이센의 전제제도를 변호한 반면, 청년헤겔학파는 헤겔의 변증법에서 무신론과 혁명의 결론을 찾아냈다. 당시 마르크스는 청년헤겔학파에 가입했으며 '독토르 클럽'의 주요 회원이 되어 활동했다. 그러나 머지않아 마르크스는 헤겔의 이론에서 부족한 점을 발견했다. 헤겔의 주장대로 역사의 발전이 신이 자아의식을 점차 실현하고 절대정신이 회귀하는 과정이라면 실재하는 모든 것은 절대정신의 외화일 것이다. 하지만 마르크스는 이것을 과도한 신비주의라고 여겼다. 마르크스는 철학은 현실에서 출발해야 하며 철학자가 신을 통해 현실을 해석해서는 안 된다고 생각했다. 그는 "진리의 피안이 사라진 뒤에 차안의 진리를 확립하는 것이 역사의 과제다"라고 말했다.

1841년 포이어바흐^{Ludwig Feuerbach}(1804~1872)가 《기독교의 본질》을 발표하고 신은 인간의 본질이 외부로 투사된 것으로 신은 곧 인간이라고 주장했다. 포이어바흐의 유물주의 체계의 출현은 마르크스에게 지대한 영향을 미쳤다. 마르크스가 1842년에 쓴 《헤겔 법철학 비판》을 보면 그가 포이어바흐로부터 깊은 영향을 받았음을 엿볼 수 있다. 마르크스는 그때부터 변증법과 유물주의를 결합해 새로운 역사관을 정립하고자 했다. 1845년 마르크스가 발표한 《포이어바흐에 관한 테제》에 대해 엥겔스는 "새로운 세계관의 천재적인 맹아가 기록되어 있는 최초의 문서로서 헤아릴 수 없는 가치를 지난다"라고 극찬했다.

모든 철학자들이 자기만의 이론 체계를 수립하기 위해 발버둥치고 있을 때 마르크스는 벌떡 일어나 사람들에게 이론에서 출발해 현실을 해석하는 것은 헛수고라고 용감하게 외쳤다. 마르크스가 위대한 이유가 바로 여기에 있다. 그는 "철학자들은 그저 다른 방식으로 세상을 해석할 뿐이며 중요한 일은 세상을 바꾸는 것이다"라고 했다.

마르크스는 1846년 《독일 이데올로기》를 시작으로 1847년 《철학의 빈곤》, 1848년 《공산당 선언》, 1849년 《임금 노동과 자본》, 1850년 《프랑스에서의 계급투쟁》, 1852년 《루이 보나파르트의 브뤼메르 18일》 등을 발표하면서 점차 평범한 철학자에서 엉뚱하고 독특한 철학자로 변신하기 시작했다.

그리고 1867년 《자본론》 출간을 계기로 마침내 마르크스의 화려한 변신이 완성되었다.

마르크스주의에 대해 후대 사람들이 오해하는 바가 많고 원성이 자자한 것은 사실이지만 이것을 마르크스의 탓으로만 돌릴 수는 없다. 어느 철학자든 그의 주장 일부만 떼어다가 현실에 적용시킨다면 비판받을 수밖에 없다. 오늘날 많은 행위들이 '마르크스주의'의 깃발을 든 채 대중을 기만하고 나라에 해를 끼치고 있다. 마르크스는 숱한 오해를 받고 있지만 이미 죽어 저세상 사람이 되었으니 오해를 풀 방법이 없다. 훗날 사람들은 '공산주의'를 유토피아로 해석했다. 어릴 적 학교에서 사회의 생산력이 어느 단계까지

발전하면 사람들의 인식도 그에 걸맞게 향상되어 자연히 공산주의
가 나타날 것이라고 배웠다. 선생님은 그때가 되면 누구나 집이 몇
채씩이나 되어 한 채는 사람이 살고 남는 건 돼지우리로 쓸 것이라
는 둥, 빵이 남아돌아 한 입 베어 물고 버려도 다 못 먹을 것이라는
둥 아이들에게 장밋빛 미래를 그려주곤 했다. 그러면 아이들은 잔
뜩 흥분해서 "선생님, 공산주의 사회에도 신호등이 있어요?", "공
산주의 사회에도 전쟁이 있나요?"라며 질문을 해댔다.

　진정한 '공산주의'란 무엇일까? 공산주의는 반드시 확립되어야
하는 체제도 아니고 현실에서 실현되어야 하는 이상도 아니다. 우
리가 공산주의라고 부르는 것은 현존하는 상태를 타파하려는 현실
속의 운동이다. 한마디로 공산주의는 완벽한 사회를 미리 설정해
놓고 일제히 그 목표를 향해 달려가는 것이 아니다. 만약 그렇다면
공산주의는 종교요, 신앙이요, 선동일 것이다. 청나라 말기 홍수전
이 태평천국운동을 일으키며 주창했던 대동사회大同社會와 다를 바
없다. 진정한 공산주의는 현실 속의 운동이며 사유제 폐지가 궁극
적인 목적이다. 루소는 자신의 저서 《인간 불평등 기원론》에서 사
유제에 대해 상당히 명확하게 설명했고, 마르크스도 사유제가 인
간의 소외, 자본의 착취, 노동자의 빈곤을 초래한다고 말했다. 공
산주의는 이러한 사유제를 없애고 사유재산, 즉 인간의 자기소외
를 최대한 지양하는 것이다. 공산주의는 반드시 쟁취해야 하는 목
표가 아니라 현실을 변화시키는 운동이자 과정이다.

　마르크스주의를 진정으로 이해한다면 사회를 분석하고 현실을

제대로 바라볼 수 있게 된다. 수많은 화이트칼라들이 먹고 입는 것 아껴가며 루이 비통 가방을 살 때 마르크스는 사람들에게 그것이 바로 '소외^{alienation}'라고 외친다. 인간이 가방을 만든 것은 물건을 넣기 위함이었지만 결국에는 인간이 가방의 노예가 되고 말았다. 사람들이 명문 대학을 졸업하고 자아실현을 꿈꾸며 취직을 하지만 11시까지 야근하는 것이 정상이고 5시에 퇴근하는 것(중국은 보편적으로 8시부터 5시, 9시부터 5시까지 근무한다―옮긴이)이 비정상인 현실을 발견할 때, 마르크스는 노동자들의 노동으로 창출된 잉여가치가 자본가들에 의해 무상 점유당하고 있음을 알려준다. 또 야근 수당이 아무리 많고 연봉과 은행 잔고가 아무리 높아도 노동자는 영원히 프롤레타리아라는 사실을 마르크스는 우리에게 가차 없이 일깨워준다. 타인의 노동을 통해 창출된 가치를 무상으로 점유할 수 없다면 영원히 프롤레타리아다. 당신은 뼈 빠지게 야근하고 1년에 절반 이상 종종걸음을 치며 출장을 다니는데도 불구하고 당장 내 집 마련을 할 수 없는데 건설회사들이 아파트를 지어 단숨에 폭리를 취할 때 마르크스는 무엇이 자본이며 상업자본과 금융자본의 이익은 또 어떻게 창출되는지 당신에게 보여준다.

사람마다 마르크스에게서 각기 다른 것들을 읽어낸다. 어떤 이는 혁명을 발견하고 어떤 이는 계급 분석을 읽어내고 또 어떤 이는 유물사관을 찾아낸다. 마르크스는 내게 '인간'이란 무엇인지를 가르쳐주었다. 그가 내게 보여준 인간은 많은 철학자들의 펜 끝에서 그려진 추상적인 인간이 아니라 '현실적인 인간'이다. 인류 역사의 가장 기본적인 전제는 생명을 지닌 개인의 존재다. 공산주의의 목적은 인간소외를 없애고 모든 인간이 자유롭게 성장하고 발전할 수 있는 조건을 마련하는 것이다. 한마디로 공산주의는 인간 자신으로의 회귀를 의미한다.

마르크스는 2000년대 초 영국 BBC가 실시한 온라인 설문조사에서 역사상 가장 위대한 위인 1위를 차지했다. 마르크스가 1위를 차지한 소감을 발표했더라면 그는 분명히 이렇게 말했을 것이다.

"BBC에게 감사를 드립니다. 이 영광은 내 아내 예니와 친구 엥겔스에게 돌립니다."

마르크스가 지금의 마르크스로 우뚝 설 수 있었던 데는 예니와 엥겔스의 공을 빼놓을 수가 없다. 예니는 마르크스에게 집을 사자, 차를 사자 바가지를 긁지 않고 그가 안빈낙도하며 모든 정력을 학문에만 쏟을 수 있도록 해주었다. 또 그의 친구 엥겔스는 일생 정신적, 물질적으로 마르크스에게 전폭적인 지원을 아끼지 않았다. 마르크스가 예니에게 보낸 편지와 시가 후대에 길이 전해져 그에게 애처가의 이미지를 심어주기는 했지만 애처가도 가끔 실수는 있는 법이다. 마르크스는 자기 집에서 일하는 하녀와 몰래 정을 통해 아들까지 낳았다. 예니가 이 사실을 알고 노발대발하자 보다 못한 엥겔스가 나서서 "오, 예니, 그건 오해예요. 그 아이는 내 아이랍니다!"라며 자진해서 오명을 뒤집어썼다. 엥겔스 같은 친구를 둔 마르크스는 정말이지 대단한 행운아였음에 틀림없다. 옛날 중국에서 관포지교管鮑之交라고 하여 관중과 포숙아의 두터운 우정을 칭송했는데 마르크스와 엥겔스의 우정도 그에 못지않았다. 비유하자면 마르크스는 관중이고 엥겔스는 포숙이라고 할 수 있다.

마르크스는 평생 국적을 가지지 않았고 정식 직업도 없었지만 세계적인 위인이 되었으며 서재 안에서 세상을 바꾸었다.

《성경》 창세기에서 "하나님이 빛이 있으라 하시니 빛이 있었다" 라고 했고, 계몽학자들은 "이성의 빛으로 우매한 천성을 밝혀야 한다"라고 했다.

그리스 신화에서 프로메테우스는 제우스의 분노를 두려워하지 않고 하늘에서 불을 훔쳐다가 세상을 밝혀주었다.

그리고 마르크스는 "노자가 바로 프로메테우스다!"라고 말했다.

엥겔스: 평생 변치 않는 친구

마르크스크가 소탈하고 꾸밈없는 문과생이었다면 엥겔스는 신중하고 내성적인 이과생이었다.

마르크스는 호방하고 과감한 글투로 옛 시와 역사의 일화들을 자유자재로 인용하고 고매한 언어로 거침없이 남을 비판했다. 반면 엥겔스는 깔끔하고 세련된 필치와 빈틈없는 논리로 흠잡을 곳 없는 완벽한 글을 써냈다.

마르크스크의 글은 식감이 풍부하고 맵고 얼얼한 맛에 콧물을 쏙 빼놓는 충칭 훠궈火鍋(끓는 육수에 양고기 또는 소고기를 담가 살짝 익혀

먹는 중국식 샤브샤브-옮긴이)라면 엥겔스의 글은 담백하고 시원한 육수에 깔끔한 맛이 일품인 양춘면陽春麵(아무 재료도 넣지 않은 맑은 육수에 소면을 삶아 넣은 것-옮긴이)이라고 하겠다.

마르크스와 엥겔스의 글이 현저하게 차이가 나는 것은 아니지만 여러 번 곱씹어 읽어보면 두 사람의 미묘한 차이점을 느낄 수 있다. 예전에 엥겔스의 《반듀링론》 제2부 제10장 〈비판적 역사로부터〉를 읽다가 문득 "엥겔스가 왜 이러지? 글이 왜 이렇게 격앙되었지?" 하며 의아한 생각이 들었다. 그런데 서문을 다시 읽어보니 과연 이 장은 마르스크가 근질거리는 손을 주체하지 못해 엥겔스를 대신해 쓴 것이었다.

옛말에 "성공한 남자 뒤에는 반드시 여자가 있다"라지만 마르크스의 성공 뒤에는 한 여자는 물론 돈 버는 재주가 뛰어난 남자도 있었다.

예니가 마르크스의 연구를 지극정성으로 지원했다고는 하지만 귀족 집안에서 곱게 자란 탓에 생활력이 부족했다. 마르크스도 정식 직업이 없었으므로 집안 경제는 굶어죽는 것만 겨우 면할 만큼 가난했다. 엥겔스는 마르스가 생계에 발목 잡혀 학문에 몰두하지 못할까 봐 걱정되어 직접 돈을 벌어 마르크스와 그의 가족들을 부양했다. 그래서 마르스크는 항상 엥겔스의 희생에 감격했고 엥겔스는 돈을 더 많이 벌어 마르스크가 돈 걱정 없이 연구할 수 있도록 해주지 못하는 것을 부끄러워했다. 마르크스와 엥겔스는 여러 권의 책을 함께 저술했지만 엥겔스는 항상 자신은 마르크스의 옆에서 '제2바이올린'의 역할을 했을 뿐이라며 자신을 낮추고 모든 공을 마르크스에게 돌렸다. 앞에서 마르크스를 관중, 엥겔스를 포숙아에 비유한 이유가 바로 여기에 있다.

만약 독일에도 사마천이 있었더라면 《마르크스엥겔스열전》에 이렇게 썼을 것이다.

마르크스는 독일 사람이다. 젊어서 엥겔스와 자주 어울렸는데 엥겔스가 그의 재능을 우러러보았다. 마르크스는 평생 가난하여 엥겔스가 그를 도와주었지만 그에 대해 아무 말도 하지 않았다.

마르크스가 이르기를 "내가 가난하였으나 엥겔스는 가난한 나를 무시하지 않았고 내가 명예와 이익에 욕심이 없다는 것을 알고 있었다. 엥겔스는 영특하고 배우기를 좋아하며 아는 것이 많았다. 하지만 나를 위해 장사치가 되었으니 송구스러울 따름이다. 내가 항상 엥겔스와 함께 글을 짓고 책을 썼는데 그는 기꺼이 자기 이름을 내 이름 뒤에 두고 제2바이올리니스트를 자처했다. 나를 낳아준 것은 어버이지만 나를 알아준 것은 엥겔스다"라고 했다.

엥겔스는 마르크스를 부양하기 위해 돈을 벌어야 했으므로 시간으로나 정력으로나 학문에 완전히 몰두할 수 없었다. 그래서 저서의 양은 마르크스보다 적지만 그 내용으로 보면 결코 마르크스에게 뒤지지 않는다. 엥겔스가 100여 년 전 자신의 책에서 맹렬히 비판했던 일들이 오늘날 중국 사회에서도 아무 거리낌 없이 재연되고 있다.

엥겔스는 《가족, 사유재산, 국가의 기원》에서 일부일처제가 사유제의 산물이라고 주장했다. 그는 "일부일처제는 자연적인 조건이 아니라 경제적인 조건을 기반으로 하고 있다", "일부일처제는 결코 개인적인 성애의 소산이 아니라 이해득실을 따져 하는 결혼이다"라고 했다. 오늘날 중국 사회를 보자. 자본의 권력이 강해지면서 가정이 자본주의화된 지 오래다. 혼인 관계만 해도, 만나서 결혼까지 번개처럼 해치우는 섬혼閃婚, 혼인신고를 했지만 남들에게 결혼 사실을 알리지 않고 미혼인 척 행동하는 은혼隱婚, 결혼식이나 피로연, 웨딩 사진, 신혼여행 등 아무것도 하지 않고 혼인신고만 하는 나혼裸婚 등 복잡다단하다. 자본으로 인해 남녀 간의 연애조차도 이렇게 번거롭고 불편해진 탓에 독신녀, 독신남도 점점 늘어나고 있다. 사랑이 점점 소외되고 있는 것이다. 원래 사랑은 아주 간단한 것이다. 젊은 두 남녀가 서로 사랑하면 부둥켜안으면 그만이다. 그런데 지금은 그렇지 않다. 진지하게 사귈 마음이 없으면 처음부터 접근하지도 말아야 한다. 엥겔스는 "프롤레타리아의 사랑이야말로 진정한 사랑이다"라고 했다. 그렇다. 진정한 사랑은 아파트, 차, 돈 같은 것으로 애써 꾸미지 않아도 상대의 진심을 얻을 수 있어야 한다.

또 엥겔스는 《가족, 사유재산, 국가의 기원》에서 국가가 계급 통치의 수단이라고 했다. 애국주의란 무엇일까? 예전에 일본 귀신(중국인들이 일본인을 비하해서 부르는 말 - 옮긴이)들이 중국으로 쳐들어와 제멋대로 나라를 세웠을 때를 생각해보자. 일본 귀신들이 나라를 사랑하라고 강요한다고 해서 기꺼이 나라를 사랑할 수 있겠는가? 단칼에 거절하지 않겠는가? 만약 신장위구르의 독립 세력들의 폭동이 성공해 나라를 세우고 애국을 강요한다면 애국할 수 있을까? 중국의 56개 민족이 모두 형제자매니까 위구르족이 세운 나라도 사랑해야 마땅하다고 주장한다면 그건 '국가'의 개념조차 정확히 알지 못하고 애국주의와 민족주의를 혼동하는 것이다. 국가는 계급 통치의 수단이다. 1968년 프랑스 5월 혁명(1968년 5월 프랑스에서 학생과 노동자들이 일으킨 사회변혁운동. 68혁명이라고도 함 - 옮긴이) 당시 광장에 모인 열혈 청년 가운데도 그저 여럿이 모여서 신나게 즐겨볼 생각으로 나왔다가 경찰 몽둥이에 맞고 분개해 시위에 적극 참여한 이들이 있을 것이다. 그들 모두가 투철한 애국심으로 분연히 일어나 혁명에 참여하지 않았을 것이라는 말이다. 어쩌면 내게 애국심이 없다고 비난하는 사람들이 있을지도 모르겠다. 하지만 나는 나라를 사랑한다. 이 땅을 깊이 사랑한다. 애국주의도 북돋워야 할 필요는 있다. 그러나 반드시 명심해야 할 것이 있다. 애국주의는 조국과 민족을 사랑하는 것이지 정권과 권력을 사랑하는 것이 아니다.

엥겔스는 《반 뒤링론》에서 도덕은 계급적이고 역사적이고 사회적인 것이므로 도덕을 추상적으로 논해서는 안 된다고 말했다. 폭스콘 공장에서 일하는 직원들이 열악한 노동 환경을 비관해 잇따라 투신자살을 하자 전 세계 사람들이 폭스콘 사장을 대대적으로 비난했다. 폭스콘 노동자들은 개, 돼지보다도 못한 생활을 하고 있다. 그런데 그런 악덕 사장들도 다른 중국인들과 똑같이 5강 4미(1980년대 중국에서 전국적으로 실시한 사상 교육에서 강조했던 미덕. '5강講'은 문명, 예절, 위생, 질서, 도덕을 중시하자는 것이고 '4미美'란 마음, 언어, 행동, 환경을 아름답게 하자는 것 - 옮긴이)의 교육을 받고 자란 훌륭한 공민이라는 사실을 생각해보았는가? 훌륭한 공민인 그들도 계급과 이익 앞에서는 자본의 충실한 대변인으로서 직원들이 먹고 자는 비용을 줄이려는 데 급급하다. 그래야만 자신에게 돌아오는 이익이 더 많아지기 때문이다.

도덕을 추상적인 가치로만 여겨서는 안 된다. '샤오웨웨 사건'(2011년 10월 중국 광동 성 포산 시에서 웨웨라는 두 살배기 여자아이가 두 번이나 차에 치이는 동안 행인들이 아무도 구하지 않아 아이가 뇌사에 빠진 사건 - 옮긴이)을 보고 비분강개하면서 "아, 세상인심이 옛날 같지 않아!"라고 탄식하는 것으로 끝나서는 안 된다. 100년 전 노인들도 "세대가 내려갈수록 사람들이 형편없구먼!" 하며 잔소리를 했다. 하지만 사회는 지금도 모순과 투쟁 속에서 발전하고 있다. 도덕을 세상인심으로 해석한다면 그렇게 무력할 수밖에 없다. 도덕은 절대로 추상적인 가치가 되어서는 안 된다. 엥겔스는 《루트비히 포이어바흐와 독일 고전 철학의 종말》에서 포이어바흐의 추상적인 인본주의를 비판한 바 있다. 이 세상에는 '보편적인 사랑'도,

'보편적인 가치'도 없다. 기독교에서는 추상적인 '사랑'을 이야기하지만 아무리 향수를 흥건하게 뿌려도 십자군원정과 종교재판의 피비린내를 감출 수는 없다. 서방 국가들은 자유와 평등을 입버릇처럼 내세우지만 타국의 대문을 두드릴 때 그들은 더할 나위 없이 오만하고 무자비하다.

　사람들은 종종 내게 "마르크스와 엥겔스의 생각이 틀렸다면 어떻게 할 거야?"라고 묻는다. 나도 한때는 진지하게 그런 고민을 한 적이 있다. 정말로 마르크스와 엥겔스가 틀렸다면 인류의 역사는 재앙을 맞이하게 되지 않을까? 그런데 나중에 생각해보니 그건 아주 유치한 고민이었다. 앞 장 〈은둔형 외톨이 칸트〉에서 이성주의와 경험주의에 대해 논한 바 있다. "이론이 객관적인 현실을 반영할 수 있을까?"라는 문제는 평생 논쟁해도 해결할 수 없는 난제 중의 난제다. 마르크스와 엥겔스가 옳은지 그른지 증명하는 것은 이론이 객관적인 현실을 반영할 수 있는가라는 문제와 맥락을 같이한다. 마르크스와 엥겔스가 옳은지 그른지 증명하려고 하다가는 이성주의와 경험주의의 딜레마에서 빠져나올 수 없을 것이다. 이론이 현실을 반영할 수 있는지에 대해 마르크스는 "인간의 사유가 객관적인 진리성을 가질 수 있는지는 이론의 문제가 아니라 실천의 문제다. 실천을 떠난 사유가 현실성 있는 논쟁인지는 순전히 스콜라철학의 문제다"라고 했다. 마르크스주의는 사회주의운동을 성공으로 이끌었지만 또 실패하기도 했다. 마르크스주의의 성공과 실패는 사회주의의 길이 멀고도 험하다는 사실을 증명하고 있다.

또 어떤 이들은 내게 "사회주의는 연구해서 무엇하나요? 인류 역사를 보면 원시사회에서 노예사회가 되었다가 또 봉건사회가 되고, 봉건주의가 다시 자본주의로 전환된 것은 사회가 성숙함에 따라 나타난 자연스러운 변화가 아닌가요? 이렇게 힘들게 연구할 필요가 있나요?"라고 묻는다.

마르크스와 엥겔스가 함께 집필한 《독일 이데올로기》에 이 질문의 해답이 있다. "코뮌주의는 기존의 모든 생산 관계와 교류 관계들을 변혁하고 처음으로 모든 자연 성장적 전제들을 앞 세대의 창조물로 간주하여 그 전제들에서 자연 성장성을 제거하고 그 전제들을 연합한 개인들의 힘에 복속시킨다. 이것이 코뮌주의가 지금까지의 모든 운동과 구별되는 점이다." 사람들이 사회 발전의 규칙을 깨닫기 전에는 사회형태의 교체가 자연적으로 이루어질 수 있다. 하지만 사람들이 이 규칙을 알고 나면 이 규칙을 이용해 자각적으로 사회의 형태를 교체시키게 된다.

엥겔스는 평생 자신의 신분을 숨기고 '잠복한 채로' 살았다. 엥겔스가 자본가 집안에서 태어나 마르크스를 경제적으로 지원하기 위해 자신도 자본가가 되기는 했지만 그는 일찌감치 자신의 계급을 배반했다. 그의 일생 최대 염원은 "자본가 타도"였다. 이렇게 두뇌 회전 빠르고 사업 수완이 뛰어난 엥겔스가 전 세계 프롤레타리아의 우두머리라는 사실을 그의 사업 파트너들은 꿈에도 상상하지 못했을 것이다.

엥겔스는 《가족, 사유재산, 국가의 기원》을 집필한 후 자본주의에서 법으로 정한 부부 제도를 혐오하여 평생 독신으로 살았다. 나중에 엥겔스는 아일랜드 출신의 여성 노동자 메리 번즈를 만났다. 엥겔스는 이 가난한 여인을 몹시 사랑해 아일랜드 민족해방운동을 적극적으로 지원했지만 두 사람은 결혼하지 않았다. 메리가 병으로 세상을 떠나자 메리의 여동생 리지가 엥겔스와 사랑에 빠졌지만 안타깝게 리지도 요절했다. 리지가 임종 직전에 결혼해달라고 부탁하자 엥겔스도 차마 거절하지 못하고 결혼식을 올렸지만 리지는 결혼식 후 몇 시간 만에 숨을 거두고 말았다.

엥겔스는 마르크스에게 대단한 의리파 친구였다. 마르크스가 살아 있을 때 엥겔스는 물질적, 정신적으로 마르크스에게 지원을 아끼지 않았다. 심지어 마르크스의 사생아로 인해 예니가 마르크스를 추궁하고 원망하자 엥겔스는 자기 명예도 내던지고 그 아이가 자신의 아이라고 말하기도 했다. 마르크스가 세상을 떠나자 엥겔스는 하고 있던 모든 일을 그만두고 마르크스가 완성하지 못한 《자본론》 2권과 3권을 편집해 출간했다.

마르크스와 엥겔스의 우정은 친구의 다른 이름은 '형제'일 수 있다는 사실을 새삼 우리에게 알려주고 있다.

레닌도 마르크스와 엥겔스의 우정은 인류 역사상 우정에 관한 모든 전설을 초월한다고 말했다.

1895년 8월 5일 엥겔스도 생을 마감했다. 그는 자신의 인생을 통해 "스스로 드러내지 않기에 밝게 빛나고 스스로 옳다 하지 않기에 돋보이며 스스로 자랑하지 않기에 그 공로를 인정받게 되고 스스로 뽐내지 않기에 오래간다 不自見故明, 不自是故彰, 不自伐故有功, 不自矜故長" 라는 노자의 말을 몸소 실천했다.

엥겔스가 세상을 떠나고 오랜 세월이 흐른 뒤 중국에서 한 여성 철학도가 그의 덕과 재능에 감탄하며 시 한 수를 지어 그를 향한 흠모의 정을 표현하고자 한다.

높은 산 흐르는 물에 술잔을 띄우노라.

그들의 깊은 우정 천년만년 이어지리.

자본가로 세상에 나섰으나 저술에도 능하였구나.

후대 사람들이 수없이 비방하여도

그 마음은 떳떳하게 진리를 널리 떨쳤노라.

일생 포부를 깊숙이 감추었지만

그대에게 모든 걸 바쳤으니

아쉬움도 미련도 없구나.

호방하고 거칠 것 없는 그대의 말도

이제 옛일이 되어버렸으니

표주박 술 한 잔에

천 갈래 눈물이 흐르는도다.

아까운 사랑의 포로, 한나 아렌트

이 장에서는 미녀 철학자 한나 아렌트^{Hannah Arendt}(1906~1975)에 대해 이야기해보려 한다. 사실 그녀가 철학사에서 지니는 위상으로 보면 '본편'에 넣기에는 무리가 있고 '번외편'에도 억지로 낄 수 있을 정도다. 그녀에 대해 논하려면 그녀의 스승인 에드문트 후설^{Edmund Husserl}(1859~1938)이나 마르틴 하이데거^{Martin Heidegger}(1889~1976), 카를 야스퍼스^{Karl Jaspers}(1883~1969)에 대해 먼저 논해야 마땅하다. 그런데도 나는 그녀를 이 책의 네 번째 인물로 선택했다. 어쩔 수 없다. 내 몸에 흐르는 여성호르몬 에스트로겐을 탓할 수밖에. 다소 자극적인 제목이 비난의 대상이 되는 것을 미연에 방지하기 위해 진실만을 추구하는 과학자로서의 사명감을 가지고 한나 아렌트의 옆모습을 그대로 보여주려 한다.

'정치철학', 《전체주의의 기원》, 《혁명론》, '악의 평범성', '근본악', '야스퍼스의 제자', '하이데거의 연인'. 아렌트의 일생은 이 몇 개의 키워드로 축약할 수 있다. 저명한 철학자 겸 작가인 저우궈핑은 "여성이 철학을 연구하면 철학을 파괴하지만 여성 자신은 훨씬 더 많이 파괴된다"라고 말했다. 하지만 한나 아렌트만은 예외다.

아렌트는 유대인으로 은둔형 외톨이 칸트의 고향인 쾨니히스베르크에서 자랐다. 그녀는 14세에 칸트의 《순수이성비판》을 읽기 시작하고 17세에 키르케고르의 책과 신학 연구에 심취했다. 그녀가 하이데거의 사상을 접한 것이 바로 이때였다. 그녀는 하이데거의 사상에 반하여 마르부르크 대학교에 진학해 하이데거의 제자가 되었다.

이 결정은 그녀의 인생에 커다란 영향을 미쳤다.

하이델베르크 대학교에서 공부하던 시절 한나 아렌트는 아름답고 세련된 외모에 개성이 독특했으며 초록색 원피스를 즐겨 입었기 때문에 친구들은 그녀를 친근하게 '그린^{green}'이라고 불렀다.

《시경》 패풍 편에 〈녹의綠衣〉라는 시가 있는데 그중에 이런 구절이 있다.

"녹색 저고리여, 녹색 저고리에 노란색 안감이로구나. 마음속 근심이여, 그 근심 언제나 그칠까? 녹색 저고리여, 녹색 저고리에 노란색 치마로구나. 마음 속 근심이여, 그 근심 언제나 잊을까?"

이 시처럼 아렌트도 평생 마음속에 내려놓을 수 없는 근심을 안고 살았다. 하이데거를 만났을 때 그녀는 방년 열여덟의 꽃다운 소녀였고 하이데거는 서른다섯 살의 늙수그레한 아저씨였다. 게다가 그에게는 이미 친나치 성향의 아내와 자식이 둘이나 있었다. 중년의 위기를 맞고 있던 하이데거에게 아렌트는 꽃잎을 수줍게 벌린 연꽃과 같았고, 아렌트에게 하이데거는 우상, 연인, 아버지, 섹스 파트너 등 남자에 대한 모든 환상을 충족시켜주는 상대였다. 하이데거와의 만남은 그녀의 인생에 커다란 재앙이었다. 젊고 아리따운 미혼녀와 가정 있는 유부남이 만났으니 그 뒤의 이야기는 다들 짐작하는 대로다. 두 사람의 러브 스토리는 한 편의 '막장 불륜 드라마'와 다를 바 없었다. 철학자들도 바람피우고 불륜을 저지를 때는 우리네 평범한 사람들과 하나도 다를 게 없음을 이들에게서 여실히 확인할 수 있다. 다른 점이 있다면 수속이 약간 복잡하다는 것뿐이다. 예를 들면 러브레터를 쓸 때 두 사람만 통하는 암호가 있다거나, 밀회를 즐길 때 노크를 세 번 하고 방 안 전등을 두 번 껐다 켜는 등 둘만의 신호가 있다거나 하는 것들이다. 아렌트는 하이데거의 매력에 송두리째 몸을 던졌다. 그 정도면 매력이 아니라 마력이라고 할 만하다. 아렌트는 하이데거에게 전적으로 순종하며 그와의 밀회를 위해서라면 못할 것이 없었다.

명색이 철학도인 아렌트지만 하이데거와 만난 후에는 이성을 내던지고 철저히 감성에만 의존했다.

이 책을 읽는 모든 언니, 동생 들에게 진심으로 조언할 게 있다. 순탄하고 평범한 삶을 살고 싶다면 남자 철학자와는 절대로 결혼하지 않는 것이 좋다. 심심하면 별자리나 올려다보고 내면의 도덕률에 집중하는 남자 철학자들은 아내가 배가 고픈지 밥은 먹었는지, 뚱뚱한지 날씬한지에는 도무지 관심이 없다. 하지만 철학자들의 재능을 흠모해 꼭 철학자와 결혼해야겠다면 그중에서도 평범한 철학자를 선택할 것을 권한다. 헤겔이나 피히테 정도면 평범한 축에 속한다. 그들은 강의료나 원고료를 받자마자 아내에게 가져다주며 가정경제를 위해 충실하게 복무했다. 그런 사람을 찾을 수 없다면 차선으로 마르크스 같은 철학자도 괜찮다. 마르크스가 비록 돈 버는 재주는 없었지만 자기보다 네 살이나 연상인 아내를 위해 세레나데를 불러주는 로맨티스트였다. 남편감 기피 1순위는 예술을 좋아하는 철학자들이다. 그들은 대부분 키 크고 잘생기고 돈도 많다. 하지만 상대를 아무리 사랑해도 연애의 주도권을 절대로 상대에게 양보하지 않고 언제라도 사랑이 식으면 야멸치게 상대를 버린다. 사회적인 지위와 야심이 사랑과 충돌하면 그들은 조금의 망설임도 없이 전자를 택한다. 동서고금을 막론하고 단 한 사람의 예외도 없었다. 아렌트의 관계가 보수 세력으로부터 비난을 받자 하이데거는 자신의 앞날을 위해 아렌트를 떠나보내기로 한다.

어느 날 하이데거가 아렌트를 불러 말했다.

"오, 한나, 내 친구 야스퍼스에게 부탁해서 자리를 알아봤으니 학교를 옮기도록 해."

아렌트는 하는 수 없이 하이델베르크 대학교로 전학해 야스퍼스의 제자가 되었다.

1928년 6월 하이데거의 《존재와 시간》이 출간되었다. 아렌트의 사랑이 촉진제가 되어 탄생한 이 책이 학계의 주목을 받으며 큰 성공을 거두었지만 하이데거는 아렌트에게 편지를 보내 결별을 통보했다. 둘의 관계가 끝날 때 아렌트는 하이데거에게 보내는 편지에서 "당신에 대한 사랑을 잃는다는 건 내게 살아 있을 권리를 잃는 것과 같아요. … 나는 죽은 뒤에도 당신을 계속 사랑할 거예요"라며 절절한 마음을 표현했다. 아렌트가 실연의 아픔에 괴로워하고 있을 때 다행히도 그의 친구가 그녀에게 《영혼을 위한 닭고기 수프》와 같은 책을 권해주었다. 그 책이 바로 라헬 파른하겐의 《서신 교환집》이다. 라헬 파른하겐은 19세기 독일의 유명한 유대인 여성으로 철학자 겸 작가다. 그녀도 여러 번 실연을 겪은 후 사회운동에 뛰어들어 베를린 지식계의 중심이 되었다. 아렌트는 라헬 파른하겐에게 감명을 받고 그 에너지로 실연의 그림자에서 벗어나 자신을 추스르기 시작했다. 독일 국민으로서 어떻게 해야 유대교의 계율을 위반하지 않고 살 수 있을까? 유대인 여성으로서 어떻게 해야 자아를 지키면서 친구들도 잃지 않을 수 있을까? 어떻게 해야 독일 낭만주의 철학에서 벗어날 수 있을까? 아렌트의 세계에 난 창문은 닫혔지만 그 대신 문이 활짝 열렸던 셈이다.

1933년 아돌프 히틀러가 독일 총리로 취임했다.

같은 해 "인간은 시적으로 대지 위에 거주한다"라고 말했던 하이데거가 불명예스럽게도 프라이부르크 대학교 총장이 된 후 나치에 입당했다.

같은 해 유대인인 아렌트는 프랑스로 도피했다.

이렇게 해서 과거 연인이었던 두 사람은 완전히 다른 길을 걷게 되었다.

1952년 아렌트는 《전체주의의 기원》이라는 책을 발표해 대단한 명성을 얻었다. 《전체주의의 기원》은 반反유대주의, 제국주의, 전체주의에 대한 책으로 주로 세 가지 문제에 대한 아렌트의 생각이 담겨 있다. 첫째, 어째서 유대인이 나치 대학살의 대상이 되었는 가? 둘째, 전체주의의 기원은 무엇인가? 셋째, 전체주의는 어떤 논리로 발전했는가? 나는 기독교 교리를 바탕으로 한 반유대주의에 대해서는 길게 논할 생각이 없다. 여기에서는 민족국가의 관점에서 반유대주의를 분석하고자 한다. 유대인들은 정치 공동체를 수립하지 않았다. 그들은 명석한 두뇌로 금융 분야에서 막강한 영향력을 발휘했지만 정치의식과 참여 의식은 희박했다. 이 때문에 그들은 신귀족 또는 천민이라고 불렸다.("반란자들은 자각적으로 어떤 집단에 대한 정체성을 가진 이들이 아니라 자각적으로 자유를 실천한 이들이다."-로자 룩셈부르크) 물질적으로는 부유하지만 정치적 능력이 없다는 것이 자본주의의 위기에서 그들이 증오의 대상이 된 결정적인 원인이다. 자본이 확장되면서 두 가지 잉여 에너지, 즉 잉여 자본과 파산한 귀족, 농민 실업자들로 이루어진 잉여 노동력이 나타나고 이 두 가지 잉여 에너지가 국가의 비호 속에 해외 식민지로 확장되기 시작하면서 전체주의가 등장했다.

'전체주의'는 역사적으로 시대를 막론하고 출현한 폭정이나 독재와는 다르다. 아렌트는 몽테스키외의 정체政體에 대한 정의에서 출발해 이데올로기와 공포를 전체주의의 필수 요소로 제시했다. 전체주의는 이 두 가지 요소를 고도로 결합시켜 인간의 자유를 철저하게 통제하고 인간에 대한 전면적인 통치를 실현한다. 폭정과 독재는 폭력을 통해 인간의 정치적 자유를 박탈하지만, 전체주의는 지속적인 운동, 즉 대대적인 민중운동을 통해 인간의 자유를 박탈한다. 이 운동 자체가 바로 전체주의다. 이것이 바로 아렌트의 생각이었다.

《색, 계》를 쓴 중국의 여류 작가 장아이링은 친일파 관료이자 열네 살 연상의 유부남 후란청과 결혼했다가 이혼한 뒤 열정이 시들어버렸지만 아렌트는 하이데거를 떠난 뒤 오히려 본격적으로 학문에 대한 열정을 불태우며 정치철학 분야에서 명성을 날렸다. 1961년 나치의 일급 전범이자 300만 명의 목숨을 빼앗은 아이히만이 이스라엘 비밀경찰에 체포되고 예루살렘으로 압송되어 재판을 받게 되었다. 그러자 아렌트는 《뉴요커》지의 기자 신분으로 재판 과정을 모두 참관한 후 《예루살렘의 아이히만—악의 평범성에 대한 보고서》라는 책을 발표했다. 재판 과정에서 아렌트의 눈에 비친 아이히만은 '더럽지 않으며 양심을 가진 남자'였다. 그렇다. 일상생활에서 아이히만은 좋은 남편이자 자상한 아버지이며 훌륭한 상사였을 수도 있다. 그는 그저 '국가이성'에 의해 정당화된 자국의 법률이 시키는 대로 집행했을 뿐이다. 그의 잘못이라면 나치의 법률이 틀렸음을 몰랐던 것뿐이다. 아우슈비츠 수용소의 '근본악'에 비하면 아이히만은 '평범한 악', 즉 사상이 전혀 없고 최소한의 사고력과 판단력도 부족한 악이다. 《전체주의의 기원》에서 아렌트는 '근본악 the radical evil'이라는 개념을 제시했다. '근본악'이라는 말을 처음 만들어낸 사람은 원래 은둔형 외톨이 칸트다. 칸트가 말한 근본악은 모든 악의 근원이자 근거다. 칸트는 절대 도덕을 중시했다. 가령 당신 친구를 죽이려는 킬러가 당신 집 문을 두드리고 있는데 친구가 바로 당신의 옷장 속에 숨어 있다고 치자. 만약 킬러에게 친구가 여기에 없다고 거짓말을 한다면 칸트의 입장에서 볼 때 당신은 악을 행하는 것이다. '근본악'은 처벌할 수 없고 용서할 수 없으며 예측할 수 없다는 세 가지 특징이 있다.

아이히만의 사례가 낯설다면 오스카상을 수상한 영화 〈더 리더〉를 예로 들어보자. 이 영화에서 케이트 윈슬렛이 연기한 주인공 한나 슈미츠는 나치 유대인 수용소의 여자 간수다. 그녀는 수감자들이 갇혀 있는 교회에 화재가 발생한 것을 보고도 교회 문을 열어주지 않아 수감자들이 모두 죽는다. 전쟁이 끝난 후 그녀는 나치 전범 재판의 피고인석에 앉게 된다. 아름답고 모성애가 충만했던 그녀는 병에 걸린 열다섯 살 소년을 도와주었다가 점차 은밀한 연인 관계로 발전하기도 한다. 그런데 그녀에게 죄가 있을까? 죄가 있다면 어떤 죄명으로 그녀를 처벌해야 할까? 그녀의 죄는 '근본악'이 아니다. 아렌트가 말하는 '평범한 악'이 바로 이런 죄다. '평범한 악'이란 자기 사상을 묵살한 채 하달된 명령에 무조건적으로 복종하고 개인적인 판단의 권리를 포기한 악이다.

제2차 세계대전 후 하이데거는 나치에 협조했다는 이유로 세상의 비난과 멸시를 받게 된다. 1950년 아렌트가 독일로 건너가 그를 만났다. 17년 만에 재회한 아렌트는 또다시 하이데거에게 매료되고 만다. 그때부터 그녀는 하이데거의 이미지 회복을 위해 동분서주했다. 직접 예일 대학교에서 하이데거의 철학 사상을 강의하고, 하이데거의 저서가 미국에서 출판될 수 있도록 힘썼으며, 하이데거의 행동을 변호하고 실의에 빠져 있는 하이데거를 도와《존재와 시간》친필 원고를 경매로 팔 수 있도록 애썼다. 심지어 그녀는 하이데거의 기분을 고려해 하이데거를 위해 추천사를 써주는 일도 거절했고 자신의 책《인간의 조건》을 발표했을 때도 하이데거에게 알려지지 않도록 조심했다. 자기 말이라면 무조건 순종하던 열여덟 살 소녀가 어느새 자신보다 더 유명해진 현실에 하이데거가 자괴감을 느낄지도 모른다고 염려한 아렌트의 세심한 배려였다. 1967년부터 아렌트는 해마다 하이데거를 보러 갔다.

그토록 이성적이고 독특한 사상을 가진 철학자인 그녀가 사랑 앞에서는 어떻게 그리도 감성적이고 부나방처럼 무모했는지 진지하게 고민했던 적이 있다. 하이데거의 사상이 아무리 훌륭하다고 해도 그가 한 행동들은 그의 저열한 인품을 증명하는 것들뿐이다. 그는 나치 문제로 야스퍼스와 대립하다가 결별했고 심지어 자기 스승인 후설을 배신했다. 자기 앞날을 위해 연인 아렌트를 버렸으며 명리에 눈이 멀어 나치에 협조했다. 그런데도 그에 대한 아렌트의 사랑은 변치 않았다. 나처럼 지성과 미모를 겸비한 우수한 인재가 어느 날 갑자기 삼류 건달과 사랑에 빠지더라도 놀라지 말길 바란다. 사랑이란 원래 그렇게 비이성적인 것이니까 말이다. 사랑이란 이론적으로 분석할 수 없는 것이다. 사랑에 관한 모든 것은 카오스 상태에서 발생하고 발전한다.

　누군가는 아렌트와 하이데거의 관계가 정말로 사랑이냐고 물을 수도 있다. 내 생각에는 그렇다. '아마도 사랑일 것이다'가 아니라 '확실히 사랑이다'. 그런데 인간의 사랑은 왜 이렇게 복잡할까? 질투와 의심이 개입되고 어느 정도 밀고 당기기는 필수다. 탱고처럼 스텝이 엉켜야 더 아름다운 것이 바로 사랑이다. 야망, 지위, 명성, 욕정 같은 것들은 모두 세월에 씻겨 내리고 옛날의 녹색 원피스 소녀와 풍류 재자는 이미 백발이 성성해졌지만 그들의 탁한 눈동자에서 발산되는 눈빛만은 여전히 영롱하고 투명했을 것이다. 그건 바로 "나는 당신을 알아요!"라는 눈빛이었다.

　　나는 알아요. 당신의 넘치는 재능과 철학적 깊이를.
　　나는 알아요. 당신이 성공을 위해 나를 가볍게 버렸다는 것을.
　　나는 알아요. 당신이 나치에 비굴하게 굴복했다는 것을.

1975년 12월 4일 한나 아렌트가 세상을 떠났다.
그로부터 5개월 뒤 하이데거도 숨을 거두었다.

　　"녹색 실이여, 그대가 다스리길 바라오. 나는 옛사람을 생각
　　하여 허울이나 없게 하려네. 고운 갈포, 거친 갈포, 쓸쓸한 바

람이로구나. 나는 옛사람을 생각하니 진실로 나의 마음을 찾았다네."(《시경》 패풍 편 〈녹의〉 중 후반부 – 옮긴이)

나의 마음을 진실로 찾았다네!

천재 혹은 미치광이, 프리드리히 니체

철학으로 통하는 길을 가는 사람이라면 누구나 건너야 하는 다리
가 있다. 고전 철학으로 통하는 그 다리의 이름은 바로 이마누엘
칸트다.

철학으로 향하는 길을 가는 사람이라면 누구나 넘어야 하는 산
이 있다. 그 산의 이름은 바로 프리드리히 빌헬름 니체^{Friedrich Wilhelm}
^{Nietzsche}(1844~1900)다.

이 산을 넘으면 모더니즘, 또는 포스트모더니즘 철학을 만나게
된다.

그렇다면 이제 시선을 1889년 1월 3일 이탈리아 토리노의 한 거
리로 돌려보자. 광장에서 한 마부가 화가 잔뜩 난 얼굴로 늙은 말
에게 채찍을 휘두르고 있다. 그때 어디선가 불쑥 나타난 니체가 말

을 향해 달려들었다. 그는 두 팔로 늙은 말을 꼭 끌어안고 눈물을
비 오듯 흘리더니 한바탕 히스테리 끝에 바닥으로 푹 고꾸라졌다.
니체는 곧장 병원으로 후송되었고 의사는 그에게 정신분열과 마비
라는 진단을 내렸다. "신은 죽었다"라고 외쳤던 철학자가 미치광
이가 된 것이다.

1980년대 학생운동이 실패한 후 피 끓는 청년들이 점차 마르크
스주의에 대한 숭배를 포기하면서 니체, 프로이트 등이 새로운 신
앙의 대상으로 부상했다. 통 넓은 나팔바지에 알이 큰 선글라스,
니체의 책은 당시 청년들의 필수품이었고 청년들은 모이기만 하면
"니체 읽어봤어? 와, 끝내줘! 니체가 말이지, 여자한테 가려면 채
찍을 가져가라고 말했어!"

니체의 《차라투스트라는 이렇게 말하였다》를 읽지 않은 사람들
도 그 책에 나오는 "여자한테 가니? 채찍을 가지고 가는 걸 잊지
말아라"라는 명언은 한 번쯤 들어보았을 것이다. 이 말이 알려지
자마자 세계 각국의 여성 단체와 페미니스트들이 일제히 들고 일
어나 분노했다. 그러고 보면 니체의 정신분열은 세 치 혀를 함부로
놀린 탓에 치른 참담한 대가인지도 모른다. 사람들은 신을 저주하
고 여성을 무시한 니체가 자만심으로 똘똘 뭉친 인물이었다고 알
고 있다. 하지만 '자만심'에는 언제나 '자괴감'이라는 녀석이 그림
자처럼 따라다닌다는 사실을 아는 이는 그리 많지 않다. 프로이트
의 관점에서 니체의 일생을 들여다보자. 니체는 어렸을 적 아버지
가 사망한 후 할머니와 어머니, 여동생에 둘러싸여 살았다. 마치

여성 기숙사에 남자 혼자 얹혀 산 것이나 다름없었다. 그가 여성에 대해 예민하고 강한 자괴감과 수줍음이 많은 성격을 가지게 된 이면에 그런 슬픈 가족사가 깔려 있다. 젊은 시절에는 그도 몇 명의 여성에게 구애하기도 했지만 안타깝게도 모두 이루어지지 못했다. 그 후 니체의 저서마다 여성을 비하하는 구절들이 수두룩하게 등장한다. 플레이보이 러셀은 자신의 책《서양철학사》에서 "여자 열 명 중 아홉은 니체에게서 채찍을 빼앗을 수 있다. 니체는 그 사실을 잘 알기 때문에 여자를 회피했던 것이다"라며 니체를 조롱했다.

혼세마왕 마르크스와 마찬가지로 니체의 일생에도 두 명의 중요한 사람이 있었다. 바로 쇼펜하우어와 바그너다. 그런데 마르크스는 예니, 엥겔스와 한평생 끈끈한 의리와 정을 유지한 반면, 니체는 처음에는 쇼펜하우어, 바그너와 좋은 관계를 유지했지만 시간이 흐를수록 점차 사이가 틀어져 의절하기에 이르렀다. 1865년 젊은 니체는 헌책방에서 쇼펜하우어의《의지와 표상으로서의 세계》라는 책을 발견하게 된다. 주의주의voluntarism의 대가 쇼펜하우어는 이 책에서 세계를 표상과 의지로 나누고, 표상은 단지 세계의 겉모습일 뿐이며 세계의 가장 본질적이고 내재적인 핵심은 바로 의지라고 주장했다. 의지는 세계의 물자체이며 삶, 눈에 보이는 세계, 현상은 그저 의지를 비추는 거울일 뿐이라는 것이다. 또한 의지는 인간을 포함한 세상 만물과 삼라만상의 기초이자 본질이고, 인간의 행위는 생존 의지의 지배를 받기 때문에 의지가 있어야 욕망도 있고, 욕망이 있기에 실망도 생겨나며 고통도 곧 실망에서 나오는 것이라고 했다. 최종적으로 쇼펜하우어는 "고통이야말로 삶의 본질이며 모든 삶은 고통스러운 것이다. 인간의 삶의 역사란 곧 고통의 역사다"라는 비관적인 결론을 내렸다. 침울한 성격의 니체와 비관주의자 쇼펜하우어는 만나자마자 죽이 척척 맞았다. 그때부터 니체는 쇼펜하우어의 어깨를 밟고 일어서서 자기만의 철학의 길을 개척하기 시작했다.

1868년 스물네 살의 철학자 니체와 쉰다섯 살의 음악가 바그너 Wilhelm Richard Wagner (1813~1883)가 만났다. 당시 바그너는 이미 독일 음악계와 철학계에서 이름을 날리고 있었다. 그는 음악을 통해 쇼펜하우어의 철학을 해석함으로써 음악에 사상성과 철학적 의미를 부여했다. 바그너는 낭만주의적 환상과 종교 사상, 민족관을 결합하고 독특한 화음과 배경음악 표현 기법을 사용해 '악극'이라는 독창적인 음악 형식을 탄생시켰다. 당시 바그너가 바이에른에서 음악회를 열었는데 좌석이 완전히 매진되어 오늘날 왕페이나 저우제룬의 콘서트에 못지않은 폭발적인 인기를 끌었다. 자신의 우상 바그너를 직접 만난 니체는 뛸 듯이 기뻤다. 그는 "감동적인 사람을 만났다. 그는 천재다"라며 그 감격을 표현했다. 바그너도 자기만의 사상을 가진 이 청년에게 호감을 느꼈다. 하지만 안타깝게도 몇 년 후 니체는 기독교에 반기를 든 반면, 바그너는 오히려 종교의식에 점점 더 흥미를 느끼고 기독교에 심취하게 되었다. 바그너의 오페라 〈니벨룽겐의 반지〉를 본 후 니체는 바그너에게 심한 실망감을 느꼈고, 마침내 두 사람의 관계는 제삼자, 즉 신의 개입으로 종말을 고하고 말았다. 옛말에 "처음이 있지 않은 것은 없고 끝이 있는 것은 적다 靡不有初. 鮮克有終"라고 했던가!

　바그너와 가깝게 지내던 밀월기에 니체는 자신의 첫 번째 철학서 《비극의 탄생》을 발표했다. 객관적으로 볼 때 이 책은 사상적 가치로는 으뜸이라고 할 수 없지만 미학적 가치로 따지면 철학서 가운데 단연 최고다. 니체는 이 책에서 "그리스 예술은 아폴론과 디오니소스의 두 가지 정신이 서로 대립하면서 탄생했다"라고 주장했다. 그리스인들이 빛과 이성을 상징하는 태양신 아폴론을 숭배한 결과 아폴론적인 예술(서사시, 조각, 회화)이 탄생했고, 술에 취한 후 내면 깊숙이 숨겨져 있는 강렬한 생명력을 분출해내는 술의 신 디오니소스는 생명에 대한 그리스인들의 열정과 욕망을 발산시킴으로써 디오니소스적인 예술(음악, 무용)을 탄생시켰다는 것이다. 고대 그리스 예술의 지혜가 창조해낸 가장 큰 성과인 그리스 비극도 역시 아폴론적인 것과 디오니소스적인 것이 충돌하는 과정에서 탄생한 산물이다. 그리스 비극은 처음에는 여러 신들이 합창하는 형식으로 사람들이 음악에 박자를 맞추어 춤을 추었다. 디오니소스의 환희가 아폴론의 환상을 자극함으로써 그리스인은 내재되어 있던 생명에 대한 욕망을 분출하고 창작의 충동을 느꼈다. 니체는 이것이 바로 고대 그리스 비극의 정수라고 했다. 니체는 이 책에서 또 소크라테스를 신랄하게 비판했다. 그는 소크라테스가 "상아탑 위에 개념을 세웠을 뿐", 비극 정신도 없고 그리스의 시를 이해하지도 못하며 호메로스의 서사시에 등장하는 얄팍한 이론밖에는 알지 못했다고 폄하했다. 니체는 소크라테스 이후 그리스인들의 뜨거운 창작 열정이 사그라지고 철학이 쇠락했으며 예술도 빛을 잃고 속되고 용렬한 희극만 남았다고 비난했다.

1882년 니체는 그의 일생에서 네 번째이자 마지막으로 한 여인을 사랑하게 된다. 그는 러시아 아가씨 잘로메에게 한눈에 반해 사랑에 빠졌다. 잘로메는 유럽 문화사에서 유명한 여류 작가로 재능과 미모를 겸비한 여인이었다. 그녀는 니체, 릴케, 프로이트와 각별한 친분을 나누었을 뿐 아니라 그녀를 따라다니는 남자만 해도 한 소대는 족히 넘었다. 자고로 영웅도 미인에게는 약하다고 했던가. 니체는 잘로메의 치맛자락 아래 납작 엎드려 사랑을 갈구했지만 문학소녀 잘로메는 그저 니체의 재능에만 관심이 있었다. 니체는 잘로메에게 숱하게 많은 구애의 편지를 보냈지만 돌아온 건 거절의 답장뿐이었다. 사랑 앞에서 니체는 걸인처럼 비굴하고 부랑자처럼 방황했다. 마지막 거절의 편지를 받은 후 니체는 실의에 빠진 나머지 여성에 대해 완전히 절망해 배낭 하나 메고 훌쩍 방랑을 떠났다. 배낭여행객 니체는 하늘과 땅의 정기를 받고 해와 달의 세례를 받은 후 자기 일생 최고의 역작 《차라투스트라는 이렇게 말하였다》를 출간하기에 이른다.

철학을 좋아하지만 철학서는 지루함에 몸부림치다가 두 페이지도 넘기지 못하고 덮어버리는 사람이라면 《차라투스트라는 이렇게 말하였다》를 읽어보기를 권한다. 이 책이 철학에 대한 당신의 편견을 단숨에 날려줄 것이라고 장담한다.

이 책은 철학서라기보다 철학시에 가깝다. 숨 막히게 고리타분한 가르침도 없고 틀에 박힌 딱딱한 구성도 없다. 마치 샘물이 땅에서 솟아나와 급류를 이루며 세차게 흘러가는 듯한 기분을 느낄 것이다. 이 책에서 니체는 조로아스터교의 창시자 차라투스트라의 입을 빌려 자신의 사상을 설파한다. 그중에서도 가장 유명한 것이 "신은 죽었다"라는 말과 '힘에의 의지', '영원회귀'다. 이 책은 서문 외에 네 부분으로 나뉘어 있다. 제1장에서는 '정신의 세 가지 변화', 즉 "정신이 낙타로 변하고 낙타가 사자로 변하고, 사자가 마침내 어린아이가 된다"라고 말한다. 무거운 짐을 지고 고통을 인내하는 낙타는 이상에 대한 정신의 경외감을 상징하고, 사나운 사자는 신앙의 파멸과 허무, 자유정신의 시대를 대표하며, 어린아이는 허무의 극복, 생명과 인류에 대한 순진무구한 긍정, 새로운 시대의 도래를 의미한다. "신은 죽었다"라는 말과 관련해 니체는 신이 인간에 대한 동정 때문에 죽은 이야기와 신이 질투 때문에 죽은 이야기를 들려주었다. 기독교는 르네상스 시대부터 해체의 위기에 처했다. 니체는 신은 그저 가설일 뿐이며 종교가 주장하는 구원과 속죄는 인간의 정력을 헛되이 낭비하는 것이고, 신이 죽은 후 인간은 "모든 가치를 재평가해야 한다"라고 주장했다. 니체가 신을 죽인 것은 그가 수립한 '초인철학'을 위한 것이었다. 그는 신에 대한 경배를 초인에 대한 추구로 전환시키려고 했다. 초인이란 나폴레옹이나 카이사르처럼 사람들이 숭배하는 영웅이 아니라 끊임없이 자아를 초월하는 인생관을 의미한다. 니체는 "인간이 위대하다는 점은 그가 다리이지 목적이 아니라는 데 있다"라고 말했다. 니체가 내세운 초인은 그리스 비극에 등장하는 영웅이다. 그들은 가시나 무를 등에 지고 모두가 만류해도 묵묵히 자신의 길을 가는 불사의 정신을 가지고 있다.

자본주의 사회에 문명의 위기가 찾아왔을 때, 마르크스와 니체는 각자 중생을 구원할 수 있는 길을 제시했다. 마르크스는 인간이 소외된 것은 사유제와 분업 때문이므로 자본주의 제도를 없애야만 자유인 연합체가 진정한 의미의 인간 해방을 실현할 수 있다고 주장했다. 반면 니체는 신은 죽었으며 모든 가치를 재평가해야 한다고 역설했다. 그는 인간의 영혼과 의지를 통한 '정신 혁명'으로써 보편적 위기를 해결해야 한다고 생각했다. 이해를 돕기 위해 간단한 예를 들어 이 두 주장의 차이를 설명하고자 한다. 가령 최근 실연을 당한 데다가 기말 논문 제출 기한이 코앞에 닥쳐 괴로움을 못견디다가 자살을 결심한 사람이 있다고 치자. 그가 자살하기 직전 우연히 마르크스의 책을 뒤적이다가 의미심장한 구절을 발견했다. "인간의 본질은 개별적 개체에 내재하는 추상물이 결코 아니다. 현실에서 인간의 본질은 사회적 관계의 총체다." 이 구절을 읽고 그는 문득 자신이 자살하려는 이유를 곰곰이 생각해보기 시작했다. 그는 곧 사회적 관계가 왜곡되고 가려졌기 때문이라는 결론에 도달했다. 그러자 그는 곧장 자신의 손목을 그으려던 칼을 내려놓고 프롤레타리아 전사로 변신했다. 물론 자살하기 직전 무심코 뒤적인 책이 하필 쇼펜하우어의 책일 수도 있다. 만약 그렇다면, 미안

하지만 그는 이미 자살에 성공했을 것이다. 쇼펜하우어의 염세주의 철학의 영향을 받은 중국의 사학자 왕궈웨이와 작가 라오서 등이 인생에서 좌절을 겪은 후 약속이나 한 듯이 자살을 택한 이유도 이와 무관하지 않다. 그런데 만약 자살하기 전에 뒤적인 책인 니체의 책이라면 그는 니체의 이런 충고를 발견하게 될 것이다. "인생은 화려한 아이스킬로스의 비극이며 강력한 의지는 곧 생명력이다. 싸워서 권력을 쟁취하라. 초인은 대지의 의의다!" 이 구절을 읽은 그는 자살을 포기하고 바지 위에 빨간 팬티를 입고 울트라맨이 될 준비를 할 것이다.

마르크스가 "전 세계의 프롤레타리아여, 단결하라!"라고 외친다면 니체는 "전 세계의 바퀴벌레들이여, 단결하라!"라고 포효할 것이다.

막스 베버는 "학자가 마르크스와 니체에 대해 어떤 태도를 가지고 있는지만 보아도 그의 성실성을 판단할 수 있다"라고 말했다. 나는 마르크스의 추종자지만 니체도 사랑한다. 언제나 선글라스를 끼고 말라비틀어진 고목과도 같은 체구에 한평생 안질과 위장병, 신경쇠약에 시달리며 고통에 몸부림쳤음에도 초인철학을 제창했던 그 약골 남자를 나는 사랑한다. 정신 발작을 일으킨 지 11년 만인 1900년, 니체는 영원히 눈을 감았다. 니체의 사상은 야심을 품은 반유대주의자이자 그의 여동생인 엘리자베트에 의해 멋대로 각색되어 나치로 넘겨졌고, 히틀러가 《니체 전집》을 무솔리니에게 생일 선물로 건넴으로써 니체의 《힘에의 의지》와 초인이론은 나치에 의해 단편적으로 흡수되어 전쟁에 이용되었다. 그러나 니체의 철학은 실로 많은 이들에게 영향을 미쳤다. 철학자 야스퍼스, 헤겔, 사르트르, 카뮈, 데리다와 문학가 토마스 만, 헤세, 츠바이크, 버나드 쇼, 중국의 사상가 량치차오, 루쉰, 천두슈 등등. 하지만 열거된 수많은 사람들 가운데 제2의 니체는 없었다.

지금은 노쇠한 말을 타고 강호를 떠도는 돈키호테가 얼간이라고 놀림받고, 위대한 정신과 의지 따위는 실용주의라는 늙은 마녀에 의해 인어 공주처럼 물거품이 되어 사라진 지 오래다. 오늘날에는 '대가', '거장'으로 불릴 만한 인물이 왜 이렇게 적은지 내게 더는 묻지 말길 바란다.

지금은 최고의 시대이지만 반대로 최악의 시대이기도 하다.

괴짜 중의 괴짜, 바뤼흐 스피노자

내가 중학교 1학년 때 우리 반 여자애들 사이에서 충야오(대만의 유명한 여류 작가-옮긴이)와 이수(홍콩의 대표적인 여류 작가-옮긴이)의 로맨스 소설이 선풍적인 인기를 끌었다. 아이들은 밤마다 두 작가의 소설을 읽으며 콧물을 훔치고 눈물을 닦았다. 하지만 나는 평범한 아이들과는 뭔가 다르다는 것을 보여주기 위해 왼손에는《노벨문학상 전집》상권을, 오른손에는《노벨문학상 전집》하권을 펼쳐들고 탐독하는 척했다. 그런데 안타깝게도 첫 번째 작품이 내가 이해하기에는 너무도 형이상학적인 작품이었다. 나는 첫 장부터 읽기를 포기하고 아예 맨 마지막 작품을 펼쳤다. 마지막 작품은 미국 작가 아이작 싱어가 쓴《시장 거리의 스피노자》였다. 다행히도 이 작품은 중학교 1학년생인 내게도 그리 어렵지 않았다. 왁자한 시장

거리에 사는 피셜슨 박사는 스피노자^{Baruch Spinoza}(1632~1677)의 《에티카》 연구에 몰두하고 있다. 그는 육욕 칠정을 억누르고 더 높은 차원의 정신적 쾌락을 추구하며 학문에 열중했다. 하지만 나이가 들면서 신체가 노쇠해지고 끈질긴 병마가 그를 괴롭혔다. 다행히도 바로 그때 검은 피부, 깡마른 몸매의 노처녀가 그의 인생으로 들어와 지극정성으로 그를 보살핀다. 피셜슨은 그제야 처음으로 세속 생활의 아름다움을 체험하게 된다. 두 사람이 첫날밤을 치르던 날 나이가 지긋한 노총각과 노처녀는 난생처음 운우의 열락을 맛보았다. 피셜슨은 감격한 나머지 "오, 신성한 스피노자여, 저를 용서하소서! 제가 바보가 되었습니다!"라고 중얼거렸다. 이 작품에서 싱어는 스피노자의 금욕주의를 풍자하고 정신과 육체는 태어나면서부터 의존적이고도 모순된 관계임을 암시했다. 정신은 영원히 순수한 아름다움을 추구하지만 육체는 짧지만 감각적인 쾌락을 추구한다는 점에서 정신과 육체는 필연적으로 모순될 수밖에 없다.

당시 중학교 1학년이었던 나는 철학자 스피노자에 대해 추상적으로 파악하기도 전에 홀아비 스피노자에 대한 감성적인 인식이 생겨버렸다.

그렇다. 철학자들은 대부분 괴짜지만 스피노자는 괴짜 중의 괴짜다. 한마디로 칸트의 업그레이드 버전이다. 아무리 은둔형 외톨이인 칸트도 매일 오후 4시에는 어김없이 밖으로 나와 산책을 하며 광합성을 했다. 하지만 스피노자는 감자 몇 광주리만 있으면 석 달 동안 집 밖에 나오지 않는 것도 가능했다. 제일 마지막으로 외출했을 때 거리의 아가씨들이 두꺼운 바지를 입고 있었다면 그다음 외출했을 때는 아가씨들이 다리를 시원하게 드러내고 거리를 활보했다. 칸트는 청렴하고 고고했지만 아쉽게도 초기 논문인 《천계의 일반자연사와 이론》의 책날개에 "프리드리히 왕자에게 이 책을 바칩니다!"라고 썼다. 하지만 스피노자는 달랐다. 그는 감자 살 돈조차 없었을 때 저서에 "프랑스 국왕 루이 14세에게 바칩니다"라고 한 줄만 쓰면 거금을 주겠다는 루이 14세의 제안을 의연하게 거절했다. 또 칸트는 평생 쾨니히스베르크에서 철학을 연구했지만 스피노자는 집에서 철학과 렌즈를 가지고 놀았다. 칸트가 왕이었다면 스피노자는 신이었다!

스피노자는 17세기 네덜란드에서 태어났다. 다들 알고 있겠지만 네덜란드는 국토가 바다보다 낮다. 네덜란드라는 명칭 자체도 '낮은 땅'이라는 뜻이다. 세계 최초의 부르주아 혁명이 일어난 이 나라는 일찍부터 상업이 발달하고 정치적으로도 비교적 자유로웠다. 이런 분위기가 훗날 스피노자가 진보 사상을 수립하는 데 밑거름이 되어주었다. 스피노자는 유대인이었다. 유대 민족은 예로부터 무슨 운명이 그리도 기구한지 한곳에 정착하지 못하고 생쥐처럼 이리저리 쫓겨 다니는 신세였다. 서기전 586년 바빌론 국왕 네부카드네자르가 군대를 이끌고 유대왕국을 정복한 후, 나라를 잃은 유대인들은 '바빌론의 포로'로 전락해 성경 시대의 가장 유명한 유랑을 시작했다. 서기전 63년에는 폼페이우스가 이끄는 로마제국의 기마 부대가 예루살렘을 함락시키고 예루살렘 성전마저 파괴했다. 저항에 실패한 가련한 유대인들은 결국 또다시 유랑을 떠나야 했다. 스피노자의 선조들은 에스파냐인들의 종교 박해를 피해 네덜란드로 도망쳐 정착했고 스피노자의 아버지 대에 이르러서는 네덜란드의 유대인들 사이에서 명망을 떨치는 부유한 가문을 이루었다.

스피노자는 어려서부터 명석한 두뇌로 주위의 촉망을 한 몸에 받았다. 현지의 유대인 랍비들은 그가 유대교의 율법 교사인 랍비가 될 만한 재목임을 알아보고 그를 '히브리의 빛'으로 칭송하며 그에게 희망을 걸었다. 스피노자의 아버지도 총명한 아들을 몹시 자랑스러워하며 아들이 상업을 배워 가업을 잇거나 신학을 배우고 랍비가 되어 가문에 영광을 안겨주길 바랐다. 하지만 안타깝게도 그는 아버지의 기대에 부응하지 못했다. 애쓰지 않아도 자연스럽게 부유한 상인의 인생을 살 수 있었던 스피노자가 하필이면 아무짝에도 쓸모없는 철학을 선택한 것이다. 그는 철학 중에서도 약간 빗나간 이단에 관심을 가졌다.

젊은 스피노자는 온종일 침실에 틀어박혀 촛불을 켜놓고 몰래 금서를 읽었다. 그가 읽는 책들은 대부분 종교재판을 받고 화형당한 이탈리아의 철학자 브루노나 데카르트의 책이었다. 원래 사람은 아는 것이 많아지면 반항심도 생기는 법이다. 그건 스피노자도 예외가 아니었다. 스피노자는 유대교에 대해 점점 의구심을 갖게 되었고 "영혼은 불멸하지 않으며 육체의 호흡이 정지되면 영혼도 함께 사라진다", "세상에 천사는 없으며 천사는 환상일 뿐이다", "신은 세상 만물에 광범위하게 깃들어 있다"라는 등의 주장을 펼쳤다. 그의 주장은 유대교의 입장에서 볼 때 '이단사설異端邪說'이었고 유대 교회는 그를 처리하기 위한 방법에 골몰했다. 유대 교회가 처음 사용한 방법은 '협박'이었다. 랍비들은 스피노자에게 이단사설을 계속 퍼뜨리고 다닌다면 감옥에 집어넣겠다고 협박했다. 그러자 스피노자는 버럭 화를 내며 어딜 가든 먹고 자는 건 마찬가지니 감옥에 집어넣으려면 당장 집어넣으라고 호통쳤다. 유대 교회의 두 번째 방법은 '회유'였다. 랍비들은 스피노자를 찾아가 유대교를 의심하는 건 어쩔 수 없지만 사람들에게 함부로 말하고 다니지 말라면서 그 대가로 돈을 주겠다고 제안했다. 스피노자가 그 제안을 받아들였을 리 만무하다. 스피노자는 돈은 필요 없다며 일언지하에 거절했다. 유대 교회의 세 번째 방법은 '파문'이었다. 유대 교회는 스피노자에게서 유대교 신도의 신분을 박탈하고 그 누구와도 왕래하지 못하도록 금지했다. 이번에도 스피노자는 눈썹 하나 까딱하지 않았다. 유대교의 네 번째 방법은 '살해'였다. 유대 교회는 스피노자에게 킬러를 보내 그를 암살하게 했다. 하지만 킬러가 무기 사용에 서투른 데다가 스피노자가 오랜 절식으로 몸이 날렵해 킬러의 칼을 재빨리 피한 덕분에 팔에 칼이 스치는 부상을 입는 데 그쳤다.

유럽 종교사를 연구하다 보면 피와 폭력이 난무해 마치 한 편의 컬트 무비나 B급 영화를 감상하는 듯한 착각에 빠지곤 한다. 한 예로 에스파냐 의사 미카엘 세르베투스는 사람의 몸속에서 혈액이 순환한다는 사실을 발견하고 생명의 정기는 물질에 있으며 그 정기는 심장의 좌심방에서 나온다고 주장했다. 그러자 칼뱅교가 곧장 그에 대해 체포령을 내렸다. 가련한 세르베투스는 도망치다 붙잡혀 감옥에 갇혔다가 에스파냐 판 〈프리즌 브레이크〉를 연출하기도 했지만 결국에는 체포되어 종교재판을 받고 화형에 처해졌다. 그것도 약한 불로 천천히 구워졌다! 칼뱅교와 비교하면 유대교는 그나마 너그럽고 온화한 편이다. 그들이 스피노자를 파문하면서 치렀던 의식은 사악하고도 유치했다. 큰 뿔 나팔이 울리고 비통한 통곡 소리가 이어지는 가운데 파문 의식이 열렸다. 환하게 켜져 있던 촛불과 횃불이 하나씩 꺼지는 동안 랍비가 선포했다. "천사들의 심판과 성자들의 판결에 따라 우리는 바뤼흐 스피노자를 저주하고 고립시키고 증오하고 추방한다. … 그는 낮에도 저주받고 밤에도 저주받고, 밖에 나가서도 저주받고 집에 들어와서도 저주받을 것이며, 잘 때도 저주받고 깨어나서도 저주받을 것이다. … 앞으로 어느 누구도 그와 입으로 말하지 말고 그에게 2미터 이내로 접근하지 말라." 불쌍한 스피노자는 이로써 유대교와 완전히 결별을 고했다.

훗날 사람들은 스피노자의 사상을 '무신론'으로 규정했지만 사실 스피노자의 사상은 '범신론'이었다. 신의 '실체'는 자연이고 '실체'란 오직 내재적인 자신을 통해서 인식된 것이며 독립적이고 무한하다는 것이 그의 사상이다. 간단히 말해 스피노자의 신은 절대적이고 무한하며 필연적인 존재다. 이 신은 그 어떤 다른 물체에 의해 만들어질 수 없으며 신의 본질은 필연적으로 존재를 포함한다.

가장 통속적인 말로 표현하자면 이렇다. 첫째, 스피노자의 신은 인간의 의식에 의지하지 않고 독립적으로 존재한다. 둘째, 신 자신이 자기가 존재하는 원인이다. 어떤 다른 물체도 신의 원인이 될 수 없다. 셋째, 이 신은 의지도 없고 목적도 없으며 신의 활동은 본성에서 나온 필연이다.

스피노자가 살던 시대의 상황을 살펴보면 스피노자가 제시한 '신'의 주장이 어떻게 도출된 것인지 알 수 있다. 스피노자가 살던 당시, 이탈리아인 콜럼버스가 신대륙을 발견하고 폴란드 천문학자 코페르니쿠스는 지동설을 주장했다. 우주는 이토록 오묘한데 교회는 썩을 대로 썩어 있었다. 하지만 교회는 허겁지겁 부패한 모습을 가리며 사람들을 억압하려고만 했다. 그러므로 자연에 대한 새로운 관념의 출현은 시대적 요구였다. 바로 그때 나타난 사람이 바로 스피노자다. 그는 "신은 곧 자연이다"라고 외치며 활력이 충만하고 시적인 낭만이 넘치는 주장을 사람들 앞에 내놓았다.

그런데 '신'을 논증한 스피노자가 어째서 교회로부터 핍박을 받았을까? 스피노자가 말한 '신'은 사실 자연의 '실체'를 의미한다. 스피노자가 이 '실체'에 '신'이라는 이름을 붙인 것은 종교재판과 박해를 면하기 위한 최대한의 자기 보호 조치였다. 스피노자는 '신'이 세계의 본질을 구성하며 신이라는 순수한 실체는 본체 개념이라고 생각했다. 이 점은 유물주의와도 약간 닮아 있다. 스피노자는 자연의 실체인 '신'은 한없이 높이 떠받들면서도 종교의 신은 폄하했다. 그가 교회로부터 파문당할 수밖에 없었던 이유가 바로 여기에 있다.

유대교에서 파문당한 후 스피노자는 암스테르담 교외로 이주해 렌즈 세공으로 생계를 이었다. 그는 주로 망원경과 현미경에 쓰이는 렌즈를 세공했다. 추상적인 사유를 논하는 철학은 정밀한 작업을 요하는 렌즈 세공에서도 효과를 발휘했다. 스피노자는 렌즈 세공을 하면서 위대한 과학자 하이휜스와도 친분을 맺게 된다. 옛날 중국에서 초야에 묻혀 사는 은사隱士들이 '매화를 아내로 삼고 학을 자식으로 삼아' 고상한 생활을 즐겼다면 스피노자는 철학을 조강지처로, 과학을 첩으로 삼아 행복한 생활을 했다.

스피노자는 생전에 단 두 권의 책을 발표했는데 그중 한 권이 익명으로 출간한 《신학정치론》이다. 그는 형이상학적인 원리로 종교와 정치 문제를 해석하고 신학자들이 《성경》을 왜곡하고 의도적으로 내용을 바꾸었다고 비판했다. 《성경》에 대한 스피노자의 재탐구는 《성경》 자체를 부정하기 위함이 아니라 《성경》에 대한 사람들의 맹목적인 숭배를 비판하고 사람들에게 자신의 자유, 즉 언론과 종교의 자유를 쟁취하라고 호소하기 위함이었다.

스피노자의 대표작인 《에티카》는 사후에 출간되었으며 이 책은 인류 역사에 커다란 영향을 미쳤다. 이 책은 유클리드의 기하학 원리를 바탕으로 쓴 철학서다. 당시에는 철학의 정확함을 추구하기 위해 철학자들이 수학적인 방식으로 철학을 논하곤 했다. 공리, 정의, 정리, 증명 등이 난무하는 이 철학서를 읽다 보면 극도의 피로

감을 느끼게 되지만 한편으로는 이토록 어지럽고 무질서한 세상이 스피노자의 펜 끝에서 통일되고 질서를 찾았음에 감탄하게 된다. 《에티카》는 다섯 부분으로 구성되어 있다. 제1부에서는 신에 대해 논하고 제2부에서는 정신의 본성과 기원을 탐색했으며 제3부에서는 감정의 기원과 본성을 파헤쳤다. 제4부에서는 인간의 예속 또는 감정의 힘에 대해 논했으며 제5부에서는 지성의 능력 또는 인간의 자유에 대해 이야기했다. 다시 말하면 제1부는 스피노자 철학 체계의 본체론(즉, 존재의 문제)에 대한 것이고, 제2부는 인식론(즉, 인식의 유래와 본성, 신뢰성의 문제)에 대한 것이며, 제3부부터 제5부까지는 윤리학과 연결된다. 스피노자는 인간이 자유와 행복을 실현하기 위해서는 반드시 자연을 이해하고 자연에서 지식을 얻어야 한다고 생각했다. 그는 처음으로 자유와 지식을 연결시켜 자유가 필연적인 인식임을 지적했다. 스피노자의 철학 체계는 본체론에서부터 윤리학에 이르는 형이상학적 체계이며, 신과 자연에 대한 인식에서 출발해 신과 자연을 사랑함으로써 인간이 누릴 수 있는 최고의 행복에 도달하는 것을 목적으로 한다.

스피노자 철학의 특징은 모든 인식의 대상을 일정한 체계 안에 넣고 분석하고 연구한다는 점이다. 그는 영원히 변치 않는 형식을 근거로 사물을 인식한다. 선배뻘인 데카르트가 정신에서 출발해 사물을 인식하고 있을 때 스피노자는 신이라는 신성한 사물에서 출발해 사물을 인식했다. 그는 우주란 모든 존재물로 구성된 유기체이며, 모든 사물이 비록 본성은 다양하고 수없이 변화할지 몰라도 전체 체계에 속하며 자연의 법칙에 복종한다고 주장했다.

유가 정신과 도가 정신이 중국 문화의 기원이라면 서양 문화의 기원은 그리스 정신과 히브리 정신이다. 그리스 정신은 이성, 즉 로고스^{logos}를 중시하며 이성적인 사람을 이상적인 인간으로 여긴다. 그리스 정신에서 탄생한 것이 바로 서양의 예술과 과학이다. 히브리 문명은 초연성과 헌신성을 중시하여 신앙과 구원을 강조한다. 그들이 생각하는 이상적인 인간이란 신앙이 있는 사람이다. 이런 히브리 문명이 서양의 종교와 도덕을 낳았다. 스피노자의 철학 체계는 이 두 가지 문명이 결합된 것으로 한편으로는 자연을 중시하고 지식과 인류의 이성을 강조하지만 또 한편으로는 신과 인간의 관계를 강조하고 '신에 대한 이지적인 사랑'을 호소한다. 스피노자는 일생 신과 인간, 인간의 자유, 행복에 대한 문제에 몰두했다. 그는 인류의 진정한 행복과 자유가 무엇인지, 자유와 행복의 기초는 무엇인지 연구하고 인류가 진정한 자유와 행복을 얻을 수 있는 길을 모색하고자 했다. 오늘날 우리는 스피노자의 형이상학이 충분하지 못하고 신학도 애매모호하다고 비판할 수는 있지만 고행승처럼 살았던 그의 저서에 담긴 도덕적 경지, 즉 인간의 선함에 대한 무한 신뢰에 대해서는 감탄하지 않을 수 없다. 이것은 공정하고 청렴한 정신이며 이기심은 티끌만큼도 섞이지 않은 순수한 영혼이다.

스피노자는 철학자 가운데 유일하게 학문과 인격이 일치된 인물이었다. 그의 아버지가 대부분의 재산을 스피노자에게 남

기고 죽은 후 그의 누이가 재산을 강탈하려고 하자 스피노자
는 재산을 지키기 위해 누이를 고소했지만 재판에서 승소한 후
에도 재산을 대부분 누이에게 주었다. 세상 사람들이 그의 범
신론을 오해해 그에게 손가락질을 하고 유대 교회가 그를 박해
하고 파문했지만 그는 언제나 '사랑'으로 대했다. 또 그는 최소
한의 음식만 먹고 소박한 옷을 입었다. 그가 누리는 최대 사치
는 파이프 담배를 피우는 것이었다. 그는 모든 쾌락은 뜬구름
이며 진리와 지식을 추구하는 것이야말로 진정한 즐거움이라
고 여겼다. 자신의 철학적 이상을 몸소 실천한 그는 진정한 철학
자였다. 습관처럼 다른 철학자들을 비꼬고 악담을 퍼부었던 러
셀도 자신의 저서 《서양철학사》에서 스피노자를 높이 평가하
며 그에 대한 존경심을 드러냈다. 러셀은 "스피노자는 위대한 철
학자 가운데 인격이 가장 고상하고 성품이 가장 인자한 인물이
다. 재능과 지혜로 따지면 그보다 우월한 이들이 있겠지만 도덕
으로는 그를 뛰어넘을 사람이 없다"라고 말했다. 하지만 안타
깝게도 도덕의 본보기인 그는 렌즈 세공을 하면서 날마다 분진
을 들이마신 탓에 규폐증에 걸려 마흔다섯의 나이로 요절하고 말
았다.

"그는 연기보다 고독했고 예수보다 더 순결했다."

이 한마디로 스피노자의 일생을 표현할 수 있다.

내가 스피노자에 대한 글을 쓰겠다고 하자 주위에서 왜 그렇
게 고리타분한 루저에 대해 쓰려 하냐고 물었다. 스피노자의 사

상이 워낙 심오하고 난해한 데다가 중국에서는 큰 영향력이 없다. 게다가 그는 평생 여자를 사귄 적도 없고 그렇다고 동성애자도 아니었으며 애증도 원한도 없이 금욕적인 삶을 살았으니 내가 굳이 째려보고 뜯어보며 가타부타 논할 것도 없다. 그런데도 나는 그에 대한 글을 쓰기로 했다. 이 책에 등장하는 철학자들은 모두 철학자 가운데 특정 성향을 대표하는 이들이다. 헤겔 같은 이는 학문과 인격 중 어느 것도 소홀히 하지 않아 빈틈을 찾아볼 수 없었고, 한나 아렌트 같은 이들은 철학 연구에서는 왕언니처럼 강한 카리스마를 과시했지만 사랑 앞에서는 롤리타처럼 단순했다. 스피노자가 대표하는 것은 이상주의자들이다. 그들은 명리에 초연하고 인간의 행복을 실현하기 위해 헌신했다.

　세상에는 아파트 평수와 오늘은 어떤 맛집에 가볼까를 고민하는 사람들이 있는가 하면 미간을 잔뜩 찡그린 채 인간의 선과 행복을 위해 고뇌하는 사람들도 있는 법이다. 그들은 세속적인 쾌락을 포기하고 스스로 가시밭길을 선택했다. 그들은 그 길에서 수없이 쓰러지고 넘어져 피가 나고 멍이 들어도 지칠 줄 모르고 먼 곳을 향해 꿋꿋한 발걸음을 옮겼다. 그들은 제 깜냥도 모르고 큰 나무를 흔들려고 하는 왕개미요, 기다란 앞다리를 허우적거리며 수레 앞을 막아서는 사마귀다. 큰 나무와 수레는 '역사'이고 왕개미와 사마귀는 바로 '인류의 사상'이다! 끝없이 황량한 역사의 벌판에서는 흉포한 공룡도 스러져 화석이 되어 사람들의 구경거리로 박물관에

전시된다. 역사가 아무리 비정하다 해도 이제 그들의 사상은 반석 같은 단단함과 갈대 같은 탄성을 품고 있다. 그들로 인해 인류는 사라지지 않을 것이다!

그들 앞에서 우리는 영원히 어린아이일 수밖에 없다. 그들이 남긴 발자국을 세면서 그들이 가시밭길을 헤쳐 개척해놓은 평평한 대로를 걸으며 우리는 길가에 펼쳐진 멋진 인류 문명을 감상하고 있다. 그들은 말했고 어떤 이들은 귀 기울여 들었으며 우리는 지금 우러러 흠모하고 있다…

그들이 걸었던 가시밭길은 휘황찬란한 광명의 가시밭길이다!

남녀 협객, 보부아르와 사르트르

이야기는 '정치학 원리'라는 아주 오래전 수업에서 시작된다.

그때 나는 대학 1학년이었다. 정치학 원리라는 수업 시간에 프레젠테이션이 있었다. 교수님은 희망자에 한해 프레젠테이션을 하면 기말고사 성적에 가산점을 주겠다고 하셨다. 노골적인 유혹을 뿌리치지 못한 나는 어느 날 교단 앞으로 성큼성큼 나가 뉴스 앵커처럼 가슴을 활짝 펴고 서서 '나는 페미니스트가 아니다'라는 제목으로 보부아르 Simone de Beauvoir (1908~1986)의 《제2의 성》을 읽은 소감을 발표했다. 프레젠테이션이 끝난 후 나는 후들거리는 다리를 추스르며 교단에서 내려왔지만 마음은 날아갈 듯이 기뻤다. 그런데 정말로 효과가 나타났다! 나중에 믿을 수 있는 소식통에게 들은 바에 따르면 우리 반에서 내게 흑심을 품고 작업을 걸까 말까 망설이고 있던 남 학우 몇 명이 나의 프레젠테이션 이후 모조리 기겁을 해서 마음을 접었다는 것이다. 겉으로는 여리게 보이는 내가 알고 보니 속은 킹콩처럼 드세다며 저희들끼리 모여 쑥덕거렸다나. 이 소식에 나는 비통의 눈물을 삼킬 수밖에 없었다.

세상 모든 부모들에게 충고하노니 딸이 사춘기가 되면 《환주격격》이나 《함께 유성우를 바라봐》(모두 충야요의 작품. 《환주격격》을 원작으로 한 동명의 드라마가 국내에 '황제의 딸'이라는 제목으로 방영되었다-옮긴이) 같은 말랑말랑한 로맨스 소설을 권해주길 바란다.

나는 남녀 협객 보부아르와 사르트르^{Jean Paul Sartre}(1905~1980) 중에서 사르트르를 먼저 접했다. 내가 사르트르를 처음 접한 곳은 스피노자와 마찬가지로 《노벨문학상 전집》이었다. 이 책에 사르트르의 《벽》과 또 한 명의 실존주의자 카뮈의 《이방인》이 실려 있었다. 1964년 스웨덴 한림원은 사르트르를 노벨문학상 수상자로 선정했다. 하지만 대협객 사르트르는 이 소식을 듣자마자 두툼한 손을 거세게 저으며 "작가는 스스로 제도화되기를 거부해야 한다"라며 수상을 거부했다. 세상 모두의 선망의 대상인 노벨문학상을 말이다! 사실 사르트르처럼 처세에 노련한 사람들은 상을 넙죽 받는 것보다 수상을 거부하는 것이 더 세상의 주목을 끌 수 있다는 사실을 잘 알고 있었을 것이다. 하지만 거액의 노벨상 상금도 돌처럼 여긴 사르트르의 정신은 역시 모두에게 귀감이 될 만하다.

사르트르는 홀어머니 밑에서 자랐다. 그의 아버지는 그가 어렸을 때 세상을 떠났다. 철학계와 문학계에서 수많은 임상 사례와 통계학 수치로 증명된 법칙이 한 가지 있다. 대가가 되고 싶다면 아버지가 누구인지는 중요치 않지만 반드시 아버지를 일찍 여의어야 한다는 사실이다. 그래야만 아버지의 강한 통제에서 벗어나 "아버지는 곧 하늘"이라는 관념의 영향을 받지 않을 수 있고, 그렇기 때문에 더 자유로운 관념과 사상을 가질 수 있다. 대표적으로 루소, 뒤마, 니체 등이 모두 아버지가 없는 비슷한 유년기를 보냈다.

사람이 풍류를 모르면 청춘을 헛되이 저버리는 것이라고 했던가. 사르트르도 젊은 시절에는 전형적인 '찌질남'이었다. 키가 작은 것은 둘째 치고 선천적인 사시였다. 그런데도 자기 처지는 생각도 하지 않고 여색을 몹시 밝혀 여성들에게 쉬지 않고 구애를 했다. 하지만 안타깝게도 그의 조건이 워낙 비루했기 때문인지 돌아오는 것은 여성들의 냉대와 무시뿐이었다. 연애에 성공하지 못한 사르트르는 뜨거운 눈물을 쏟으며 하늘을 우러러 길게 울부짖었다.

"나는 이제 스탕달과 스피노자가 되겠다!"

몇 년의 세월이 흐른 뒤 사르트르는 실제로 왼손에는 문학의 잉크를 묻히고 오른손에는 철학의 예리한 펜을 든 문학가 겸 철학자가 되었다. 과거의 '찌질남'이 제2차 세계대전 이후 '실존주의'의 강호에서 정의로운 대협객으로 성공적인 변신을 이루었다. 대협객이 된 사르트르는 단신에 사시인 신체 조건은 그대로였지만 더 이상 애인이 없어 울상 지을 필요가 없었다. "말을 타고 다리에 비스듬히 기대니 누각 위 붉은 소매가 온통 흔들리누나"(당 말기 시인 위장의 시 〈보살만〉에 나오는 구절-옮긴이)라는 시구가 그를 두고 지은 것인 듯 그는 뭇 여성들의 흠모의 대상이 되었다.

1929년 파리고등사범학교에 다닌 사르트르는 두 살 연하의 시몬
드 보부아르를 만났다. 세상 모든 청춘 남녀가 그러하듯 두 사람은
마른 장작에 붙은 불처럼 맹렬히 타오르며 평생을 함께하기로 맹
세했다. 그런데 두 사람에게는 세상 모든 청춘 남녀들과 다른 점이
있었다. 두 사람이 사랑의 맹세를 하면서 서약한 내용은 세상을 놀
라게 하기에 충분했다. "우리는 상대에게 절대로 거짓말을 하지 않
으며 영원히 상대를 사랑한다. 하지만 우리는 영원히 결혼하지 않
고 상대가 다른 사람과 사랑하는 것을 간섭하지 않는다!" 그 후 사
르트르와 보부아르는 혼인 신고를 하지 않고 동거를 시작했다. 두
사람은 그렇게 50년 동안 동거하며 한평생 계약 연애 관계를 유지
했다.

사르트르의 실존주의 철학은 무엇일까? 실존주의에 대해 이해
하기 위해서는 먼저 18세기 철학에서부터 이야기해야 한다. 18세
기에 철학은 신학과 치열한 투쟁을 벌였다. 신성神性을 부정하고
인성人性을 무대의 중심으로 끌어올리기 위해 모든 이념은 "본질
이 실존에 우선한다"라고 강조했다. 그 논리에 따르면 인간의 본
질이 인간의 존재에 우선한다. 이 '본질'을 플라톤은 '이념'이라고
부르고 아리스토텔레스는 '이성'이라고 불렀으며, 토마스 아퀴나
스는 '신 인식', 데카르트는 '관념', 헤겔은 '절대정신'이라고 불렀
다. 그런데 사르트르는 처음으로 전통 철학과 선을 긋고 "실존이
본질에 우선한다", 즉 인간의 존재가 인간의 본질에 우선한다고 주

장했다!

"실존이 본질에 우선한다"라는 사르트르의 명제는 인간과 도구, 인간과 동물, 인간과 자연계가 다르다는 점을 직접적으로 지적했다. 인간의 존재는 그 어떤 본질 개념에 의해서도 규정될 수 없다. 도끼 같은 도구는 만들어지기 전에 이미 그 성질, 용도, 용법, 형태, 크기 등 본질적인 속성이 결정된 후에 생산자에 의해 만들어진다. 그러나 인간의 존재는 사전에 신에 의해 정해지지 않았으며 신은 인간의 본질을 지배할 수 없다. 인간의 본질은 인간 자신이 창조한 것이다. 인간은 온전히 자신의 자유 행위와 의지를 통해 자신의 본질을 창조하고 어떤 사람이 될 것인지 스스로 결정할 수 있다.

사르트르는 객관세계가 너무도 부조리하기 때문에 인간의 삶이 고통스럽고 고독한 것이라고 생각했다. 하지만 주체적인 인간으로서 마땅히 자유를 추구하고 끊임없이 선택해야 하며 자유로운 선택에 따르는 책임을 져야 한다. 자유와 책임은 밀접한 연관성을 가지고 있다. 사르트르는 '존재'를 두 가지로 나누었다. 하나는 '즉자존재 Ansichsein'로 단순한 사물의 존재방식이다. 이 상태에서 존재는 의식도 목적도 이유도 없이 그저 사물처럼 존재하며 고립성과 우연성을 가진다. 그러므로 사르트르는 "현상이 곧 본질이다"라고 말했다. 다른 하나는 '대자존재 Fursichsein'다. 이것은 의식적인 존재이자 인간의 존재로서 초월성을 가지고 행동이 영원히 변할 수 있음을 강조하고 즉자존재의 영원불변성을 변화시키려고 한다. 개체의 인간은 불변하는 본질이 없으며 자신의 현실적인 상황과 자유 선택에 따라 자신의 본질을 결정한다. 한마디로 사르트르에게 있어서 객관세계는 '즉자존재'이고 주체세계는 '대자존재'다. 인간은 선천적으로는 본질이 없다. 어떻게 하든 간에 인간은 실패를 피할 수 없다. 어떻게 선택하고 자신을 어떻게 만들든 간에 '즉자대자존재 Anundfursichsein'가 되는 것은 불가능하다. 인간은 객체처럼 즉자존재일 수만도 없고 허무한 대자존재일 수만도 없다. 인간은 한편으로는 자유를 추구하고 한편으로는 책임을 지면서 행동 속에서 스스로 자신의 본질을 창조한다.

사르트르에게 세계는 부조리한 곳이었다. 이 부조리한 세계에서 어떤 이들은 목표를 위해 분투하지만 인류의 목표란 존재하지 않는다. 누구나 대자존재를 생각하지만 인간 세계의 대자존재는 실현될 수 없다. 이 세계는 추악하고 희망이 없는 곳이다. 세계에 희망이 없기 때문에 인류의 존재가 비로소 가치를 가진다. 세계는 원래 공허하며 인간은 행동으로써 그 공허함을 채운다. 인간의 자유는 공허함과 부조리함에 대한 일종의 반항이다. 인생에는 기댈 곳이 없다. 모든 것은 자신이 결정하는 것이다. 우리는 자유로운 반항을 추구하면서 자신의 가치를 창조하고 텅 빈 세계에 의의를 부여한다.

사르트르는 "타인은 지옥이다"라고 말했다. 사르트르의 상황극 《출구 없음》에 나오는 이 명언 때문에 한때 사르트르가 논쟁의 중심에 서기도 했다. 사르트르의 이 말은 타인을 미워하라는 뜻이 아니다. 그는 그저 '즉자존재'와 '대자존재' 외에 '대타존재Sein-für-Anderes'에 대해 탐구하고 '인간'은 '타인'을 피할 수 없음을 연구했던 것이다. 객체는 즉자존재이고 주체는 대자존재다. 하지만 주체적인 인간도 타인의 눈에는 객체일 수밖에 없다. 타인들이 자유 선택을 통해 당신을 대상으로 고르면 당신은 자아의식의 주체가 아니라 타인의 의식의 대상이 된다. 이것이 바로 '대타존재'다. "타인은 지옥이다"라는 사르트르의 말은 현실에서 나와 타인의 관계가 악화된다면 타인이 나의 지옥이 되고, 나에 대한 타인의 판단에 너무 의존할 때도 타인이 나의 지옥이며, 자기 자신을 정확하게 인식하지 못한다면 그때는 내가 나의 지옥이 된다는 뜻이다.

다시 말하면 나치는 평민의 지옥이고 자본가는 노동자의 지옥이며, 주체적인 인간은 영원히 타인이 자신의 주체가 되려는 위협에서 벗어날 수 없음을 의미하기도 한다.

20세기는 사르트르의 실존주의가 크게 활약한 시대였다. 제2차 세계대전이 끝난 후 전 세계가 황폐해지고 도덕과 이상이 사라졌으며 사람들은 고뇌와 실의에 빠졌다. 사르트르의 실존주의는 현실의 황폐함을 지적했지만 다른 한편으로는 많은 이들에게 자아 선택이라는 출구를 제시했다. 사르트르의 실존주의는 철학을 생활에 접목시켰다. 철학과 군중이 친밀하게 접촉해 철학에 대한 친근감이 최고조로 높아졌다. 실존주의가 큰 지지를 받은 것은 부조리한 현실을 지탱할 수 있는 합리적인 방법을 제시했기 때문이었다. 지금은 실존주의의 물결이 점점 잦아들고 있다. 하지만 물결은 파도를 일으켜 절벽을 세차게 두드리고, 세게 휩쓸려갈수록 되돌아오는 힘도 강해진다. 오늘날 우리들은 소란스럽고 용속하고 쾌락을 숭배하는 시대에 살고 있다. 우리는 '우울', '슬픔', '갈등' 같은 말들을 쉽게 입에 올리곤 하지만 실존주의의 그 격렬하고 극단적인 초조감, 고통과 절망에 관한 그 진정한 감정은 느낄 수 없다. 실존주의는 극단적인 방식으로 모든 개체는 포기할 수 없는 자유를 짊어져야 한다는 사실을 세상 사람들에게 알려주었다. 카뮈의 《시지프의 신화》에 나오는 시지프처럼 말이다. 시지프는 수십 년을 하루같이 산 위로 바위를 굴려 올린다. 바위를 산꼭대기까지 올려놓으면 바위는 어김없이 다시 밑으로 떨어진다. 그 일이 아무리 허무하고 부조리하고 힘겹다 해도 시지프는 콧노래를 흥얼거리며 또다시 바위를 산 위로 굴린다. 시지프는 행복하다. 그는 스스로 자기 운명을 선택했으므로 능동적으로 행하고 그 속에서 행복을 찾는 것이다.

실존주의는 사르트르와 카뮈에 이르러 전성기를 맞이했다. 사실 그들이 등장하기 전 19세기 말에 니체, 키르케고르, 도스토옙스키 세 명의 대가가 자신의 저서에서 실존주의의 주제인 절망, 허무, 부조리를 자세하게 묘사했다. 도스토옙스키의 《악령》에서 키릴로프가 이성적인 자살을 택한 것은 자유의 논리적 출발점은 필연적으로 자살이라는 결론을 가져올 수밖에 없음을 상징한다. "단지 공포를 죽이기 위해 자살한 사람은 인간의 완전하고 절대적인 자유를 몸소 증명했으므로 즉시 신이 된다."

19세기 말부터 제2차 세계대전 종전까지 약 100년 동안 서양 문명은 암흑기였다. 노자는 "큰 도가 무너지자 인의仁義가 있게 되었고 지혜가 생겨나자 큰 거짓이 있게 되었다大道廢. 有仁義. 慧智出, 有大僞"라고 했다. 두 번의 세계대전은 인류 전체를 고통으로 밀어넣었고 문명에도 부조리와 혼란이 출현했으며 사상이 역사의 부조리에 호응하도록 강요당했다. 이러한 시대적 요구에 부응해 탄생한 것이 실존주의다. 실존주의는 잔인하지만 위대하다. 사르트르는 "나는 절망에 저항한다. 나는 희망 속에서 죽을 것이다. 하지만 나는 이 희망의 밑바탕을 창조해야 한다"라고 말했다. 그렇다. 인생이라는 허무하고 황당한 심연 앞에서 개인의 자유로운 선택이 시험에 들었다. 역사의 잔인함은 사상이 최고의 극치로 치닫게 했다.

　　사실 사르트르의 '실존주의'는 완벽하지 않다. 사르트르는 "세상은 부조리하다"라고 말했지만 또 역사는 "인간이 스스로 인간임을 인식하는 방향으로 천천히 발전하는 것"이라고 믿었다. 사르트르는 "존재가 본질에 우선하고" 인간의 자유로운 선택이 인간의 본질을 만든다고 했지만 또 한편으로는 자유로운 선택은 현실의 영향을 배제할 수 없다고 했다. 사르트르는 "타인은 지옥이다"라고 말하면서도 타인의 자유를 목표로 해야만 개인의 자유도 실현된다고 했다. 또 사르트르는 인간의 본질을 부정했지만 인간의 자유에 대해 논할 때에는 이 문제를 피하지 못했고, 구세계를 타파했지만 부조리한 존재는 신세계를 세울 능력이 없었다. 그러나 20세기 인류의 양심인 사르트르는 인간 자신의 세계로 향하는 길을 개척해주었다.

　프랑스인들은 중국인과 비슷한 점이 많다. 프랑스인은 중국인처럼 식욕을 중요하게 여기고 단합심이 부족해 툭하면 자기들끼리 싸운다. 또 세속적인 생활을 선호해서 세계적으로 중국의 미식과 어깨를 나란히 할 수 있는 것은 프랑스 음식뿐이다. 나르시시즘이 강한 것도 프랑스인과 중국인의 공통점이다. 이런 자기 연민이 문인들에게도 영향을 미쳐 문학에서 자전체自傳體 형식이 유행했다. 프랑스 문학사를 돌이켜 보면 자전체 회고록을 쉽게 찾을 수 있다. 루소의 《고백록》, 스탕달의 《에고티즘의 회상》, 프루스트의 《잃어버린 시간을 찾아서》 등이 대표적이다. 하지만 자전체를 가장 사랑한 작가는 역시 여협객 보부아르였다. 그녀는 자전체 회고록을 무려 일곱 편이나 썼다. 보부아르의 작품 가운데 공쿠르상을 수상한 소설 《레 망다랭》과 '페미니즘의 성서'라고 불리는 《제2의 성》을 제외하면 다른 작품들은 계륵과 같다. 사상적으로는 사르트르의 재능에 못 미치고 문학적으로는 《연인》의 작가 마르그리트 뒤라스에게 뒤진다.

　보부아르의 《제2의 성》은 두 권으로 이루어져 있다. 제1권 '사실과 신화'에서는 경제학, 생물학, 역사학, 경제학 등의 관점에서 여성 문제를 연구하고 여성 지위의 변천사를 상세히 설명했고, 제2권 '현재 여성들의 삶'에서는 여성들이 왜 약자이자 제2의 성이 되었는지 분석하고 "여성은 달이 아니다! 여성은 독립하고 해방되어야 한다!"라고 외쳤다. 보부아르의 사상은 "존재가 본질에 우선한다"

라는 사르트르의 사상을 이어받았다. 《제2의 성》에서 그녀는 세상에는 영원불변한 여성의 본성은 존재하지 않으며 "여성으로 태어나는 것이 아니라 여성으로 만들어지는 것이다"라고 주장했다. 사르트르의 실존주의에서 모든 '본질'을 부정했듯 보부아르의 페미니즘에서도 여성의 기질은 잘못된 본질이라고 주장했다. 여성은 인류의 범주에 속하는 개념이지만 여기에서 인류의 범주란 곧 남성의 범주다. 남성은 보편적인 제1의 성이고 여성은 부차적인 제2의 성이다. 여성의 부차적인 지위는 오랜 옛날부터 지금까지 인성의 개념 속에 숨어 있었다. 즉, 여성이 '타자화'된 것이다. 인간은 다른 인간의 간섭이 있어야만 '타자'가 된다. 보부아르의 '타자'는 헤겔 철학의 영향을 받았다. 헤겔의 '자아의식'은 타인이 그 존재를 증명해줄 때에만 존재한다. '자아의식' 안에 '타자'의 존재가 포함되어 있다. 다시 말해, 타인이 존재하지 않으면 자아의식도 존재하지 않는다. 예컨대 노예와 주인의 관계와 같다. 주인이 스스로 주인임을 인식하는 것은 노예가 존재하기 때문이다. 노예가 없다면 주인도 있을 수 없다. 같은 이치로 여성이 타자인 것은 남성이 자신의 지위를 정하면서 여성을 타자로 규정했기 때문이다. 여성이 해방되려면 '타자' 관념을 타파하고 자아를 확립하고 자아의식을 수립해야 한다.

태어나면서부터 제2의 성이자 남성 욕망의 객체인 여성들이 어떻게 해야 해방을 얻을 수 있을까? 보부아르는 여성 해방은 '타자'의 생존 상태를 벗어나고 여성의 '내재성'에서 탈피해야 한다고 주장한다. 여성의 내재성은 사회제도, 역사, 문화의 영향을 받아 차츰 형성된 것이다. 여성의 내재성은 부권제에 뿌리를 두고 있다. 부권제 문화를 무너뜨리고 여성이 부권의 속박에서 벗어나야만 여성이 '타자'의 상태에서 벗어날 수 있다. 여성의 자아실현과 해방의 선결 조건은 바로 경제적인 독립과 자유다. 여성의 해방을 위해서는 먼저 여성의 경제적인 지위가 변화해야 한다. 보부아르는 경제적 자유가 수반되지 않은 여성의 자유는 추상적이고 공허한 자유일 뿐이라고 생각했다. 직업이 없이 남편의 부양을 받으며 사는 여성은 헌법으로 아무리 자유를 부여받는다고 해도 실질적으로 그녀에게 아무런 영향도 미칠 수 없다는 것이다. 법적으로는 이미 오래전부터 남녀가 평등하다고 규정되어 있지만 실제 구직 시장에서 여성이 차별받는다면 여성의 자유와 남녀평등은 허울뿐인 것과 같다.

《제2의 성》은 출간되자마자 로마교황청에 의해 금서로 지정되었다. 그런데 못 보게 하면 더 보고 싶은 것이 인지상정이 아닌가. 《제2의 성》은 금서가 되자마자 날개 돋친 듯 팔려나갔다. 당시의 남성 중심 사회에서 이 책의 등장은 엄청난 사건이었다. 격렬한 찬사와 비난이 함께 쏟아졌다. 어떤 이들은 보부아르를 '성욕 장애 환자', '여성 색정광', '음경선망증 환자'라고 비난했고, 또 어떤 이들은 그녀가 책 속에서 여성의 낙태에 대해 중요하게 다루었다는 이유로 '낙태광'이라고 조롱했다. 여론의 비난과 질타에 보부아르는 하마터면 우울증에 걸릴 뻔했다.

보부아르는 중국에서 여론의 호된 비난을 받고 있는 여성학자 리인허 교수를 떠올리게 한다. 리인허 교수는 동성애 문제를 연구한다는 이유로 보수 여론으로부터 숱한 질타에 시달렸다. 심지어 어떤 이들은 "왕샤오보(리인허의 남편이자 중국의 유명한 작가로 45세에 요절했다-옮긴이)가 너무 빨리 죽어서 독수공방의 외로움을 참지 못한 과부가 이불 속 일을 연구한 것 아닌가?"라고 독설을 퍼붓기도 했다. 동성애에 관한 리인허 교수의 주장에 대해 나도 전적으로 동의하는 것은 아니지만, 어쨌든 사회과학자로서 그녀의 학문 연구 태도와 방법을 비난하거나 의심해서는 안 된다.

세월 앞에 장사 없다고 했던가. 실존주의 강호의 대협객 사르트르도 세월의 소용돌이에 휩쓸려 대소변을 못 가리고 정신이 가물가물해졌다. 하지만 보부아르는 그의 곁을 떠나지 않고 정성으로 그를 보살폈다. 죽음이 임박한 사르트르는 보부아르의 손을 꼭 잡고 "오, 마이 달링, 사랑해!"라고 말했고 보부아르는 그에게 가볍게 입을 맞추었다. 그렇다. 각자 자유롭게 연애를 하며 화려한 이성 편력을 자랑하던 사르트르와 보부아르지만 서로 진심으로 사랑했던 것이다. 타오를 듯 붉은 입술, 검은 망사 스타킹에 하이힐, 섹시함이 넘치는 여성은 많았지만 사르트르와 차를 마시며 실존주의에 대해 논할 수 있는 여성은 보부아르뿐이었다. 옛말에 형제는 수족과 같고 여자는 옷과 같다고 했던가. 사르트르에게 보부아르는 겨울을 함께 보낸 옷이었다. 사르트르와 보부아르의 계약 연애는 고고한 정신적인 사랑이었다. 그들의 사랑은 날마다 말할 필요도,

날마다 확인할 필요도 없었다.

천재는 고독한 법이지만 다행히도 사르트르에게는 보부아르가 있었다!

객관적으로 볼 때, 보부아르가 없었더라도 사르트르는 철학사에 길이 이름을 남겼을 것이고 실존주의의 강호에서 카뮈와 어깨를 나란히 했을 것이다. 하지만 보부아르에게 사르트르가 없었더라면 보부아르는 지금의 보부아르가 될 수 없었을 것이다. 여자 혼자서 온 세상에 저항하고 관습으로 굳어진 가치 체계에 대항하는 것이 얼마나 어려운 일이겠는가. 보부아르의 페미니즘에 대해 남성들은 남성의 권력에 대한 도발이라며 강하게 비판했고 대다수 여성들 역시 그녀를 마치 맹수처럼 여기며 그녀와 같은 부류로 보이지 않기 위해 단단히 선을 그었다. 보부아르에게는 힘을 모아줄 단체도, 함께 싸워줄 전우도 없었다. 하지만 보부아르는 두렵지 않았다. 적들이 공격할 때마다 페미니즘의 보검을 쥐고 적들을 맞이했고 현란한 솜씨로 보검을 휘둘렀다. 그녀는 자신의 뒤에 사르트르가 있음을 알고 있었기 때문이다.

여협객은 고독한 법이지만 다행히도 보부아르에게는 사르트르가 곁에 있었다!

까마득한 후배로서 보부아르와 사르트르에게 '강호의 대협객 커플'이라는 존칭을 바친다. 그들은 전후 사상이 몰락하고 황폐한 문학계와 철학계에서 실존주의라는 돌파구를 개척하고 수많은 사람들의 사상의 지도자가 되었다. 하지만 그들의 자유분방한 사생활을 감추고 두둔해주고 싶은 생각은 없다. 사르트르는 어릴 적 작은 키와 못생긴 외모로 남학생들에게는 무시당하고 여학생들에게는 조롱을 당했다. 유명해진 후에도 사르트르는 어린 시절의 트라우마를 떨쳐내지 못해 미남 미녀에 둘러싸여 있는 것을 좋아했다. 그는 철학을 좋아했지만 미녀는 더 좋아했으며 한평생 애인을 수없이 갈아 치웠다. 여제자와 몰래 정을 통하기도 하고 자신의 양녀와 패륜을 저지르기도 했다. 게다가 보부아르는 양성애자였다. 그녀는 사르트르, 사르트르의 여자 친구들과 뒤엉켜 함께 즐긴 것은 물론이고 자신의 여자 친구를 사르트르에게 소개하기도 했다. 심지어 그녀는 사르트르의 젊은 애인의 남자 친구와 사귀기도 했다. 그들의 사생활을 객관적으로 평가하자면 한마디로 '한 쌍의 깡패'다.

아무리 대가라도 함부로 깡패짓을 해서는 안 된다. 일부일처제monogamy가 비록 학리적인 문제이기는 하지만 그것을 대체할 수 있는 더 합리적인 제도를 찾기 전에는 멋대로 절대 자유를 추구하고 전통에 반항해 문란한 애정 행각을 벌여서도 안 된다. 세상 사람들이 모두 그렇게 한다면 에이즈가 만연해 인류는 스스로 멸망하고 말 것이다!

페미니즘에 대해 나는 개인적으로 약간의 불만을 가지고 있다. 물론 나도 한 명의 여성으로서 페미니즘을 외치며 싸운 선배들에게 경의를 표하고 그들이 여성의 당연한 권리를 쟁취하기 위해 희생하고 노력한 점을 높이 평가한다. 그럼에도 불구하고 페미니즘 운동이 광범위한 공감대를 불러일으키지 못했음을 인정하지 않을 수 없다. 남자들은 페미니즘이라는 단어만 들어도 얼굴을 찌푸리며 "호르몬 불균형으로 생리 불순인 여성들이 길거리로 나와 남자를 욕하고 사회를 비판하는 운동"이라고 폄하하곤 한다. 사람들이 이처럼 페미니즘에 대해 잘못된 시각을 가지고 있는 것은 그들 탓이 아니라 페미니스트들이 자초한 것이다. 페미니즘 운동에 통일된 사상과 일관된 주장이 부족하고 문제를 깊이 있게 인식하지 못해 여성이 제2의 성으로 전락한 것을 모조리 남자와 사회의 탓으로 돌려버렸다. 이 때문에 페미니즘 운동이 형식주의로 흘러 남자들을 성토하고 사회를 저주하는 화풀이 대회가 되기 쉽다. 사실 여성이 제2의 성이 된 데에는 종교, 교육, 환경 등도 큰 역할을 하기는 했지만 그것들이 문제의 본질은 아니다. 문제의 본질은 사유제와 생산방식에 있다! 엥겔스는 《가족, 사유재산, 국가의 기원》에서 "일부일처제는 자연적 요인에 의해서가 아니라 경제적 조건, 즉 공유제에 대한 사유제의 승리를 기초로 한 최초의 가족 형태다"라고 말했다. 사유제가 등장한 후 여성들은 남편의 사유재산으로 변하기 시작했고 제2의 성이 되었다. 원시 모계사회에는 생산방식이 여성 중심이었기 때문에 여성이 제2의 성이 될 수 있는 사회적 기초가 부족했다.

사유제가 소멸되지 않은 오늘날 어떻게 여성으로 살 것인가 하는 문제는 어떻게 논문을 쓸 것인가 하는 문제처럼 어렵기는 하지만 어느 정도 기교도 필요하다. 여성들이 남성들과 꼭 경쟁하고 우열을 가릴 필요는 없다. 무엇을 하든 경쟁하고 승부를 가리려는 것은 자신감이 없음을 스스로 증명할 뿐이다. 또 정의의 사도처럼 비장하게 나서서 무슨 일이든 남녀평등을 부르짖을 필요도 없다. 예를 들어 침몰하는 배 위에서 구명보트를 양보하는 남성을 향해 남녀평등과 페미니즘을 부르짖을 필요는 없다. 자연계의 모든 동물은 위험이 닥쳤을 때 수컷이 제일 먼저 암컷과 새끼를 보호한다. 종족보존은 동물의 본능이자 최고의 사명이기 때문이다.

사르트르와 보부아르는 평생 결혼하지 않았다. 그들을 정신적 우상으로 삼았던 당시 젊은이들이 그들을 따라 독신을 선택하면서 프랑스의 혼인율이 급감하고 이혼율이 급증하는 현상이 나타났다. 수십 년이 지난 오늘날, 중국에서도 자본의 권력이 강해지면서 사랑과 결혼이 자본주의화되어 결혼의 방식도 나혼, 섬혼, 은혼 등 복잡다단해졌다.

결혼이란 도대체 무엇일까?

엥겔스는 부부에 대한 본질적인 정의를 이렇게 내렸다. "일부일처제는 성애의 결과로 탄생한 것이 아니다. 일부일처제는 개인의 성애와는 전혀 관계가 없다. … 일부일처제의 탄생은 부富가 한 사람의 손, 즉 남자의 손에 집중됨에 따라, 그리고 그 부를 그 남자의 자식에게 물려주기 위해 탄생한 것이다."

당나라 문인 이치는 "아주 가깝고도 먼 것은 동東과 서西요, 아주 깊고도 얕은 것은 맑은 계곡물이로다. 아주 높고도 밝은 것은 해와 달이요, 아주 친밀하고도 소원한 것은 부부간이라네"라며 부부를 감성적으로 정의했다.

아주 친밀하고도 소원한 것이 부부라는 정의가 백번 맞는 말이기는 하지만 피상적이고 냉정한 감이 있다. 나는 부부 관계를 원만하게 유지하려면 조금은 어수룩한 듯 사는 편이 좋다고 생각한다. 뭐든 너무 잘 알면 사람도 재미가 없는 법이다. 또 한 가지 방법은 철학을 공부하는 것이다. 철학을 통해 이 불완전한 세상을 알고 나면 세상을 더 사랑하게 될 것이다.

고삐 풀린 망아지, 견유학파 철학자

견유犬儒가 무엇인지 모른다면 짤막한 이야기를 들어보자.

가령 몇 년 전 당신이 인터넷 게시판에 자신의 사진을 올렸다고 치자. 연극 공연을 끝낸 직후에 찍은 사진이라 암탉 두 마리는 너끈히 들어갈 만큼 풍성한 붉은 옷을 입고 두 볼에는 원숭이 엉덩이만큼 빨간 볼연지를 바르고 입술은 돼지 족발을 먹고 닦지 않은 듯 번들거리는 우스꽝스러운 사진이다. 그럼에도 불구하고 그 사진 아래로 "오, 귀여워요", "예쁘네요", "착하게 생겼어요" 같은 따뜻한 댓글이 올라왔을 것이다.

그런데 만약 요즘 똑같은 사진을 인터넷 게시판에 올린다면 어떤 댓글이 달릴까? 아마도 사진보다 훨씬 볼 만한 댓글들이 수두룩하게 달릴 것이다. "오, 가슴 죽이는데? 소개시켜줘"라고 치근대거나

"하하하하하하"라며 소름 돋는 웃음소리만 남기거나, 아니면 "누군가 사진 속 여자에게 복수하려고 올린 게 분명함"이라는 웃지 못할 댓글이 올라올 것이다.

몇 년 전까지만 해도 인터넷 공간의 분위기가 좋은 편이었지만 지금은 '인터넷 견유'가 판을 치고 있다.

간단히 말해 견유주의cynicism란 '냉소주의＋염세주의'로 표현된다.

서기전 5세기 말, 한때를 풍미했던 도시국가 제도가 고대 그리스에서 점점 쇠락하기 시작했다. 아테네가 펠로폰네소스 전쟁에서 참담하게 패배하고, 소크라테스가 소위 '민주'라는 독약을 받고 죽음을 맞이하고, 플라톤이 실망해 시칠리아를 떠난 일 등이 그 분명한 증거다. 강대했던 도시국가는 더 이상 과거의 영화를 되찾을 수 없었고 자신감 넘치던 공민公民들도 신민臣民으로 전락했다. 전쟁으로 인해 사회가 혼란스러워지고 도덕이 땅에 떨어져 민심이 흉흉해지자 몇몇 철학자들은 현실에 회의를 품고 극단적인 방식으로 자아를 표현하기 시작했다.

당시의 행위 예술가였던 그들을 바로 견유라고 부른다.

그들의 명칭을 '견유'라고 번역한 것은 참 기발하다. '견'이란 '개'를 뜻하고 '유'란 유생儒生, 즉 지식인을 의미한다. 그러므로 '견유'란 '개 같은 지식인'이라는 말이다. 지식인이라는 이들이 부끄러운 줄도 모르고 제멋대로 괴팍한 행동을 일삼고 걸핏하면 남을 비난하고 헐뜯고 싸웠다. 그들은 맨발로 다니며 구걸을 하는 그리스 판 개방丐幫(무림에서 거지들로만 이루어진 문파-옮긴이)이자 유행의 첨단을 걷는 패셔니스트로 닭 볏 머리에 시스루 그물 옷을 즐겨 입었다. 또 그들은 행위 예술의 선구자로 나무통 안에서 살고 아무 데나 노상 방뇨를 했으며 사람들이 보는 앞에서 태연스럽게 섹스를 하기도 했다. 그들의 구호는 "고상한 척하는 철학자들은 모두 종이 호랑이다. 종이 호랑이를 타도하라!"였고, 그들의 목표는 "가장 통속적인 철학자가 되는 것"이었다.

견유학파의 창시자는 소크라테스의 제자이자 플라톤의 동문이면서도 앙숙인 안티스테네스^{Antisthenes}(서기전 445~서기전 366)였다. 안티스테네스의 제자 디오게네스^{Diogenes}(서기전 412?~서기전 323?)는 견유학파를 최고의 전성기로 끌어올렸다. 디오게네스의 부친은 원래 은행가였다. 은행가라면 번듯한 집에 살면서 멋진 차를 끌고 처자식을 풍족하게 부양하기에 전혀 부족함이 없는 직업이었다. 그러나 그의 부친은 매일 돈을 보고 만지고 세는 일을 하다가 그만 나쁜 길로 빠졌다. 화폐를 위조하고 그것도 모자라 아들까지 그 일에 끌어들인 것이다. 결국 화폐 위조 사실이 발각되어 디오게네스 부자는 함께 시노페에서 추방당하고 말았다. 아테네 사람들이 "흥! 시노페 사람들에게 추방당했군!" 하며 그를 조롱했지만 이미 변증법을 홀로 터득한 디오게네스는 "나도 시노페 사람들을 가두어버렸다네!" 하며 코웃음을 쳤다.

안티스테네스는 플라톤을 대놓고 반대하지 않았지만 디오게네스는 툭하면 스승을 대신해 플라톤에게 싸움을 걸었다. 플라톤이 제자들에게 "인간은 날개 없는 두 발 동물이다"라고 말하자 그의 제자들이 감탄하며 플라톤의 지혜에 찬사를 보냈다. 그러자 며칠 후 디오게네스가 털을 몽땅 뽑은 닭 한 마리를 들고 와 집어던지며 "자, 이것이 바로 플라톤이 말한 인간이다!"라고 외쳤다. 플라톤의 체면이 구겨진 것은 말할 것도 없다. 어느 날 플라톤이 디오게네스를 집으로 초대했다. 디오게네스는 플라톤의 집에 깔려 있는 비싼 양탄자를 보고 심술이 나 두 발로 양탄자 위를 힘껏 밟고 다니며 "밟아버리자. 플라톤의 허영을!"이라고 연방 중얼거렸다.

디오게네스의 일화 중 가장 유명한 것은 알렉산드로스 대왕과의 대화다. 알렉산드로스 대왕이 코린토스를 방문하자 유명한 정치가, 학자, 예술가가 모두 찾아와 문안 인사를 올렸다. 그런데 유독 디오게네스만 오지 않은 것이었다. 과시욕 강한 인간의 본성은 국왕이라고 예외가 아니었다. 알렉산드로스 대왕은 어느 날 일부러 시간을 내어 디오게네스를 찾아갔다. 알렉산드로스 대왕이 찾아갔을 때 디오게네스는 때마침 햇볕을 쬐면서 벼룩을 잡고 있었다. 격식을 중시하는 정치가답게 알렉산드로스 대왕이 다가가 자기소개를 했다.

"Hi~! 나는 국왕 알렉산드로스다. 내게 원하는 것이 있는가?"

벼룩 잡기 삼매경에 빠져 있던 디오게네스는 눈꺼풀조차 들어 올리지 않고 심드렁하게 말했다.

"좀 비켜주시겠습니까? 지금 햇볕을 가로막고 계십니다."

그 말을 듣고 깜짝 놀란 알렉산드로스 대왕이 부끄러워하며 하늘을 우러러 탄식했다.

"내가 만약 알렉산드로스가 아니라면 디오게네스가 되고 싶다!"

견유학파에 얽힌 재미난 일화는 매우 많다. 그들은 직접 행동을 통해 사람들에게 자신들의 철학 사상을 보여주려고 했다. 견유학파의 저서 중 지금까지 전해 내려오는 것이 거의 없기 때문에 그들의 사상은 다른 철학자의 저서 속에서 직간접적으로 언급된 내용들을 통해 알 수밖에 없다. 이런 저서들이 견유학파에 대해 연구할 수 있는 귀중한 자료인 셈이다. 대표적인 것이 헤겔의 《세계사의 철학》이다. 이 책에는 견유학파에 대한 내용이 독립된 장으로 정리되어 있다. 나는 개인적으로 근현대 철학보다 피타고라스학파, 견유학파, 스토아학파, 에피쿠로스학파 등 고대 그리스의 고전 철학을 더 좋아한다. 철학의 유년기를 대표하는 그들이 내 눈에는 웃통을 벗고 포대를 걸치고 손에는 고기잡이용 작살을 든 철학의 괴짜들로 보인다.

견유학파의 사상은 '3반反 운동'이라는 말로 간단히 표현할 수 있다. '3반'이란 '반사회', '반세속', '반현실'이다. 그들은 정치적으로는 모든 권위를 경멸했고 종교적으로는 신을 의심하고 종교를 비판했으며 돈을 하찮게 여기고 세속의 쾌락을 내던졌다. 그들은 속세를 초월해 안빈낙도를 실천했으며 집도 돈도 없이 떠돌아다니며 먹는 것은 구걸로 해결했다. 하지만 그들은 삶을 열렬히 사랑하고 인생에 관심이 많았으며 도피하거나 어영부영 살지도 않았다. 비록 그들의 사상이 소극적이고 유치하고 극단적이기는 하지만 그들은 언제나 자신감 넘치고 독립적이었으며 강인했다. 그들의 사상은 무정부주의와 포스트모더니즘, 특히 제2차 세계대전 이후의 사회 반항, 히피 운동, 비트제너레이션^{Beat Generation} 등에 깊은 영향을 미쳤다.

앞에서 한나 아렌트의 스승인 야스퍼스에 대해 잠깐 언급했다. 야스퍼스는 자신의 책《역사의 기원과 목표》에서 '축의 시대^{Achsenzeit}'라는 유명한 명제를 제시했다. 축의 시대란 서기전 800년부터 서기 200년까지 북위 30도 부근에서 인류 문명이 출현한 시기를 의미한다. 이 시기에 인간은 전체의 존재와 자아의 극한을 인식하고 세계의 공포와 개체의 무능력함을 인식하기 시작했다. 이 시기에 세계 곳곳에서 영웅들이 나타났는데 중국의 공자와 노자, 인도의 석가모니, 이스라엘의 유대 선지자, 그리스의 소크라테스, 플라톤, 아리스토텔레스가 바로 그들이다. 광의로 보면 고대 그리스의 견유학파와 중국의 장자학파도 동일한 시대에 속하며 유사점이 매우 많다. 견유학파와 장자학파는 모두 예악이 붕괴된 사회 혼란기에 탄생했다. 전자는 도시국가 제도가 몰락하던 시기였고 후자는 주 왕조가 쇠미해지던 시기였다. 또한 두 학파 모두 하늘과 인간의 관계, 인간과 인간의 관계에 대해 돌이켜 보고 본질에 다가가고자 했다는 점도 비슷하다.

현재 중국에서는 어떤 주의가 유행하고 있느냐는 질문을 종종 받는다. "마르크스주의? 신자유주의? 황금만능주의? 소비지상주의?" 그럴 때마다 나는 농담처럼 이렇게 대답한다. "견유주의죠!" 그러나 현재의 견유는 그 옛날의 견유와는 학리적으로는 큰 차이가 있다. 오늘날의 견유는 옛날 견유학파의 독립적이고 자신감 넘치는 정신은 본받지 못한 채 고삐 풀린 망아지처럼 제멋대로 날뛰는 것만 배웠다. 진정한 견유주의와는 정반대이므로 견유주의의 이종변형인 셈이다.

그렇다. 견유는 일종의 병이다. 그러므로 지금 우리는 모두 환자다! 우리는 길거리를 가득 메운 정치 표어를 광고 보듯 하고, 정치 교과서에 등장하는 사상은 시험을 위해 암기하며, 마르크스, 엥겔스, 레닌, 스탈린, 마오쩌둥은 공산당 입당 신청서를 쓸 때에나 유용하게 쓴다. 또 회의는 언제나 '성공적이고 원만하게' 개최되고, 지도자는 영원히 '존경하고 경애하는' 지도자이며, 속으로는 아무리 증오해도 입으로는 고객 대하듯 친절해야 한다. 폐유로 만든 식용유 겉에도 '믿을 수 있는 상품, 전통 있는 기업'이라고 버젓이 찍혀 있다. 현재 중국 사회는 신뢰가 땅에 떨어지고 위선이 판을 친 지 오래다.

사람들은 이데올로기에 대해 논하기를 싫어한다. 모두들 더 이상 이데올로기의 진실성을 믿지 않고 그 어떤 공식적인 명제도 엄숙하게 대하지 않는다.

독일 역사가이자 철학자인 슈펭글러는 《서구의 몰락》이라는 자신의 저서에서 문화에도 주기가 있으며 서양 문화는 이미 물질 소비문화의 막다른 길로 들어섰다고 말했다. 중국 사상가 량수밍도 《동서 문화와 철학》이라는 책에서 서양 문화로는 인간과 인간, 인간과 사물의 갈등 관계를 해결할 수 없으며 중국 문화가 앞으로 세계 문화의 주류가 될 것이라고 주장했다. 그런데 요즘 중국을 보면 텔레비전에서는 남녀가 나와 미팅을 하거나 미인을 뽑는 프로그램이 대부분이고 거리마다 허위 광고가 넘쳐난다. 사회 전체가 견유주의, 허무주의에 휩싸여 있다. 이런 문화가 어떻게 세계의 주류가 될 수 있을까? 가치관을 외국으로 전파시킬 수 없는 나라가 어떻게 세계의 강대국이 될 수 있을까? 몇 년 전 다큐멘터리 〈대국굴기〉를 보고 한편으로는 화가 나고 또 한편으로는 우습기도 했다. 그 다큐멘터리를 만든 감독은 지식은 풍부할지 몰라도 문화적 소양은 형편없는 게 분명하다. 과거에 세계를 주름잡았던 그 대국들 중 어디 착실하게 노력하고 합법적으로 경영해서 발전한 나라들이 있던가? 단 한 나라도 예외 없이 피비린내 나는 살육을 통해 강대국이 되지 않았는가. 게다가 학자와 교수 들은 돋보기를 코에 걸치고 '중국 모델'을 내세우며 태평성세를 노래하고 있으니 기가 찰 노릇이다. 그런 학자들에게 한마디 전하고 싶다.

"어르신들, '소련 모델', '남미 모델'이라는 말을 들어보셨나요? '모델'이라는 말이 붙었던 나라들 중에 잘된 나라가 하나도 없답니다!"

작가 왕안이는 "왕쉬(1990년대 부정적이고 냉소적인 작품으로 '건달 작가'라고 불리며 젊은 층에서 큰 인기를 끈 작가-옮긴이)의 글이 조롱하고 화를 내고 욕하고 숭고함을 거부하고 있지만 그의 글을 보면 그가 사실은 좋은 사람임을 알 수 있다"라고 말했다. 그렇다. 온라인에서는 서로 '반푼이', '머저리'라고 공격하고 견유처럼 스스로

'루저'라고 자조한다. 또 1980년대생들은 히피에 가깝고 1990년대 생들은 조숙하다. 그러나 아무리 온라인에서 세상을 조롱하고 견유의 망토를 두르고 모든 것을 경멸의 시선으로 바라보더라도 그들 모두 사실은 좋은 사람들이다. 어떤 방식으로 사회를 비판하고 세상을 꾸짖든 그들 모두 마음속으로는 사회가 더 좋아질 것이라는 희망을 품고 있다는 것을 나는 안다.

나는 색마가 아니오, 지그문트 프로이트

한때 머리 싸매고 GRE(미국 대학원 입학 자격시험 – 옮긴이)를 준비해본 사람이라면 annus mirabilis라는 라틴어 단어를 기억하고 있을 것이다. '기적의 해'라는 뜻이다.

사학계에서는 1905년을 '기적의 해'라고 부른다. 그해에 원숭이처럼 생긴 유대인 청년이 논문 다섯 편을 발표했다. 이 논문들이 훗날 인류 과학을 발전시키고 철학 연구에도 장족의 발전을 가져왔지만, 발표될 당시에는 돌멩이가 망망대해에 떨어져 가라앉듯 작은 파문조차 없이 잠잠했다. 이 유대인 청년은 세월이 한참 흐른 뒤에야 노벨물리학상을 수상해 세상의 빛을 보게 되었다. 역사학자들도 그에게 잘 보이기 위해 1905년을 그의 해로 명명했다.

1905년에 논문 세 편을 발표한 또 다른 유대인 학자가 있었다.

원고료나 적당히 받아 마누라에게 칭찬받으면 그걸로 족했던 이 유대인 의사는 자신의 논문이 당시 보수적이기로 유명한 독일 학술계를 발칵 뒤집어놓으리라고는 꿈에도 예상치 못했다. 그의 논문이 발표되자마자 남녀노소 가릴 것 없이 '저질', '삼류', '색마', '카사노바' 등 온갖 수식어를 동원해 그를 비난했다. 그는 사회의 암적인 존재로 취급받기 시작했고 가족의 생계가 걸린 개인 병원도 손님이 뚝 끊겨 문을 닫을 지경에 이르렀다. 하지만 몇 년 후 그는 또다시 얼떨결에 유명 인사가 되었다. 그의 이론이 여드름투성이 젊은이들 사이에서 입소문을 타고 인기를 끌면서 그의 책이 날개 돋친 듯 팔려나간 것이다.

이미 예상했겠지만 첫 번째 유대인 청년은 알베르트 아인슈타인이고 두 번째는 이 장의 주인공인 지그문트 프로이트 Sigmund Freud(1856~1939)다. 프로이트가 1905년 발표한 논문 세 편은 〈도라의 히스테리 분석〉, 〈농담과 무의식의 관계〉, 〈성욕에 관한 세 편의 에세이〉다. 십수 년 후 학술계에서 대단한 영향력을 갖게 된 두 사람은 베를린에서 직접 만나 즐겁게 대화를 나누었다.

찬란히 빛나는 위대한 영웅을 우러러보고 흠모하는 사람들은 많지만 어떻게 하면 영웅이 빛을 발하기 전에 알아보는 혜안을 기를 수 있는지 고민하는 사람은 별로 없음을 이 두 사람의 이야기를 통해 알 수 있다.

단도직입적으로 말해 프로이트는 훌륭한 가장이었다. 그의 연구가 개방적이고 전위적이었으며 그의 저서를 펼치면 '변태', '성충동', '성도착' 같은 단어들이 수두룩하게 등장하지만, 그렇다고 해서 프로이트 자신이 색마나 변태 성욕자였던 것은 아니다. 프로이트는 좋은 남자의 교과서라고 해도 과언이 아니었다. 그는 결혼 적령기에 연애 한 번으로 결혼을 하고 조강지처와 한 쌍의 원앙처럼 서로 아끼고 사랑하며 백년해로했다. 제자 중에 미인이 많았다. 대표적으로 니체가 일생을 짝사랑했던 미인 잘로메도 프로이트의 제자였지만 프로이트는 여제자와 작은 스캔들 한 번 낸 적이 없다. 그러나 세상에는 종종 황당한 일도 있는 법이다. 그의 이론에 대한 회의와 비판이 인격에 대한 회의와 비판으로 번지더니 급기야 프로이트를 향한 비난 여론이 빗발치기 시작했다. 궁지에 몰린 프로이트는 어쩔 수 없이 사나이의 자존심을 포기하고 자신의 치부를 고백하고 말았다.

"나는 색마가 아니오. 나는 마흔한 살부터 부부 관계가 중단되었소!"

프로이트를 가장 유명하게 만들어준 책은 바로 《꿈의 해석》이다. 이 책을 탈고한 후 프로이트는 흥분에 휩싸여 "천국을 움직일 수 없다면 지옥을 움직이리라"라는 고대 로마 시인 베르길리우스의 시 한 구절을 제사題詞로 적었다. 하지만 가련한 프로이트는 천국도 지옥도 움직일 수 없었다. 이 책이 8년 동안 600부도 팔리지 않았기 때문이다. 이것은 출판사 영업 전략의 실패라고밖에는 말할 수 없다. "족집게 꿈 풀이, 당신의 미래를 예언한다"라는 카피를 내걸었다면 적어도 그토록 참담한 결과를 내지는 않았을 것이다.

프로이트의 정신분석학은 방대한 이론 체계를 담고 있지만 크게 무의식 이론, 꿈의 이론, 리비도 이론, 성격 이론으로 나눌 수 있다. 이 가운데 무의식 이론은 모든 프로이트 이론의 출발점이다. 프로이트는 무의식 이론을 기초로 꿈의 이론과 리비도 이론, 성격 이론을 수립했다. 프로이트에 따르면, 인간의 의식에는 의식과 무의식이 있다. 의식은 모두가 인지하는 관념의 집합체이고 무의식은 의식의 아래에 숨어 있어서 사람들이 인지하지 못한다. 무의식은 다시 의식으로 전환될 수 있는 전의식과 깊숙한 곳에 억눌려 있어서 의식으로 전환될 수 없는 무의식(또는 잠재의식)으로 나뉜다. 프로이트는 이런 비유를 들어 설명했다. 인간의 모든 심리 활동은 빙산과 같아서 겉으로 드러난 의식은 수면 위로 드러난 빙산의 일각에 해당하며 무의식이야말로 수면 아래 숨겨져 있는 거대한 빙산이다. 무의식은 인류의 행위 뒤에 숨겨진 진정한 원동력이다!

프로이트는 의식, 전의식, 무의식의 관계에 대해서도 생생한 비유를 들어 설명했다. 인간의 심리 활동은 3층 건물과 같다. 꼭대기 층에는 '의식' 씨가 살고 있다. 그는 점잖고 고상하며 도덕적이다. 그 아래층에 사는 '전의식' 씨는 예의 바르고 조용하다. 경찰이 계단에서 보초를 서고 있는데 경찰은 '전의식' 씨에게 호의적인 편이다. '전의식' 씨는 위층에 사는 '의식' 씨네 집에 자주 놀러간다. 제일 아래층에는 교양머리가 없고 날마다 시끄럽게 소란을 피우는 '무의식' 씨가 살고 있다. 그는 매일 경찰의 감시를 피해 꼭대기 층

'의식' 씨네 집으로 몰래 올라가 훼방을 놓는다. 약삭빠른 '무의식' 씨는 '전의식' 씨인 것처럼 위장하거나 한밤중에 경찰이 깜박 잠든 틈을 타 살금살금 꼭대기 층으로 올라간다.

'무의식' 씨의 야간 작전이 바로 사람이 자면서 꾸는 꿈이다.

프로이트는 "꿈은 아무 근거도 없이 꾸는 것이 아니며 무의미하고 터무니없는 것도 아니다. 또 대부분의 의식은 잠들어 있는데 의식의 작은 일부가 잠깐씩 각성 상태가 되면서 생기는 것도 아니다. 꿈은 의미 있는 정신 현상이며 꿈을 꾼 사람이 바라는 소망이 실현된 것이다. 꿈은 각성 상태의 정신 활동이 연속된 것이라고 할 수 있다"라고 말했다. 꿈을 한마디로 정의한다면, "꿈은 무의식에서 바라는 것이 충동적으로 나타난 것이며 꿈의 본질은 소망의 실현이다"라고 할 수 있다.

물론 이 소망이 직접적으로 실현되어 나타나지 않고 여러 번 비틀려 원래 소망과는 완전히 다르게 위장되기도 한다. 그러므로 꿈으로 표현된 외현적 내용^{manifest content}은 대부분 난해하고 뚝뚝 끊겨 인과 관계나 논리 관계가 성립되지 않지만, 셜록 홈스처럼 작은 실마리를 가지고 추리해 들어가면 꿈속에 숨어 있는 잠재적 내용^{latent content}을 발견할 수 있다. 이것이 바로 억압된 무의식의 진정한 모습이다. 잠재적 내용이 외현적 내용으로 바뀔 때 응축^{condensation}, 환치^{displacement}, 상징화^{symbolization}, 퇴행^{regression} 등의 단계를 거치게 된다. 꿈을 만드는 이런 작업들은 감탄스러울 만큼 대담하고 참신하다. 이 때문에 각양각색의 외현적 내용과 실제로 바라는 잠재적 내용 사이에 항상 큰 차이가 있다.

프로이트의 제자 카를 융^{Carl Gustav Jung}(1875~1961)은 "정신분석학을 알고 있는 사람들은 천국 같은 생활을 누릴 수 있다"라고 말했다. 프로이트의 꿈의 이론에 대해 안다면 점쟁이들의 꿈 풀이가 비과학적이기는 하지만 어느 정도는 과학적인 요소가 들어 있음을 알 수 있다. 예를 들어 흔히들 "꿈은 반대다"라고 말한다. 이 말을 프로이트식으로 해석해보자. 악몽을 꾼 다음 날 운이 아주 좋으면 사람들은 "이것 봐! 꿈은 반대라니까!"라고 말한다. 그런데 사실 악몽을 꾼 것은 그 전부터 무의식 속에서 다음 날 일어날 일에 대해 몹시 걱정하고 있었기 때문이다. 무의식이 초조한 나머지 한밤중에 의식 층으로 몰래 올라가 훼방을 놓으면 그것이 악몽이 되고, 다음 날 불길한 예감 때문에 각별히 신중하게 행동해 일이 잘 풀리면 운이 좋다고 느끼는 것이다. 또 한 가지 예를 들어보자. 고시에 합격해 아름다운 여자와 결혼하는 꿈을 꾼 사람이 잠에서 깨어 현실 속 자신의 처지를 떠올리고는 "개꿈을 꿨잖아. 역시 꿈은 반대야!"라고 탄식했다고 치자. 사실 그 꿈은 성공을 간절히 바라지만 비정한 현실에 가로막혀 괴로워하고 있던 사람이 자신의 소망이 실현되는 꿈을 꾼 것이다. 그러나 소망이 실현된 것은 그저 꿈속에서일 뿐 루저인 현실은 변함이 없다.

그렇다면 이렇게 큰 역할을 하는 인간의 무의식은 어떻게 형성될까? 이 질문에 대해 프로이트는 "성본능이 무의식의 원동력"이라고 대답한다. 프로이트는 이 성본능을 리비도^{Libido}라고 불렀다. 리비도는 성적 충동, 즉 쾌감을 추구하는 성적 에너지를 말한다. 리비도는 단순히 생식 의미에서의 성이 아니다. 예를 들어 갓난아이는 엄마의 유두에 집착한다. 그런데 이 리비도가 아기가 성인이 된 후 흡연이나 음주 등의 행위로 전환된다. 흡연, 음주 등이 영아기에 엄마의 유두를 빨면서 쾌감을 얻었던 행동의 연속인 것이다. 리비도는 굶주린 사람이 먹을 것을 찾거나 목마른 사람이 물을 마시려는 것처럼 일종의 본능이다. 리비도는 무의식적인 본능을 주도하는 역할을 한다. 리비도로 인해 '오이디푸스콤플렉스'와 '엘렉트라콤플렉스'가 생겨난다. 이것은 모두 리비도가 청소년기에 다다라 가족을 대상으로 리비도를 해소하려는 현상이다.

프로이트는 말년에 무의식 이론을 바탕으로 한 '정신 구조론'을 제시했다. 인간의 성격이 '이드^{id}, 에고^{ego}, 슈퍼에고^{superego}'로 이루어져 있다는 것이다. '이드'는 쾌락 추구를 목적으로 하며 리비도의 대량 저장고다. 또 원시적이고 단순하며 이성도 도덕도 없다. '에고'는 이성과 상식을 대표하며 이드에서 나와 이드에 작용하고 쾌락 원칙을 현실 원칙으로 바꾸어 에고로 인도하려고 한다. 프로이트는 "이드가 에너지를 공급하는 말이라면 에고는 말이 에너지를 옳은 방향으로 발휘하도록 인도하는 기수"라고 했다. '슈퍼에고'는 도덕화되고 이상화된 에고다. 슈퍼에고가 천사라면 이드는 악마이고 에고는 양심과 욕망 사이에 있다.

어떤 이들은 우스개처럼 말한다.

"마르크스와 프로이트가 사람을 해방시켰는데 전자는 사람의 입을, 후자는 사람의 아랫도리를 해방시켰다."

이 말을 만든 사람은 마르크스와 프로이트의 이론을 수박 겉핥기로 이해했던 것 같다. 마르크스 이론은 사람들의 먹는 문제를 해결하기 위한 것이 아니고 프로이트의 이론도 성 해방을 주장한 것이 아니다. 마르크스는 물질 생산이 인류 사회의 발전을 촉진하는 원동력이라고 여겼고, 프로이트는 리비도가 바로 그 원동력이라고 생각했다.

내가 제일 좋아하는 철학자가 바로 마르크스와 프로이트다. 이 둘은 공통점이 많다. 첫째 둘 다 죽었고, 둘째 둘 다 유대인 남자이며, 셋째 그들에 대한 후대의 평가가 비난과 찬사로 엇갈린다. 물론 철학을 조금이라도 공부해본 사람이라면 어떤 철학자의 이론이든 현실에 큰 영향을 미칠수록 추종자와 비난자도 거의 같은 비율로 증가한다는 사실을 알고 있을 것이다. 어떤 철학자는 문외한들에게는 이름조차 낯설고 가끔씩 남의 철학 논문에서 몇 줄 인용될 뿐이지만, 어떤 철학자는 수많은 적으로부터 공격과 비난을 받아도 언제나 적들보다 훨씬 위대하다. 그러므로 내 눈에는 영웅인 마르크스가 남들 눈에는 악마로 보일 수도 있고, 프로이트를 위대한 과학자로 추앙하는 이들도 있지만 돌팔이 의사라고 깎아내리는 이들도 있을 것이다. 어차피 프로이트^{Freud}와 사기꾼을 뜻하는 프라우드^{Fraud}가 한 글자 차이니까 말이다.

나는 마르크스 덕분에 사회와 역사를 정확히 인식하고 프로이트를 통해 인간의 의식에 대해 알았다. 프로이트의 정신분석법이 신비한 독심술은 아니지만 정신분석법을 잘 안다면 본질이 아무리 깊숙이 감추어지고 심하게 왜곡된다 해도 쉽게 알아낼 수 있다. 그러므로 겉으로는 오만 방자한 상대가 사실은 자괴감으로 똘똘 뭉쳐 있다거나, 상대가 농담처럼 하는 말 속에 진심이 섞여 있다거나, 아니면 상대가 얼떨결에 한 말실수가 사실은 그의 진심이라는 것을 알아차릴 수 있다. 프로이트 덕분에 우리는 몇몇 철학자들에 대해 더 분명하게 알 수 있다. 사르트르가 유명해진 후 여성 편력이 심했던 것은 그가 젊은 시절 여성들에게 매정하게 차였던 경험 때문에 자신의 존재를 증명하고 싶은 자괴심이 작용했던 것이고, 쇼펜하우어가 여성을 혐오하고 심지어 여성들을 때리고 욕한 것은 그의 아버지가 자살한 후 드세고 이기적인 여장부인 어머니와 평생 불화를 겪었기 때문이다. 또 니체가 여자를 보러 갈 때는 채찍을 가지고 가야 한다고 말한 것도 그가 어릴 적 소란스러운 여성들 틈에서 자란 탓에 여성과 가까워지고 싶은 마음과 여성에 대한 두려움을 함께 품고 있었기 때문이다. 프로이트 덕분에 우리는 프로이트의 정신까지도 분석할 수 있다. 프로이트가 말년에 명예와 이익을 좇느라 혈안이 되었던 것도 젊은 시절 가족 부양이라는 무거운 짐을 진 상태에서 책도 팔리지 않고 철학계에서도 인정받지 못했던 그의 아픈 경험 탓에 가난이 두려웠기 때문이다.

프로이트 이후 문학계, 철학계, 예술계에서 정신분석이 크게 유행했다. 프로이트의 충실한 팬이었던 초현실주의 화가 달리의 그림을 보면 프로이트의 꿈과 같은 예술적 언어들로 가득 차 있다.

2010년 발표된 크리스토퍼 놀런 감독의 영화 〈인셉션〉에서도 프로이트의 흔적을 찾을 수 있다. 대담하고 황당하지만 탄탄한 구조와 치밀한 추리가 돋보이고 시각적 아름다움이 충만한 이 SF 영화를 보며 나는 머릿속에서 소우주가 폭발하는 것을 느꼈다. 〈인셉션〉의 이론을 지탱하는 것은 프로이트의 의식-전의식-무의식 이론과 꿈의 형성 이론이다. 의식, 전의식, 무의식으로 인해 영화 속에 다층적인 꿈의 상황이 펼쳐진다. 레오나르도 디카프리오가 분한 꿈을 훔치는 자 코브가 타인의 꿈속으로 들어가려고 할 때마다 프로이트의 '꿈의 방어' 기제에 따라 상대의 무의식이 자신을 보호하려고 하기 때문에 격렬한 격투와 총격전이 벌어진다.

영화의 결말에서 코브는 예전에 죽었지만 자신이 꿈속에서 만들어낸 아내 맬에게 이렇게 말한다. "I'd miss you more than I can bear, but we had our time I have to let you go. I have to let you go.(견딜 수 없을 만큼 당신이 그리웠지만 이제는 당신을 놓아주어야 해. 보내주어야만 해.)" 이 대목에서 나도 모르게 눈물이 하염없이 흘러내렸다.

우리 모두 아직은 젊고 인간 세상의 생로병사, 애증, 이별을 겪지 않았음에 감사해야 한다. 지금까지 겪은 가장 큰 불행은 기껏해야 실연밖에는 없다. 인생이라는 길은 걸어가면 갈수록 현실이 투영된 의식과 감추려고 해도 감출 수 없는 무의식이 우리 머릿속에서 더 많이 생겨난다. 심리적인 부담이 클수록 걸음은 점점 더 휘청거리게 된다. 그래서 이 길에서는 내려놓을 것은 내려놓고, 포기할 것은 포기하면서 가볍게 걸어야 한다.

누군가 불행한 일을 겪고 있을 때 사람들은 대부분 "인생에 넘을 수 없는 산은 없다"라고 위로한다. 하지만 이런 위로는 말하기는 쉽지만 현실적인 도움은 되지 않는다. 가끔은 정말 에베레스트만큼 높은 산도 있는 법이다. 인생은 다층적인 꿈과 같아서 한 가지 꿈이 끝나고 나면 다시 또 다른 꿈이 시작된다. 고양이 가필드도 "현실은 꿈대로 되는 거야. 난 잘래"라고 말하지 않는가. 그러니까 지금 당신이 할 일은 흐르는 눈물을 닦고 발 씻고 잠이나 푹 자는 것이다.

여혐에 독설남, 아르투르 쇼펜하우어

대문호 괴테는 꽃이 흐드러지게 핀 들판에서 놀다 지쳐 잡초 잎사귀가 온몸에 덕지덕지 들러붙은 후에야 가까스로 정착해 불피우스라는 아가씨와 결혼했다. 그런데 이 젊고 아리따운 아가씨는 안타깝게도 몹시 가난한 집안의 딸이었다. 사치와 허영에 가득 차 있던 당시 독일 상류사회에서는 출신 배경이 무엇보다 중요했기 때문에 괴테와 불피우스는 사교계에서 철저히 배척당했다. 괴테가 궁지에 몰려 있을 때 돈 많고 아름다운 사교계의 꽃이 그를 향해 사교계의 문을 활짝 열어주었다. 그녀는 당시 폴란드 왕국의 가장 잘나가는 궁정 고문관의 아내이자 로맨스 소설 작가인 요한나 쇼펜하우어였다.

요한나 쇼펜하우어에게는 각별히 고마움을 표시한다. 그녀가 낳은 아들이 바로 아르투어 쇼펜하우어^{Arthur Schopenhauer}(1788~1860)이고 그녀의 이기심과 냉정함, 허영심 때문에 그의 아들이 평생 여성을 증오하는 의지론의 대가이자 비관주의자가 되었기 때문이다.

괴테는 요한나의 가문에서 열리는 갖가지 파티에 참석하면서 자연스럽게 어린 쇼펜하우어와 몇 번 대화를 나눈 후 요한나 쇼펜하우어에게 "아드님이 나중에 크게 성공할 겁니다!"라고 말했다. 다른 엄마들 같으면 이런 찬사에 틀림없이 감격의 눈물을 흘리며 "오, 내 아들! 이 엄마가 정말 기쁘구나! 부디 열심히 공부해라. 이 엄마는 널 위해 총명탕을 준비하마!" 하며 흐느꼈을 것이다. 그러나 유감스럽게도 이 강하고 똑똑하며 이기적인 최강 어머니 요한나는 괴테의 말을 듣고 오히려 화를 버럭 냈다.

"흥! 산 하나에 호랑이 두 마리가 같이 살 수는 없지! 게다가 하나는 암컷이고 하나는 수컷이잖아!"

급기야 그녀는 어느 날 아들과 다투던 중에 아들을 무자비하게 계단에서 밀어버렸다. 계단에서 굴러떨어진 쇼펜하우어는 눈물이 가득 고인 눈으로 어머니를 쏘아보며 이를 부득부득 갈았다.

"빌어먹을 여편네! 두고 봐! 언젠간 내가 역사에 이름을 남길 테니!"

쇼펜하우어의 말이 적중했다. 오랜 세월이 흐른 뒤 세상 사람들은 요한나를 소설가가 아니라 쇼펜하우어의 어머니로만 기억했다.

독설남 쇼펜하우어는 재벌 2세였다. 집안이 손꼽히는 부자였기 때문에 그는 금 수저를 입에 물고 태어난 듯 부유한 환경에서 모자람 없이 자랐다. 그의 집안이 제일 잘나갔을 때는 국왕이 직접 그들을 방문하기도 했다. 하지만 쇼펜하우어는 여느 부잣집 도련님들처럼 미인들의 치마폭에 싸여 화려한 여성 편력을 과시하지 않았다. 뜻밖에도 그는 여성이라면 질색하고 여성들에게 모질게 대하는 비관적인 철학자가 되었다.

사실 이 모든 것은 부모의 불행한 결혼 생활에서 기인한다.

부부의 나이 차가 너무 크면 문제도 많은 법이다. 쇼펜하우어의 아버지는 아내보다 스무 살이나 많았다. 쇼펜하우어의 아버지는 유능하고 냉혹하며 과묵한 상인이고 어머니는 환상과 낭만을 꿈꾸는 여류 작가였다. 두 사람은 결혼 초기부터 성격 차이가 극명하게 나타났다. 남편도 아들도 사랑하지 않았던 요한나는 화려한 사교계 생활을 열렬히 사랑했다. 이 밖에도 쇼펜하우어에게는 정신병 가족력이 있었다. 그의 할머니가 정신병이었고 숙부 둘도 정신병을 앓았다. 쇼펜하우어의 아버지도 나중에는 우울증으로 괴로워하다가 자살했다. 쇼펜하우어는 아버지의 자살이 어머니가 아버지에게 무관심하고 밖으로만 나돌았던 탓이라고 여겨 어머니를 증오했다. 그 후 가정의 따뜻함을 느끼지 못했던 쇼펜하우어는 비관주의 철학이라는 돌아올 수 없는 길로 들어섰다.

후대 사람들이 쇼펜하우어에 대해 이야기할 때 꼭 빼놓지 않는 세 가지 이야기가 있다. 《의지와 표상으로서의 세계》, 여성에 대한 증오 그리고 헤겔을 '똥덩어리'라고 욕한 일이다. 쇼펜하우어는 어머니에 대한 증오를 어처구니없이 세상 모든 여성에 대한 증오와 비하로 확대시켰다. 그는 "성적 충동으로 이성이 흐려진 남성들만이 키 작고 어깨가 좁고 큰 엉덩이에 다리가 짧은 여성이라는 존재를 아름답다고 한다"라고 조롱했다. 또 한번은 이웃 여자와 다투다가 상대를 거칠게 밀어 장애가 남을 정도로 부상을 입히는 바람에 법원에서 그녀가 죽을 때까지 생활비를 지급하라는 판결을 받기도 했다.

쇼펜하우어는 헤겔을 끔찍하게 싫어했다. 쇼펜하우어가 베를린 대학교의 교수로 있을 당시 헤겔은 베를린 대학교의 스타였다. 그의 철학 강의는 항상 자리가 모자라 서서 듣는 사람들로 강의실이 꽉 찼다. 헤겔만큼 인기 있는 강의로 자신을 증명하고 싶은 욕심에 쇼펜하우어는 자신만만하게 헤겔과 같은 시간에 자신의 강의를 배치했다. 결국 첫 강의 시간에 바로 옆 헤겔의 강의실은 학생이 빽빽이 들어차는데 쇼펜하우어의 강의실에는 썰렁하게 두세 명만 앉아 있는 대조적인 광경이 연출되었다. 그마저도 강의 시작을 알리는 종이 울리자마자 한 학생이 벌겋게 상기된 얼굴로 벌떡 일어났다.

"교수님, 죄송합니다! 제가 강의실을 잘못 알고 들어왔습니다!"

헤겔과의 대결에서 패배의 쓴잔을 마신 쇼펜하우어는 그 후 "사기꾼", "정신 괴물", "쓰레기 철학" 등 온갖 수식어를 동원해 헤겔을 비난했다.

쇼펜하우어는 개 한 마리와 함께 살았다. 일생 남들과 거의 교류하지 않았던 그였지만 개에게는 정을 듬뿍 쏟으며 '세계정신(아트만)'(산스크리트어로 '자아'라는 뜻 – 옮긴이)이라는 이름을 붙여주었다. 철학에 대해 잘 모르면서 철학자를 동경하기만 하는 사람들은 "역시 철학자는 다르구나! 우리 집 개 이름은 '대박이'인데 위대한 철학자는 개에게도 심오한 이름을 붙이는구나! 역시 위대한 철학자야!"라며 부끄러워할 것이다. 하지만 그것은 과도한 미화일 수 있다. '세계정신'은 헤겔이 창안한 철학 용어다. 헤겔은 세계의 역사는 세계정신이 발전하는 과정이라고 주장했다. 그런데 여러분은 헤겔에 대한 열등감에 사로잡혀 있는 쇼펜하우어가 헤겔의 '세계정신'이 온종일 자신을 향해 꼬리치는 것을 보며 허영심을 충족시켰을 광경을 상상해보았는가?

쇼펜하우어는 서른 살에 《의지와 표상으로서의 세계》를 발표했다. 이 책을 출간한 직후 그는 훌쩍 여행을 떠나 세상의 찬사 또는 비난을 초조하고 불안하게 기다렸다. 하지만 결과는 비극적이었다. 아무도 그의 책에 관심을 가져주지 않았다. 그의 책은 팔리지 않았고 결국 시골구석 변소의 휴지 신세로 전락했다. 사람들이 쇼펜하우어의 비관적인 철학관에 열광하는 이유는 자신의 기구한 운명을 비관하며 그의 철학에 깊이 공감하기 때문이 아니라 너무 한가하고 태평하기 때문이다. 시답잖은 이유를 들어 세상을 원망하고 멋들어진 어휘를 구사하며 세상을 걱정할 만큼 시간과 정력이 남아돌기 때문이다. 사람들이 쇼펜하우어를 좋아하는 또 한 가지 이유는 그의 책 《의지와 표상으로서의 세계》 때문이다. 이 책은 보통 사람들도 이해할 수 있는 몇 안 되는 철학서다. 쇼펜하우어는 칸트처럼 세상과 담을 쌓은 채 머리 싸매고 학문에만 몰두하지도 않았고, 헤겔처럼 난삽한 문장으로 사람들을 오리무중에 빠뜨리지도 않았으며, 스피노자처럼 심오한 기하학적 방법으로 사람들의 머릿속을 엉킨 실타래처럼 만들어놓지도 않았다. 이 책의 내용은 똑 부러질 만큼 명확했으며 군데군데 유머를 잃지도 않았다. 처음부터 끝까지 한 가지 주제만을 야무지게 파고들었다.

"세계의 본질은 의지이고 인생은 투쟁이자 비극적인 고난의 역사다!"

이것이 바로 이 책의 주제다.

철학 애호가라면 《의지와 표상으로서의 세계》를 절대 놓치지 않기를 바란다. 이 책의 마지막 장을 덮을 때쯤에는 자신의 내공이 더 탄탄해진 것을 느낄 수 있을 것이다. 예를 들어 화이트데이에 애인이 앵두 같은 입술을 비죽 내밀며 "옆 사무실 여직원은 오늘 남자 친구에게 비싼 고디바 초콜릿을 선물 받았다는데 자기는 슈퍼마켓에서 파는 초콜릿이야? 자기는 날 사랑하지 않는 거지?"라고 불평한다면 당신은 아주 태연하게 이렇게 대답할 것이다.

"자, 이 오빠가 표상과 의지에 대해 설명해줄게."

《의지와 표상으로서의 세계》의 독일어 제목 'Die Welt als Wille und Vorstellung'에서 'Vorstellung'이 'representation(표상)'으로 영역되었지만 사실 독일어에서 이 단어는 '극본', '연기' 등을 의미한다. 영어 번역이 원래 뜻과 맞지 않은 것이다. 쇼펜하우어는 '환幻'을 뜻하는 힌두교의 '마야maya'가 자신이 말한 '표상'의 본래 의미에 가장 부합하고 '의지'는 '브라흐마Brāhma'에 가장 가깝다고 했다.《의지와 표상으로서의 세계》는 "세계는 나의 표상이다"라는 명제로부터 시작한다. 쇼펜하우어는 세계는 가장 먼저 인간의 인상으로서 존재한다고 생각했다. 인간에게 있어서 직접적으로 존재하는 것은 사물 자체가 아니라 사물에 대한 인간의 인상이다. 꽃은 꽃이 아니고 안개는 안개가 아니다. 사람들은 꽃과 안개를 결코 진정으로 이해하지 못한다. 그러나 모든 표상의 뒤에 또 다른 것이 있다. 칸트는 이것을 '물자체'라고 불렀다. '현상'은 사람이 감각으로 아는 것이지만 '물자체'는 인간의 의식에 의존하지 않고 독립적으로 존재한다. 그런데 쇼펜하우어는 이 '물자체'가 곧 '의지'이며 "모든 생물은 '의지'에 따라 태어나고 생활하며 '의지'에 따라 죽는다"라고 주장했다. 그에 따르면, 세상 만물은 모두 의지가 객체화된 것이다. 예를 들어 인간의 치아, 식도, 장의 연동운동은 배고픔이 객체화된 것이고 생식기는 객체화된 성욕이다. 의지는 항상 보이는 세계에 자신을 표현하려고 한다.

또 쇼펜하우어는 세상이 고통과 흉악함으로 가득 차 있는 것은 세계가 곧 의지이기 때문이라고 했다. 의지는 곧 욕망이며 욕망은 영원히 채워지지 않는 깊은 골이다. 한 가지 욕망이 사그라짐과 동시에 열 가지 욕망이 고개를 든다. 흑장미와 결혼하면 백장미는 평상 앞을 밝게 비추는 달빛이 되고 흑장미는 담벼락에 짓이겨진 모기의 핏자국이 되어버린다. 반대로 백장미와 결혼하면 흑장미는 마음속 붉디붉은 얼룩이 되지만 백장미는 말라비틀어진 밥풀때기가 된다. 두 마리 토끼를 다 잡을 수는 없고 판빙빙과 리빙빙(중국의 유명한 미녀 배우들 – 옮긴이)을 모두 아내로 얻을 수는 없다. 인간의 욕망은 영원히 충족되지 않으며 의지는 영원히 굶주릴 수밖에 없다. 고통은 인생의 기본이며 쾌락도 고통을 잠시 멎게 할 뿐이다. 고통에 겹겹이 포위당하지 않으면 삶은 금세 무료해진다. 학교에 다닐 때는 힘들고 피곤하다가도 방학에는 따분해지는 것도 그 때문이다. "인생은 추와 같아서 고통과 무료함 사이를 끊임없이 오간다."

남들보다 더 고통스럽다면 그것은 풍부한 감정을 주체하지 못해 쓸데없는 걱정을 하기 때문이 아니라 남들보다 똑똑하기 때문이다. "가장 하등한 생명은 고통도 아주 적게 받는다. … 사람은 지혜로울수록 고통스럽다." 짚신벌레가 그다지 고통스럽지 않은 것은 감각기관이 진화되지 못했기 때문이다. 똑똑한 사람은 아는 것도 많고 자기 지식을 토대로 많은 것들을 유추해 생각하며 기억력도 좋기 때문에 고통의 크기도 남들보다 크다. 천재는 사실 세상에서 가장 고통스러운 사람들이다.

인생은 결국 투쟁이다! 자연계도 약육강식의 논리에 지배된다. 모든 생명은 물질, 공간, 시간을 위해 싸우며 살아간다. 기는 놈 위에 걷는 놈이 있고 걷는 놈 위에 뛰는 놈이 있으며 뛰는 놈 위에 나는 놈이 있는 법이다. 인간 세상은 불균형과 충돌로 가득 차 있다. 그러니까 전쟁터와 감옥, 형장이 그렇게 많은 것이다. 인생이 곧 의지라면 의지는 곧 투쟁이고 고통이다. 그렇다면 어떻게 해야 고통을 없앨 수 있을까? 어떻게 하면 의지에서 벗어날 수 있을까? 쇼펜하우어는 여기에 두 가지 길을 제시했다. 하나는 예술 감상을 통해 일시적으로 고통을 잊는 것이고 또 하나는 이론과 행동을 통해 고통에서 철저하게 벗어나는 것이다. 의지와 표상 사이에는 이념이라는 중재자가 있다. 이념 세계를 인식하는 방식이 바로 예술이다. 예술을 통해 인간은 개체의 물질적 이익을 잠시 망각하고 영혼을 진리와 무의지의 경지로 끌어올린다. 예술은 순간을 통해 영원과 보편을 표현함으로써 인생의 고통을 줄인다. 예술의 여러 가지 표현 방식 가운데 가장 순수한 것이 음악이다. 음악은 의지를 직접적으로 복제한다. 의지를 있는 그대로 묘사한 것이 바로 음악이다. 쇼펜하우어는 "음악은 현상을 모사하는 게 아니라 의지 자체를 그대로 모사한다"라고 말했다. 쇼펜하우어의 이런 음악관은 훗날 바그너와 니체에게 지대한 영향을 미쳤다.

예술은 진통제와 같다. 고통을 없애주기는 하지만 일시적인 효과일 뿐이다. 고통을 완전히 없애려면 이론과 행동이 필요하다. 이론적으로는 의지를 부정해야 한다. 의지는 욕망이고 욕망은 고통을 부른다. 그러므로 욕망을 억제하고 금욕주의를 제창해야만 의지를 부정할 수 있다. 금욕이란 한마디로 여색을 멀리하고 황금 보기를 돌 같이 하는 것이다. 힌두교의 고행승은 생명에 대한 의지를 철저히 부정한다. 행동적으로는 동정과 박애를 배워야 한다. 세상 만물이 모두 의지로 통일된다면 만물을 구별하고 경계를 지어서는 안 된다. 세상에 태어났다면 모두 형제인데 굳이 혈육은 따져서 무엇할까? 모든 생명의 고통을 동정하고 모든 생명의 고통을 자신의 고통으로 여겨야 한다.

쇼펜하우어의 의지론은 말하자면 플라톤의 이념론, 칸트의 '물자체' 이론, 인도 불교의 지혜, 이 세 가지 이론의 혼합체다. 서양철학은 소크라테스에서부터 이성을 제창했고 헤겔은 이성주의를 극단으로 끌어올렸다. 이성주의를 중시하는 서양철학의 분위기 속에서 쇼펜하우어의 의지론은 아무런 관심을 받지 못했다. 하지만 1848년 유럽 혁명이 실패한 후 사람들의 가치관이 환상처럼 무너지고 이성주의도 연기처럼 사라지자 절망적이고 우울한 의지론이 등장해 그 자리를 대신했다. 서양철학이 이성의 등 뒤에서 본능과 욕망을 찾아낸 것이다. 이로써 새로운 철학 정신이 역사의 무대 위로 당당히 올라섰다.

쇼펜하우어를 이렇게 늦게 등장시킨 것은 순전히 나의 사심 때문이다. 만약 대학 강의에서 1학기에 쇼펜하우어를 강의한다면 학생들은 기말고사 때 죽기 살기로 머리 싸매고 공부하다가 허탈하게 연말을 보낼 것이고(중국은 9월에 1학기가 시작된다 - 옮긴이) 쇼펜하우어의 비관주의에서 헤어나지 못한 채 새해를 맞이하면 나이를 한 살 더 먹었건만 내 신세는 왜 요 모양 요 꼴이냐며 자책하게 될 공산이 크다. 그러다가 우울감이 점점 증폭되면 당장 강물에 뛰어들 것처럼 침울한 얼굴로 주변 사람들을 조마조마하게 만들 수도 있다. 쇼펜하우어가 자살을 반대하기는 했지만 그의 비관주의 철학의 영향을 받아 자살한 사람들이 수없이 많다. 진정으로 인생은 비극이라고 생각하는 사람이 있다면 나처럼 마르크스에 심취해 보길 권한다. 마르크스는 비극의 근원은 의지나 욕망에 있지 않다고 다독이며 경제사에서 문제의 본질을 찾아줄 것이다.

물론 "빌어먹을 마르크스! 마르크스 얘기만 나오면 토할 것 같아!" 하며 마르크스에 진저리를 치는 사람도 있을 것이다. 그렇다면 나도 더는 설득할 생각이 없다. 그 대신 눈물을 머금고 니체의 제자가 되기를 추천할 것이다. 인생은 곧 비극이라는 명제에 대해 니체는 틀림없이 고개를 가로저으며 콧방귀를 뀔 것이다.

"흥! 비극이 뭐 별거야? 내가 얼마나 강한데! 날 무너뜨릴 생각은 꿈도 꾸지 마! 말 안 들으면 채찍으로 후려칠 거야!(니체는 여자에게 갈 때는 채찍을 가져가야 한다고 말했다.)"

니체와 쇼펜하우어 두 사람 모두 인생은 비극이라고 정의했지만 해결 방법은 달랐다. 쇼펜하우어는 의지를 포기할 것을 주장한 반면, 니체는 반대로 강력한 의지를 불태우며 하늘과 싸우고 땅과 싸우면 즐거움이 무궁무진할 것이라고 역설했다. 고지식하고 착실한 중국의 대작가 라오서는 의지를 소멸시켜야 한다는 쇼펜하우어의 말에 의지는 물론 육신까지도 호수에 던져 소멸시켜버렸고, 생김새는 물론 성격마저 비관적이었던 루쉰은 니체를 읽은 뒤 더 이상 자기 자신을 괴롭히지 않고 그 대신 량스추(중국의 현대 문학 비평가 –옮긴이)를 욕하고 후스를 비난하고 린위탕을 헐뜯는 등 괴롭힘의 대상을 타인으로 바꾸었다.

쇼펜하우어는 고단한 일생을 살았다. 독설가를 자처해 남들에게 환영받지 못했을 뿐 아니라 심각한 자기 연민과 피해망상증에 시달렸다. 쇼펜하우어는 세상 모두를 싫어했지만 오로지 자기 자신만큼은 사랑했으며 자신이 할 수 없는 일은 모두 타인의 잘못으로 돌렸다. 헤겔과 피히테가 자기보다 더 인기가 많은 것은 그들이 사기꾼이기 때문이고 자기 책이 팔리지 않는 것은 남들이 그것을 이해할 만한 지적 능력이 없기 때문이라고 생각했다. 쇼펜하우어는 독단적이고 오만했으며 끊임없이 핑계를 찾아내 자신을 정당화시켰다. 피해망상증 환자 쇼펜하우어는 이 세상 모두가 자신을 죽일 수 있다는 망상에 사로잡혀 시시각각 타인을 경계했다. 잘 때도 베개 옆에 칼이나 권총을 항상 놓아두었으며 머리를 자를 때도 이발사의 머리 깎는 칼이 목 근처에는 오지도 못하게 했다. 값나가는 물건은 모조리 은밀한 곳에 감추었다. 책 속에도 감추고 잉크병에도 감추었다. 그 때문에 그는 사후에 위대한 철학 정신뿐 아니라 자신이 돈을 숨겨둔 곳을 라틴어로 설명한 '보물 지도'도 한 장 남겼다.

역시 하늘은 스스로 돕는 자를 돕는 법이다. 자기 생명을 끔찍이 아꼈던 쇼펜하우어는 마침내 자신을 잘 지켜냈다. 1831년 베를린에 페스트가 창궐했을 때 그의 앙숙 헤겔은 불행히도 죽음을 면치 못했지만 쇼펜하우어는 일찌감치 피난을 떠난 덕분에 재앙을 피할 수 있었다. 옛말에 죽을 고비를 넘기면 큰 복이 온다고 했던가. 쇼펜하우어는 헤겔이 죽고 얼마 되지 않아 점점 유명세를 떨치기 시작했다.

헤겔과 쇼펜하우어의 투쟁사를 연구해보면 쉽게 이런 결론에 도달할 수 있다. 대가가 되려면 두 가지 조건을 충족시켜야 하는데 충분조건은 어느 정도 학문적 지식을 가지는 것이고 필요조건은 오래 사는 것이다. 자신의 밑바닥을 아는 사람들이 다 죽고 나면 마침내 명성을 얻고 큰소리칠 수 있게 될 것이다.

1860년 9월 21일 독설남 쇼펜하우어는 아침밥을 잘 먹은 후 아주 조용하게 영원한 잠 속으로 빠져들었다. 어떤 의미에서 보면 그는 행복한 일생을 살았다. 거액의 유산을 상속받아 아무 걱정 없이 철학에만 몰두할 수 있었고, 비록 다 늙어서야 명성을 얻었지만 어쨌든 살아서 세상 사람들에게 존경받으며 '대가'로 불렸다. 그러나 또 다른 의미에서 보면 그의 일생은 지독히도 불행했다. 처자식도 없고 가족도 친구도 없었으며 엄마는 있지만 없느니만 못했고 조부모로부터도 사랑받지 못했으니 인복이 지지리도 없었다.

쇼펜하우어는 독선적이고 신경이 예민하며 괴팍하고 고집불통인 성격에 툭하면 싸워서 남들에게 호감을 사지 못했지만 어쨌든 내 마음 속에서 그는 덜 자란 어린아이다. 사랑에 대한 간절한 목마름을 그는 한평생 해소하지 못했다.

유약한 겁쟁이, 르네 데카르트

위대한 철학자 데카르트$^{René\ Descartes}$(1596~1650)는 과로사했다.

위대한 철학자 데카르트는 한 여인에게 혹사당해 세상을 떠났다. 그녀는 바로 스웨덴의 크리스티나 여왕이다.

'스웨덴을 감동시킨 10대 인물'을 뽑는다면 데카르트는 '여왕의 훌륭한 가정교사이자 국민의 철학자'로 뽑혀야 마땅하다.

감사패에는 이런 문구가 들어가야 할 것이다.

"수학에서 철학까지, 데카르트 좌표계에서 '방법적 회의'까지, 《방법서설》에서 《철학의 원리》까지, 프랑스에서 스웨덴까지, 쉰네 해를 살며 재능을 꽃피웠지만 여왕을 만나 향기가 바닥나고 옥이 부서졌도다. 나는 생각한다. 고로 존재한다. 그는 바로 근대 철학의 아버지 데카르트다."

데카르트의 찬란한 업적은 전 세계 매스컴의 열렬한 찬사를 받으며 세계 곳곳으로 전파되어 수많은 철학 애호가들을 감동의 도가니에 빠뜨렸다. 그러나 몇몇 철학자들은 그에게 볼멘소리를 내기도 했다. 대표적으로 러셀과 사르트르가 불만을 터뜨리며 철학자 업적 평가 조직위원회에 제소했다.

"강의 때마다 수강생이 수백 명씩 몰리는 우리한테는 상 쪼가리 하나 안 주면서 고작 철학 강의 몇 번, 그것도 일대일 과외를 했던 데카르트에게는 어째서 그렇게 후한 상을 줍니까?"

그러자 조직위원회 관계자가 이렇게 대답했다.

"당신들도 죽으면 바로 다음 날 상을 수여하겠소."

러셀과 사르트르는 조직위원회의 불공정한 처사에 항의하며 그 자리에서 대성통곡했고 그 바람에 바로 뒤에 열릴 예정이었던 경기가 한 시간 뒤로 밀리고 말았다. 경기 일정에 차질이 빚어지자 조직위원회는 하는 수 없이 러셀과 사르트르에게 '철학 정신 특별상'을 수여하는 선에서 일단락됐다. 그런데 여왕의 가정교사라는 '꽃 보직'이 어째서 데카르트를 죽을 만큼 고생시켰을까? 그 이유를 설명하자면 데카르트의 출생 당시로 거슬러 올라가야 한다.*

데카르트는 어머니 배 속에서 열 달을 다 채우지 못하고 태어나는 바람에 선천적으로 몸이 약했다. 죽지 않고 살아난 것만 해도

---

* 데카르트, 러셀, 사르트르는 동시대 인물이 아니며 이것은 허구로 꾸민 이야기다. 2012년 런던 올림픽에서 한국 선수가 경기에 패배한 후 통곡하며 항의하는 바람에 그 뒤에 예정된 경기가 미루어진 사건에서 영감을 얻었다. (아마도 펜싱 경기 오심 사건을 말하는 듯하다 - 옮긴이)

기적이었다. 자라는 동안, 다른 아이들이 학교에서 공부하는 시간에도 그는 침대에서 일어날 줄 몰랐고 다른 아이들이 하교할 때까지도 침대에서 쿨쿨 잠을 잤다. 몸이 워낙 허약했던 탓에 그는 일찍부터 오전 공부와 오후 공부를 모두 면제받았다. 그 때문에 그는 하루 중 거의 대부분을 몸 푼 지 얼마 안 된 산모처럼 침대에 누워서 보냈고 평생 침대를 벗 삼아 살았다. 침대광 데카르트는 따뜻하고 푹신한 침대에 누운 채 수많은 영감을 떠올렸다. 그가 침대에 누워 있다가 천장 한 모퉁이에서 거미 한 마리가 열심히 거미집을 짓고 있는 것을 보고 영감을 얻어 데카르트 좌표계를 고안했다는 일화는 유명하다. 또 허구한 날 침대에만 누워 비몽사몽 자다 깨다를 반복했으니 꿈과 생시를 어떻게 구별했을까? "나는 생각한다. 고로 존재한다"라는 그의 명언도 그 덕분에 탄생했다.

유난히 추위를 타고 따뜻한 침대 속에만 있던 데카르트가 스웨덴에 갔으니 스톡홀름의 혹독한 추위를 견디기 힘들었을 것이다. 게다가 존귀하신 여왕 폐하께서는 굳이 새벽 5시에 일어나자마자 철학 수업을 받기를 원했다. 우리의 가련한 데카르트는 침대에 파묻혀 늦잠 잘 여유를 강제로 빼앗겼고 결국 넉 달 만에 과로로 쓰러져 세상과 작별하고 말았다. 사인은 폐렴이었다.

데카르트는 중국 중학생들에게도 매우 익숙한 이름이다. 고등학교 정치(경제생활, 정치생활, 문화생활, 생활과 철학, 이렇게 필수 과목이 네 개 있다.-옮긴이) 시간에 가장 빈번하게 등장하는 인물이기 때문이다. 한 가지 문제를 내보겠다.

다음 중 서양철학의 주관 유심론을 표현하는 명제는 무엇인가?

A. 인간은 인간 엄마가 낳고 요괴는 요괴 엄마가 낳는다(주성 치가 주연한 〈서유기-선리기연〉 안의 대사-옮긴이).

B. 나는 스승 플라톤을 사랑한다. 하지만 그보다 진리를 더욱 사랑한다(아리스토텔레스의 명언-옮긴이).

C. 나는 생각한다. 고로 존재한다.

D. 무릇 움직이는 것은 나뭇가지도 아니며 바람도 아니며 네 마음이다.

이 문제의 공식적인 정답은 C다.

"왜 C만 정답입니까? D 역시 주관 유심론을 표현하고 있잖아요!"라고 항의하는 사람도 있을 것이다.

문제를 자세히 읽어보자. 문제에 '서양철학'이라고 명시되어 있다. D는 당나라 때의 선승 혜능의 말이다!

그런데 사실 이 문제에는 정답이 없다.

고등학교 교과서에서는 "나는 생각한다. 고로 존재한다"라는 데카르트의 명언을 '주관 유심론'이라고 단순하고 무자비하게 귀결시키고 있다. 교사들은 이것이 주관 유심론인 이유에 대해 "나는 생각한다. 고로 존재한다"라는 말이 단편적인 주장이기 때문이라고 설명할 것이다. 이 말을 반박할 수 있는 사례는 수없이 많다. 식물인간은 사고할 수 없지만 엄연히 존재하지 않는가?

데카르트의 이 철학 명제가 이토록 쉽게 부정된다면 근대 철학의 아버지라는 그의 위상도 물거품처럼 사라져야 정상이다. 그런데도 데카르트는 철학사에서 범접할 수 없이 높은 자리를 차지하고 있다. 그와 동시대에 살았던 베이컨, 홉스, 갈릴레이, 스피노자는 감히 그와 어깨를 나란히 하지 못한다. 잘 아는 것과 진정으로 아는 것은 다르다. 열 사람 중 아홉은 "나는 생각한다. 고로 존재한다"라는 말의 진정한 뜻을 알지 못한다. 이 명제는 "내가 생각하고 있으므로 나는 존재한다"라고 해석될 만큼 단순하지 않으며 유심론이나 유물론과도 아무 관계가 없다. 이것은 인식론의 명제이며 데카르트 역시 주관 유심론 철학자가 아니었다. 데카르트는 정신과 물질이 모두 독립된 실체로서 병존한다고 강조한 '이원론'의 관점을 가지고 있었다. 고등학교 정치 교과서에서 철학자들에게 멋대로 '꼬리표'를 붙여 정의한 것은 단편적이고 폭력적인 만행이다. '유물론'에 고귀하고 완벽한 이미지를 덧입히기 위해 의도적으로 '유심론'을 흠집 내려고 한 유치한 방식에 코웃음이 절로 나온다.

'유물론'과 '유심론'은 '좋은 사람'과 '나쁜 사람'을 구별하는 세 살 어린애들 싸움처럼 유치한 문제가 아니다. 단순하고 비루한 유물론이 때로는 세밀하고 정교한 유심론보다 인류 사회에 더 쓸모 있을 수도 있다. 레닌은 "똑똑한 유심론이 아둔한 유물론보다 더 유물론에 가깝다"라고 말했다. 좀 더 객관적으로 말하자면 철학사의 발전에 더 크게 기여한 것은 사실 유심론이다.

본론으로 돌아와서, 그렇다면 "나는 생각한다. 고로 존재한다"라는 명제를 어떻게 이해해야 할까? 우선 문제 둘을 살펴보자.

문제 1: 영화 〈인셉션〉을 보면 때때로 꿈과 현실을 구분할 수가 없다. 코브가 가진 팽이가 스스로 돌고 있다면 꿈을 꾸고 있는 것이고 그렇지 않다면 현실이다. 그런데 코브의 팽이가 없다면 현재 경험하고 있는 모든 것이 꿈이 아니라 현실임을 어떻게 증명할 수 있을까?

문제 2: 영화 〈트루먼 쇼〉를 보면 때로는 실제 생활과 쇼를 구별할 수가 없다. 그렇다면 현재 생활이 트루먼처럼 미리 짜인 각본대로 쇼를 하고 있는 것이 아니라 실제 상황임을 어떻게 증명할 수 있을까?

"나는 생각한다. 고로 존재한다"라는 데카르트의 명제는 이 두 가지 문제에 해답을 제시했다. 데카르트처럼 침대에 누워 뒹굴뒹굴하는 것을 좋아하는 사람들은 오래 자고 나서 가끔 꿈과 현실이 혼동되는 기분을 느꼈을 것이다. 데카르트는 잠에서 깨어나 잠시 어리둥절하다가 눈곱을 떼고 일어나며 마침내 이 의문을 해결하는 방법을 찾아냈다. 바로 '방법적 회의'로 자신의 존재를 증명하는 것이다. "나는 생각한다. 고로 존재한다"를 프랑스어로 하면 "Je pense, donc je suis"인데 '생각한다'가 아니라 '의심한다'로 번역하는 편이 더 정확하다. "내가 모든 사물이 허상이 아닌지 의심할 때 그 의심의 주체인 '나'는 확실하게 실제로 존재한다"라는 뜻이다. 모든 사물을 다 의심해도 '내가 의심하고 있다'는 사실 자체는 의심의 여지가 없으니 말이다.

데카르트의 '의심'은 비단 구체적인 사물에 대한 의심만이 아니라 인류 전체, 세계, 신에 대한 절대적 의심이기도 했다. 데카르트는 절대적 의심을 통해 의심의 여지가 없는 철학 원칙, 즉 "나는 생각한다. 고로 존재한다"라는 명제를 도출해냈다. "나는 생각한다. 고로 존재한다"는 데카르트 철학의 첫 번째 원리이자 그만의 필살기다. 데카르트의 철학 탐구는 바로 이 명제에서 시작되었다.

그런데 여기에서 또 다른 문제가 등장한다. "내가 생각하고 있다"라는 사실로 어떻게 "내가 존재한다"라는 것을 증명하거나 추론할 수 있을까?

"내가 생각한다"라는 것으로 나의 사유가 존재함을 증명할 수 있을 뿐 내 육신의 존재까지는 증명할 수 없다. 그렇다. 누군가 내게 이런 의문을 제기한다면 나는 진심으로 축하해줄 것이다. 데카르트의 이 명제를 진정으로 이해했으니 말이다. "나는 존재한다"라는 데카르트의 말은 육신의 존재가 아니라 정신의 존재, 영혼의 존재를 의미한다. 다시 말해 내 육신의 존재 또는 내가 생활하는 실제 물질세계의 존재를 의심할 수는 있지만 내 의심의 존재를 의심할 수는 없다.

"나는 생각한다"에서 "나는 존재한다"로 옮겨가기까지 사유의 주체인 '나'는 지금 사유하고 의심하고 긍정 또는 부정 하고 있는 그것이다. '나'는 형체도 없고 물리적인 육신도 없다. 나의 존재는 내 영혼의 존재를 의미한다. 데카르트는 철학사에서 유명한 심신 이원론의 대표적인 인물이다. 그의 세상에는 육체와 영혼이라는 두 개의 독립된 실체가 존재했다. 육체의 본질은 외연^{extension}이며 영혼의 본질은 사상이다. 세상은 이렇게 이원화되어 있다. 데카르트는 인간의 심신이 제 역할을 할 수 있는 것은 '신'과 '솔방울샘'이라는 두 가지 매개체가 있기 때문이라고 여겼다. '솔방울샘'은 인간의 두뇌에 위치한 기관으로 서로 멀리 떨어져 있는 육체와 영혼을 잇는 중간 매개체의 역할을 한다.

데카르트는 '방법적 회의'라는 철학 무기를 들고 영혼과 육체의 존재를 확립한 후 뒤이어 신의 존재를 확립하고자 했다. 데카르트에 따르면 "내가 의심하고 있을" 때 나 자신의 존재가 완벽하지 않음을 깨닫게 된다. 의심한다는 것은 완벽하지 않다고 인식하기 때문인데 완벽하지 않다는 것은 신의 완벽함과 비교했을 때의 개념이다. 그렇다면 완벽한 신이라는 개념은 어디에서 왔을까? 완벽하지 않은 존재물인 내가 신이라는 완벽한 개념을 만들어낼 수는 없다. 완벽한 존재, 즉 신이 내 머릿속에 있어야만 가능한 일이다. 그러므로 신은 필연적으로 존재한다.

러셀은 《서양철학사》에서 데카르트를 "유약한 겁쟁이"라고 평가했다. 그의 말이 맞다. 데카르트는 겁쟁이였다. 어릴 적 몸이 약해 온종일 침대에 누워서 지냈기 때문에 어쩔 수 없이 게을러졌고 어른이 된 후에도 신중하고 조심스러웠으며 규칙을 어기는 일이 없었다. 그는 언제나 검은 옷을 입었으며 외출할 때에는 추위를 피하기 위해 길고 두꺼운 양말을 신었다. 데카르트에게는 스스로 세운 몇 가지 행동 수칙이 있었다. "국가의 법률과 풍습을 준수하고 어릴 적부터 믿었던 종교를 철저하게 지키며 모든 일은 주위의 가장 지혜로운 이를 본보기로 삼아 그들이 모두 인정하고 가장 중도에 가까운 의견에 따른다. 오로지 자신만을 극복하고 운명을 극복하지 않으며 세상의 질서를 바꾸려 하지 않는다.” 이것이 바로 데카르트의 원칙이었다. 데카르트는 《우주론》에서 지구가 운동하고 있고 우주는 무한함을 증명하고자 했지만 갈릴레이가 종교재판에서 사형선고를 받았다는 소식을 듣자마자 충격을 받고 이 책의 출간을 취소했다. 자연철학자 조르다노 브루노가 종교재판으로 화형에 처해진 것을 기억하고 있었던 것이다. 데카르트가 이처럼 일생 조심스럽게 살면서 신을 충실하게 믿었음에도 불구하고 신은 그의 소망을 들어주지 않았다. 데카르트가 죽은 지 13년째 되던 해에 로마천주교는 그의 저서를 금서로 지정했다.

데카르트가 생전에 했던 유일한 일탈은 파리 여행이었다. 그는 따뜻하고 넓은 침대를 벗어나 세상 견문을 넓히기 위해 번화하고 화려한 파리로 여행을 떠났다. 그는 파리에서 사귄 부잣집 도련님들과 날마다 홍등가를 누비며 집에 돌아갈 생각도 하지 않은 채 술과 노름에 푹 빠져 살았다. 그러나 어린 시절에 받은 훌륭한 교육과 학문에 대한 동경은 그의 방종을 오랫동안 외면하지 않았다. 데카르트는 머지않아 문란한 생활에 염증을 느끼고 군대에 가기로 결심했다. 남들은 건강함을 과시하고 공을 세워 출세하기 위해 입대했지만 데카르트는 주지육림酒池肉林에 빠져 사는 친구들의 유혹을 피하고 군대의 규율 잡힌 생활을 해보기 위해 입대했다. 그는 보수도 받지 않고 전쟁에 직접 나가지 않으며 힘든 육체노동도 없는 지원 장교로 복무했다. 데카르트에게 국가 수호 정신이 부족했던 것인지 아니면 너무 일찍 유럽 공동체 의식을 가졌던 것인지는 모르겠지만 어쨌든 그는 프랑스인임에도 네덜란드, 바이에른, 헝가리의 군대에서 복무했다. 서른세 살 되던 해 데카르트는 네덜란드의 한적한 시골 마을에 조용히 칩거했다. 예전 친구들이 자신을 찾지 못하도록 열세 개 마을을 전전하며 스물세 번이나 집을 옮겼다.

겁쟁이 데카르트는 행동으로 보나 성격으로 보나 '영웅적인' 철학가는 결코 아니었다. 그런데도 헤겔은 그를 "철학사의 위대한 영웅"이라고 불렀다. 헤겔은 "데카르트에 이르러 철학이 완전히 다른 분야, 완전히 다른 관점으로 옮겨갔다"라고 말했다. 까다로운 헤겔과 남 헐뜯기를 좋아하는 러셀도 데카르트에 대해서는 '근대철학의 아버지'라고 엄지손가락을 번쩍 쳐들었다. 그렇다면 데카르트는 어떠한 공을 세웠고 어떻게 역사에 길이 이름을 남겼을까?

데카르트 덕분에 철학계는 인식론으로의 위대한 전환이 시작되었다. 그 전까지 고대 철학자들은 "세계는 무엇인가"라는 존재론에 몰두했고 중세 스콜라철학자들은 '유명론'과 '실재론'을 놓고 논쟁을 벌였다. 데카르트에 이르러서야 철학자들은 중요한 것은 유명론의 '개별'과 실재론의 '보편' 중 어떤 것이 실제로 존재하느냐가 아니라 어떻게 해야 인간이 진정으로 실재를 파악할 수 있느냐라는 것을 깨달았다. 우리가 어렸을 때는 눈에 보이고 귀에 들리는 것이 곧 세상이라고 믿지만 나이를 먹고 시야가 넓어지면 학교에서 배운 것이 현실과는 다르며 때로는 눈이 자신을 속인다는 것을 알게 되고 어떻게 해야 세상을 정확하게 인식할 수 있는지 고민하는 것과 같다.

'무엇'을 인식하는 데서 만족하다가 어떻게 하면 정확하게 인식할 수 있는지 고민하기 시작한 것이 바로 근대 철학의 '인식론적 전환'이다. 그런데 "어떻게 하면 정확하게 인식할 수 있는가"는 한때 근대 철학사를 떠들썩하게 뒤흔들었지만 아직도 승부를 가리지 못한 유명한 논쟁의 주제다.

먼저 로마천주교가 주최하는 〈유럽 철학자 끝장토론〉을 시청해 주시는 여러분께 감사의 말씀을 전합니다.

토론 제목: 지식은 이성에서 나오는가, 경험에서 나오는가?

	이성론	VS	경험론
	이성론팀: 지식은 이성에서 나온다	VS	경험론팀: 지식은 경험에서 나온다
	이성론팀 리더: 데카르트	VS	경험론팀 리더: 베이컨(불참)
제1 토론	데카르트, 나는 생각한다. 고로 존재한다	VS	로크, 백지설
제2 토론	스피노자, 신은 곧 자연이다	VS	버클리, 존재하는 것은 지각된 것이다
제3 토론	라이프니츠, 모나드론	VS	흄, 불가지론

이성론팀: 모든 지식은 이성에서 나옵니다. 예를 들어 삼각형 내각의 합이 180도라는 것은 확실하고 믿을 수 있는 이성적 지식입니다. 우리는 보편적이고 필연적인 진리를 추구합니다. 이런 진리는 '천부 관념'입니다. 즉, 우리가 태어나면서부터 가지고 있고 신이 우리에게 부여한 선천적인 관념이자 지식입니다. 인간은 연역법을 통해 사물을 인식합니다. 인류의 모든 지식은 단순한 관념과 원칙에서 도출된 것입니다. 지식이 어떻게 경험에서 나올 수 있습니까? 듣자 하니 실험에 심취했던 경험론팀의 리더는 혹독하게 추운 날 눈밭으로 뛰어나가 냉동법을 연구한다며 닭 배 속에 눈을 채워넣다가 독감에 걸려 목숨을 잃었다고 하더군요. 심심한 유감을 표하는 바입니다. 지금 텔레비전 앞에서 이 프로그램을 시청하고 계신 시청자들께서는 실험을 멀리하여 각자의 생명을 지키실 것을 강력히 권합니다. 인류가 가지고 있는 모든 지식은 '천부적인' 것입니다.

경험론팀: 이의 있습니다. 상대측의 인신공격이 도를 넘어섰습니다! 그러는 이성론팀의 리더는 멀쩡하셨습니까? 사내대장부가 산후 조리하듯 온종일 침대에 누워 있었다더군요. 몸이 그 지경인데 스웨덴 여왕과 스캔들도 일으키셨고 말이지요…

주최자: (크게 놀라며) 잠깐, 잠깐! 품위를 지켜주십시오.

경험론팀: 인류가 가진 모든 지식은 경험에서 나옵니다. 모든 지식은 과학적인 귀납법에 의해 도출되었습니다. 경험이 인간의 감각 기관을 자극해야만 인간의 두뇌에서 인식이 형성됩니다. 내면의 지식과 외부 세계의 실재가 일치하는지 확인하면 그 인식이 정확

한지 검증할 수 있습니다. 우리 팀 리더께서 생전에 사물을 정확하게 인식하는 것을 방해하는 네 가지 우상을 들었습니다. 바로 '종족의 우상', '동굴의 우상', '시장의 우상', '극장의 우상'이지요. 이 네 가지 우상이 방해하기 때문에 과학 실험과 자연 관찰을 통해 감각적인 경험을 얻은 후 원칙을 귀납해냄으로써 보편적인 진리에 도달해야 한다고 주장했던 것입니다.

…

이 토론은 결국 승부를 내지 못했고 세월이 한참 흐른 뒤 은둔형 외톨이 칸트가 등장한 후에야 논쟁의 열기가 서서히 사그라졌다. 칸트의《순수이성비판》도 이 논쟁을 해결하지는 못했지만 그 대신 이성론과 경험론의 절충안을 제시했다.

인류 문명사를 돌이켜 보면 데카르트가 살았던 17세기는 지식의 시대였다. 데카르트, 홉스, 베이컨, 가상디, 파스칼 등 내로라하는 똑똑한 인재들이 속속 등장했지만 데카르트는 수많은 철학자 중에서도 독보적이었으며 그 시대의 총아였다. 선두에 서서 새로운 철학의 시대를 열었기 때문이다.

1650년 2월의 어느 새벽, 여왕의 수업을 하다가 피로로 쓰러진 데카르트가 갑자기 눈을 번쩍 뜨며 물었다.

"지금 몇 시지?"

하인이 대답했다.

"4시입니다."

데카르트는 가까스로 몸을 추스르고 일어나 앉더니 "여왕 폐하의 수업을 하러 갈 시간이야"라고 말한 뒤 다시 푹 고꾸라졌다. 그러고 그는 자기 생애 마지막 한마디를 중얼거렸다.

"영혼이 떠나야 할 때가 왔군."

데카르트가 세상을 떠난 후 '나'의 주관성과 자아의 힘, '사고'의 이론적 가치를 강조하는 철학의 시대가 활짝 열렸다.

철학계에 근대 철학을 향한 세찬 바람이 일기 시작했다.

개천에서 난 용, 마르틴 하이데거

"20세기 철학사는 고슴도치와 여우의 역사다. 하나의 거대한 사물을 인식하고자 노력하는 철학자와 수많은 작은 사물 또는 한 가지 작은 사물을 인식하는 데 만족하는 철학자의 역사였다."

– 모턴 화이트,《분석의 시대》

도나우 강물이 조용히 바다로 흘러들고
검은 숲은 엷은 땅거미 아래 점점 장중해지네.
오솔길이 토트나우 산을 굽이굽이 휘감아 돌고
햇살이 마을 위로 비끼고 닭은 횃대 위에서 쉬는구나.
목동은 송아지를 몰고 돌아오고 사냥 말은 짐승을 싣고 돌아
오는데

아가씨는 임 걱정뿐이라네. 쇠미하게 여위었거늘 어찌하여 돌
아가지 않으시나.

시골 늙은이는 목동 걱정에 지팡이를 짚고 가시나무 사립문에
기대어 있다네.

전원파 철학자 하이데거는 이 한가로운 풍경을 흠모해 《존재와
시간》을 썼다.

옛날 통속소설에서 많이 보았을 법한 이야기다. 가난하지만 똑똑
한 고학생이 고마운 스승과 벗을 만나 각고의 노력으로 공부한 끝
에 입신출세해 명예를 얻고 가정을 꾸리고 교수가 되었다. 모든 것
이 순조로웠다. 부잣집 딸인 여학생과 만나기 전까지는…. 명망 높
은 중년의 교수와 젊고 아리따운 여제자가 만났으니 애틋한 정이
새록새록 쌓여만 갔다. 스승과 제자의 정은 금세 사랑으로 변했고
중년에 찾아온 불같은 사랑 앞에서 남자는 속절없이 무너졌다. 연
애편지는 둘만의 암호로 썼고 남몰래 하는 데이트는 노크 세 번,
전등 점멸 두 번으로 신호를 보내며 조심스럽기만 했다. 그러나 불
행히도 둘만의 비밀은 금세 새어나갔고 고학생 출신의 교수는 어
렵게 얻은 부와 명예를 지키기 위해 연인을 포기하고 더 큰 이익을
위해 악한 세력의 독수리 발톱에 몸을 맡겨버렸다. 그는 스승을 배
신하고 친구와도 인연을 끊었다. 물론 소설의 결말은 권선징악의
원칙에 충실하다. 훗날 교수는 눈물을 흘리며 참회하고 스승과 친

구, 연인도 그를 너그럽게 용서해 화기애애한 분위기로 끝을 맺는다. 소설의 마지막 대사는 이렇다.

"아, 인생에서 제일 중요한 건 역시 행복이로구나!"

고학생 ─────── 하이데거

여제자 ─────── 한나 아렌트

스승 ─────── 후설(현상학의 대가)

친구 ─────── 야스퍼스(대표작 《역사의 기원과 목표》)

악한 세력 ─────── 아돌프 히틀러(우정 출연)

앞에서는 하이데거와 한나 아렌트의 사랑을 페미니즘의 관점에서 이야기했지만 여기에서는 이들의 사랑이 단순히 교수와 제자의 불장난이 아니라 철학사의 유명한 러브스토리였음에 대해 이야기하고자 한다.

하이데거는 농촌에서 태어났다. 요즘 세상에 태어났다면 그는 '개천에서 난 용'으로 불렸을 것이다. 어릴 적 그의 두 뺨은 발그스레했고 발바닥에는 숲 속 진흙의 탑탑한 향기가 배어 있었다. 어릴 때부터 노동으로 다져진 다부진 몸에 전원풍과 도시풍이 뒤섞인 독특한 차림새의 남자가 고상하고 도도한 독일 철학계에 처음 발을 들여놓았을 때만 해도 촌티 풀풀 풍기는 그가 어느 날 독일 철학계 전체를 뒤흔들고 헤겔 이후 독일 철학사의 가장 위대한 전환점이 될 거라 예상한 사람은 없었다. 그의 대표작 《존재와 시간》은

딱딱하고 난해하기는 하지만 옛것을 계승하고 앞길을 개척하는 이 정표와 같은 위대한 철학서다.

인류의 철학은 말하자면 도원결의를 맺은 삼형제와 같다. 삼형제의 이름은 각각 존재론, 인식론, 윤리학이다. 그중 맏형인 존재론은 세계가 무엇으로 이루어져 있는지 연구하는 학문이다. 고등학교 정치 선생님들은 수업 시간에 이렇게 말한다.

"세상의 본질은 물질이다. 탁자, 나무, 사과는 모두 물질이며 분자와 원자로 구성되어 있다."

수업이 끝나면 학생들 대부분은 귀신도 영혼도 믿지 않는 유물론자가 된다. 지금은 나도 확고한 유물론자이지만 그때의 나는 선생님에게 매우 진지하게 물었다.

"그럼 물질은 뭐죠? 사과와 탁자의 원자와 분자는 도구를 사용하면 볼 수 있지만 물질이라는 건 보이지도 않고 만질 수도 없잖아요. 물질이란 것 자체는 추상적인 개념이니까요. 그런데 개념은 의식에 속하죠. 그렇다면 세계는 의식으로 이루어진 게 아닐까요?"

나의 정치 선생님은 몇 분 동안 고뇌하는 표정을 짓다가 담담하게 대답했지만, 내 질문에 직접적으로 대답하는 대신 한마디 반문으로 나의 모든 의문을 종식시켰다.

"○○○ 학생, 지난 시간에 내준 숙제는 왜 제출하지 않았지?"

인간은 아기 때는 누구나 타고난 철학자다. 아기들은 삶과 죽음, 하늘, 달, 별, 개미 싸움, 선인장 꽃 등등 세상 모든 것에 호기심과 의구심을 갖고 세상이 마법과 기적으로 가득 찬 곳이라고 생각한다. 그런데 하루하루 자라면서 점차 동화를 거부하기 시작하고 정해진 규칙을 스스로에게 주입시킨다. 딱딱한 정치 과목이 우리의 유연한 사고를 억압하고 우리는 "왜?"라는 것에 대해 더 이상 흥미를 느끼지 못하게 된다…

그렇게 우리는 어른이 된다.

다행스럽게도 나는 냉담한 어른으로 변해가던 찰나에 운 좋게 하이데거의 《존재와 시간》을 읽게 되었다. 하이데거는 고등학교 정치 시간에 해결하지 못했던 내 질문에 시원한 대답을 해주었다. 그것도 시적인 분위기를 가득 담아서 말이다. 하이데거의 《존재와 시간》은 "존재란 무엇인가?"를 우리에게 알려주는 철학서다. 존재, 즉 'being'의 문제는 철학이 탄생한 순간부터 철학자들이 오매불망 답을 찾아 헤맨 주제다. 철학사는 'being의 역사'라고 해도 과언이 아니다. 탈레스는 만물의 근원은 물이라고 했고 헤라클레이토스는 만물의 근원은 불이라고 했으며 피타고라스는 만물은 수數라고 했다. 소크라테스의 '보편', 플라톤의 '이념', 아리스토텔레스의 '실체'에 이르러서는 존재의 문제가 점차 "존재란 무엇인가?"로 바뀌었다. 철학자들은 미간에 잔뜩 주름을 잡고 고뇌에 빠져 존재란 '무엇'인가를 찾아 헤맸다. 그들은 존재 자체가 아니라 존재를 해석할 수 있는 어떤 본체를 찾아내는 데 몰두하기 시작했다.

하이데거의 '존재'는 독일어로 'sein'인데 이 단어는 영어로 'being'으로 번역된다. 그런데 독일어의 'sein'에는 '존재'라는 뜻

외에 '그렇다'라는 뜻도 있으며 이렇게 번역하는 것이 더 정확하다. 하이데거는 존재란 물이요, 불이요, 실체이며 이 모든 개념을 섞은 것이 바로 '존재'와 '존재자'라고 여겼다. 물과 불은 모두 존재자이지만 존재는 아니다. 가령 내가 손에 물건을 들고 그것이 '책'이라고 말하면 그 물건이 존재한다고 할 수 있다. 그러나 이 존재가 무엇이냐고 물으면 아무도 쉽게 대답할 수 없을 것이다. 우리는 존재자를 포착할 수는 있지만 존재를 포착할 수는 없다. "도를 도라 할 수 있으면 늘 그러한 도가 아니며, 이름을 이름이라 할 수 있으면 늘 그러한 이름이 아니다 道可道, 非常道, 名可名, 非常名"라는 노자의 말처럼 말이다. '존재'의 의의는 과정에 있으며 '그렇다'라는 동사다. 반면 '존재자'는 실체인 명사다. 철학의 목적은 존재자의 존재를 집요하게 파헤치는 데 있다. "어째서 존재하는가?" 하이데거는 '존재'와 '존재자', '그렇다'와 '무엇이다'가 뒤섞인 나머지 철학사는 '존재'를 끊임없이 은폐한 역사가 되었다고 생각했다. '존재'에는 냉담하고 '존재자'에는 과도하게 열광해 철학이 잘못된 길로 들어섰다는 것이다. 하이데거의 이런 생각을 훗날 사르트르라는 단신에 사시인 프랑스 남자가 계승하고 발전시켰다. 이 프랑스 남자는 "존재는 본질에 우선한다"라는 명제를 제시하고 실존주의에 관한 소설 몇 편을 쓴 뒤 일약 스타덤에 올랐다. 노벨문학상까지도 그에게 손을 내밀었지만 뜻밖에도 그는 콧방귀를 뀌며 수상을 거부했다.

꽃, 새, 물고기, 벌레, 날짐승과 길짐승, 나무, 돌, 산, 숲이 비록 존재하기는 하지만 그것들은 자신의 존재를 인식하지 못한다. 그것들의 존재의 의의는 존재자가 될 수 있다는 데 있는 것이 아니라 '존재 자체를 위한 존재'에 있다. 이런 의의는 인간에게서만 나타날 수 있다. 하이데거는 인간에게 '현존재^{Dasein}'라는 명칭을 붙였다. 우선 인간에 관한 철학사를 간략하게 회고해보자.

ID 여와女媧(여신, 경치 좋은 곳을 돌아다니며 목욕하기를 좋아한다): 인간은 내가 진흙을 빚어 만들었다.

ID 플라톤(커밍아웃하고 싶다): 인간은 깃털이 없는 두 발 달린 짐승이다.

ID 디오게네스(견유학파의 9대 장로): 우리 집 냉장고에 털 뽑은 닭이 있다. 그럼 그게 인간이겠네?

ID 아리스토텔레스(나는 내 스승을 사랑한다. 하지만 그보다 진리를 더욱 사랑한다): 인간은 본래 이성적인 동물이다.

ID 베이컨(난 훈제 베이컨이 아니야): 인간은 만물의 척도다.

ID 마르크스(신용카드가 연체됐어. 엥겔스, 빨리 도와줘): 인간의 본질은 사회적 관계의 총체다.

ID 쇼펜하우어(우리 집 개 이름은 '세계정신'이라지요): 인간의 본질은 욕망이다. 오, 헤겔 어디 갔어? 욕해준 지 한참 됐잖아.

ID 카시러(철학, 인류학이 재미있어): 내가 조용히 말하는데, 인간은 상징적인 동물이야.

ID 하이데거(히틀러 각하의 손을 우러러봐): 인간은 '현존재'야.

하이데거는 《존재와 시간》을 이해하기 위해서는 먼저 '현존재', 즉 인간을 이해해야 한다고 생각했다. 인간만이 자신의 존재를 결정할 수 있고 자신이 어디에서 와서 어디로 가는지 알 수 있기 때문이다. 인간은 자신의 존재뿐 아니라 다른 존재물의 존재에도 관심이 많다. '현존재'는 존재자의 세 가지 존재 방식을 통해 세상을 빽빽하게 펼쳐놓았다. 이 세 가지 존재 방식은 각각 '도구 존재', '현존재', '세계 내 존재'다. 예를 들어 인간은 옷을 입어야 하는데 옷을 만들기 위해서는 바늘, 실 같은 도구가 필요하다. 이런 도구들이 바로 '도구존재'다. 그리고 옷을 만들기 위해서는 면화가 필요한데 면화는 '현존재'가 되고 면화를 기르기 위해 필요한 대지, 토양, 강, 하늘은 모두 '세계 내 존재'다.

일본 영화 〈혐오스런 마츠코의 일생〉에서 가장 인상적인 대사는 "태어나서 죄송합니다"라는 말이었다. 인간은 태어나면서부터 선악, 생사, 진실과 거짓, 아름다움과 추함 등과 쉬지 않고 싸우며 살아간다. 인간의 본성은 '불안감 ^{Angst}'이다. 여기서 '불안감'이란 일반적인 의미에서 어떤 사물을 두려워하거나 어떤 관계망에서 생겨난 결과를 두려워한다는 뜻이 아니다. 바로 '이 세상에 있다는 것에 대한 두려움'이다. 인간의 이 '불안'은 대상도 목적도 없으며 까닭을 알 수 없는 두려움이다. 인간은 이 불안감 앞에서 어찌해볼 도리가 없다. 인간은 시간적인 존재자이므로 언제 어디서든 죽을 수 있기 때문이다. 이런 불안감 때문에 사람은 죽음 앞에서 살기 위해 안간힘을 쓰는 것이다. '조르게 ^{Sorge}'는 '염려'로 번역된다. 인간이 세상에 살면서 사물이나 타인과 교류하는 것을 '염려'라고 한다. 염려하는 과정에서 인간은 쉽게 자기 개성을 잃어버리고 아무 특징도 없는 사람으로 침륜되어버린다. 하이데거의 이 관점 역시 훗날 사르트르에 의해 계승되어 발전해 "타인은 지옥이다"라는 유명한 말을 탄생시켰다.

인간은 '침륜'의 방식으로 존재하며 유약하고 겁이 많고 현실도 피적이다. '평범한 사람'으로 전락하면 자신의 '낙원'을 찾아 공포에서 벗어날 수 있을 것이라고 생각한다. 그러나 이 까닭을 알 수 없는 불안감은 '울트라맨'이고 인간은 언제나 조무래기 악당이다. 조무래기 악당들이 울트라맨을 피해 황천길로 도망치듯 인간이 생을 마감하는 것도 도피일 뿐이다. 인간은 언제든 죽는다. 하지만 생존의 의의는 '죽음과 가까워지면서 산다는 것'에 있다. 죽음의 가능성이 생존의 진정한 의의를 환기시킨다. 인간은 죽음에 대한 깨달음을 통해 본질에 가까이 다가간다.

살아 있기 때문에 인간은 점점 침륜해간다.

죽음으로 인해 인간은 점점 깨달아간다.

복사꽃이 금세 시드는 걸 아쉬워해도 어쩔 수 없이 아침에는 찬비가 내리고 밤이 되면 서늘한 바람이 분다. 주쯔칭은 산문 〈총총〉에서 "세수를 하고 밥을 먹는 동안에도 세월은 말없이 흘러가버린다"라고 했고 유명한 코미디언 샤오선양은 "눈을 한 번 감았다 뜨면 하루가 가고 눈을 감고 뜨지 않으면 한평생이 간다"라고 말했다. 하이데거는 "현존재의 존재는 시간성^{Zeitlichkeit}을 가진다"라고 말했다. 기존의 시간관에서는 시간은 인간의 생존과 별개이며 과거, 현재, 미래로 이루어져 있다고 여겼다. 과거는 이미 발생한 현재이고 미래는 아직 발생하지 않은 현재이며 시간은 하나의 선처럼 흐르는 과정이라는 것이다. 그러나 하이데거는 진정한 시간은 과거, 현재, 미래가 차례로 교체되는 선형線形 과정이 아니라 과거, 현재, 미래의 구분이 없는 순환 과정이라고 생각했다. 하이데거는 과거, 현재, 미래를 '기재Gewesenheit(있어옴)', '현재Gegenwart(마주함)', '도래Zukunft(다가옴)'라고 불렀다. 인간은 이미 있는 존재자로서 존재하는 것이 아니며 인간에게는 미리 정의된 본질도 없다. 인간은 끊임없이 선택하고 창조하고 자아를 초월하기 때문에 인간의 본질은 그가 일생 쉬지 않고 하는 행동의 총합이다. 진정한 시간은 길고 짧음에 연연하지 않고 한순간에 그때의 인생을 밝혀주는 것이다.

"님의 얼굴 어디 갔는지 알 길은 없지만 복사꽃은 여전히 봄바람에 웃고 있네."(당나라 시인 최호의 〈제도성남장〉의 구절-옮긴이)

바로 곁, 아득히 먼 곳.

순간, 영원.

하이데거는 시간과 존재를 하나로 결합해 광대하고 심오한 사유와 변화무쌍한 문장, 독특하고 난해한 언어로 20세기에 한 획을 그은 철학의 대작 《존재와 시간》을 완성시켰다.

나치에 동조한 이력 탓에 말년의 하이데거는 깊은 숲 속의 작은 오두막에 숨어 살았다. 농촌에서 태어난 하이데거가 마침내 대지로 돌아가 정신적인 해탈을 이룬 것이다. 그는 그곳에서 자신만을 위한 조용한 철학의 '낙원'을 찾고자 했다. 그는 '현존재'를 분석하는 대신 '사유'와 '시'에 몰두하고, '시간과 존재'를 통찰하는 대신 "언어는 존재의 집이다"라고 말했다. 하이데거는 '시인 철학자'라는 개념을 제시하고 인간은 기술이 아니라 예술로써 생존해야 한다고 역설하며 횔덜린의 시를 인용해 "인간은 시적으로 대지 위에 거주한다"라고 말했다.

하이데거를 한마디로 설명하기는 어렵다. 선견지명이 있었던 하이데거는 철학가들의 생애에 대해서는 극도로 무관심했다. 자기 인생의 오점들이 훗날 숱한 비난을 받을 것을 두려워했던 것 같다. 그는 아리스토텔레스에 대해 "아리스토텔레스는 태어나서 일을 하고 죽었다"라는 한마디 외에는 하지 않았다. 자연인으로서 하이데거는 철저히 루저였다. 그가 나치의 품에 안긴 순간 그의 비참한 말로가 결정된 셈이었다. 하이데거의 일생을 전체적으로 들여다보면 농촌에서 태어난 그가 대지에 대한 열렬한 사랑 때문에 옹졸한 민족주의자가 된 것을 전혀 이해할 수 없는 것은 아니다. 또 그의 제자가 주장했듯 하이데거는 정치를 모르는 공부벌레였고, 그가 나치의 대학에서 교장이 된 것도 다른 나치스트가 교장이 되는 것을 막기 위함이었으며, 자신의 철학적 주장을 펼치기 위해 교장이 되었을 뿐이라고 그를 변호할 수도 있다. 그런데 어떤 변명을 늘어놓든 하이데거가 이익을 위해 나치에 협조했으며 궁지에 몰리자 자신의 유대인 스승 후설과 유대인 연인 한나 아렌트, 친구 야스퍼스를 내팽개쳤음은 부인할 수 없는 사실이다. 하이데거는 인격적으로 고상한 인물이 아니었으며 한 치의 에누리도 없는 소인배였다.

그런데 자연인으로서의 하이데거는 그리 떳떳한 사람이 아니지만 철학자 하이데거에게는 감동하지 않을 수 없다. 그는 젊은 시절 신학의 굴레를 박차고 나와 철학을 연구했고, 나치에게 버려진 후에는 낭만파 시인 횔덜린의 시와 사랑에 빠졌으며, 말년에는 아무도 모르는 숲 속에 파묻혀 노자의 《도덕경》을 연구했다. 어느 단계에서든 그는 사색가로서 찬연한 지혜를 발산했다. 그러므로 부잣집 딸 한나 아렌트가 어떻게 늙수그레한 교수를 사랑하게 되었는지 더 이상 고개를 갸우뚱거리지 않아도 된다. 철학사에서 하이데거가 지닌 위상은 매우 높다. 그는 니체와 쇼펜하우어의 비관주의 철학을 계승하고 한나 아렌트, 가다머, 마르쿠제 등의 제자를 길러냈다. 미셀 푸코는 "하이데거는 내게 가장 중요한 철학자다. 나는 하이데거를 통해 철학적 발전을 이루었다"라고 말했고 하버마스도 "하이데거의 철학은 헤겔 이래 독일 철학에서 가장 중요한 전환점이다"라고 말했다.

하이데거의 철학을 읽으면 눈물이 터져 나올 정도로 어떤 힘 같은 것이 느껴진다. 노자는 "천지는 어질지 않아서 만물을 짚으로 만든 개로 본다天地不仁, 以萬物爲芻狗"라고 했고, 자공이 "편히 쉬고 싶습니다"라고 말하자 공자는 "살아 있는 한 편히 쉴 곳은 없다"라고 말했다. 세상 모든 것은 이익을 좇아 이리저리 움직인다. 어떤 이들은 창공을 올려다보며 생명을 승화시키고 어떤 이들은 침잠하여 시간이 산화됨에 따라 생명도 함께 위축된다. 세상 만물이 쉼 없이 변화하고 하늘은 먼지로 부옇게 뒤덮였으며 우리 인간은 그 사이를 터덜터덜 걸어 다닌다. 그러나 시는 순진무구하다. 인생도, 철학도 시와 같다. 우리는 모두 향수에 빠져 영혼이 쉴 곳을 찾아 헤매는 방랑자다. 20세기 두 차례 세계대전이 발발하고 핵기술, 인터넷, 유전자 조작, 시험관 아기, 성형술이 등장했으며 기술은 이미 온기도 감각도 색채도 없는 생산 라인이 되어버렸다. 21세기에도 고통, 충돌, 혼란은 사라지지 않았다. 그렇기 때문에 진리의 빛과 시적詩的인 거주가 우리에게 더 소중해졌다.

영국에서 산업혁명이 발생했을 때 프랑스에서는 정치혁명이 불붙고 독일에서는 철학 혁명이 한창이었다. 독일 민족은 수많은 철학도를 좌절하게 만든 철학의 거장들을 많이 배출했다. 칸트, 헤겔, 쇼펜하우어, 니체, 하이데거…. 하지만 그와 동시에 피에 열광한 살인마 히틀러도 함께 세상에 내놓았다.

누군가는 말했다.

"독일은 세상에 질문을 던졌지만 고통을 던져주기도 했다."

고로, 철학한다

번외편

인민 대표와 인간 대표, 루소와 볼테르

SM에 대해 들어본 사람은 많지만 SM이 구체적으로 어떤 단어의 약자인지 정확히 모르는 사람이 많다.

대부분 S는 새디즘^{Sadism}을, M은 마조히즘^{Masochism}을 의미한다는 것은 알지만 이 두 단어의 학문적 유래에 대해서는 잘 알지 못한다.

사르트르보다 사드에 매료된 사람들이 더 많다. 그런데 그들을 매료시킨 것은 사드 후작의 철학 사상보다 새디즘이라는 단어의 유래가 된 사드라는 그 이름이다.

세상에서 가장 무서운 일은 변태가 학문을 하는 것이다.

변태 중의 거장이자 위대한 거장의 스승이라고 불리는 사람이 있다. 바로 위대한 철학자 칸트의 절대적인 우상인 장 자크 루소^{Jean} $^{Jacques\ Rouseau}$(1712~1778)다.

철학계와 문학계에 고질적인 병폐가 있다. 위대한 학자의 잘못이나 단점은 덮어두고 언급하지 않는 것이다. 예를 들면 루소가 여성 편력이 심하고 툭하면 아내를 때렸다는 이야기는 "역시 인재는 풍류를 즐길 줄 알았구나!"라며 낯간지럽게 포장된다. 하지만 루소의 흠을 감추려는 시도는 실패로 돌아갔다. 사교계의 가십거리에 열광하며 철학자들의 사생활을 캐고 다니는 이들에게 루소는 너무도 수월한 목표물이었다. 루소는 자신의 연애사를 낱낱이 고백한 자서전《고백록》에서 자신이 피학적 성도착자, 즉 마조히스트이며 자위를 좋아한다고 고백했다!

《고백록》이 세상에 나오자 모두들 충격에 빠졌다. 그 때문에 루소는 어떤 이들에게는 용감한 학자이지만 또 어떤 이들에게는 추잡한 늙은 변태일 뿐이다. 만약 루소가 인터넷 게시판에 글을 올린다면 다음과 같은 댓글이 달릴 것이다.

칸트(은둔형 외톨이): 1빠. 제 성공은 님 덕분이에요. 님이 쓴 《에밀》을 읽다가 오후 4시에 산책하러 나가는 것도 잊었답니다. 쾨니히스베르크의 머저리들은 교회당의 종이 고장 났다고 생각했다지요.

쇼펜하우어(우리 집 개 '세계정신'은 털갈이 중): 2빠. 나의 우상 칸트의 말이 맞아요. 님은 철학사에서 절대로 빼놓을 수 없는 위인이에요. 헤겔, 철학의 쓰레기들은 그만 정리하고 어서 와서 위인을 숭배해라.

바이런(시인이 되고 싶다): 님 위풍당당하군요. 님을 위해 시를 쓰고 싶소!

셸리(키츠가 죽었다. 내 마음도 죽었다): 나도 쓰겠어. 나도 쓸 거야.

로베스피에르(자코뱅파 만세): 원글님의 QQ(중국의 인스턴트메신저─옮긴이) 아이디를 아는 사람 있어? 원글님을 실제로 보고 싶어!

러셀(나의 《서양철학사》가 출간되었습니다. 정품 구매를 부탁드립니다. 아마존에서 할인 판매합니다): 원글님은 변태야. 그의 사상이 히틀러의 극권極權주의를 부추겼어!

이사야 벌린(마르크스의 자서전을 집필하는 중): 이상하다. 이렇게 호전적이고 거칠고 교양도 없는 사람의 글에 왜 이렇게 댓글이 달렸지?

사실 루소가 처음 《고백록》을 쓴 것은 아니다. 아우구스티누스도 《고백록》을 썼다. 그런데 아우구스티누스의 이 책은 하나님에 대한 공경과 자신의 행동에 대한 깊은 비판이 행간에 흘러넘친다. 반면 루소는 《고백록》에서 자신이 노출증 환자임을 당당하게 고백했다. 이 책에서 루소는 자신이 저지른 나쁜 행동을 숨김없이 밝혔지만 그에게서 수치심 따위는 조금도 느낄 수 없다. 루소는 오히려 자신이 바보 같고 순진하며 바깥세상이 외설적이고 폭력적이라고 말한다. 자신은 운명의 장난에 놀아난 죄밖에 없고 가련한 사람일 뿐이라는 것이다.

루소는 한 권으로도 부족했는지 《루소, 장 자크를 심판하다 — 대화》와 《고독한 산책자의 몽상》을 잇따라 출간했다. 이 고백서들을 통해 루소의 일생을 더듬어 볼 수 있다. 그는 파란만장하고 다채로운 일생을 살았다. 루소가 이력서를 썼다면 '직업' 칸에 학생, 가정교사, 좀도둑, 미소년, 남자 성노예, 하인, 유랑 가수, 낭만주의 작가, 철학가라고 써야 했을 것이다. 루소는 태어나자마자 어머니를 여의고 아버지마저 소송에 휘말려 곤경에 처하자 도망쳐버려 숙부의 집에서 눈칫밥을 먹으며 자랐다. 아무에게도 관심을 받지 못한 그는 거짓말과 도둑질을 일삼다가 하마터면 '문제 소년'이 될 뻔했다. 그를 타락의 구렁텅이에서 구한 것은 바로 책이었다. 책 덕분에 그는 한 걸음만 더 내딛으면 소년범으로 전락할 수 있는 낭떠러지에서 가까스로 고삐를 당기고 뒷걸음질했다. 루소가 열여섯 살 되던 해에 그는 바랑 부인의 양자로 들어갔다. 스물여덟 살의 바랑 부인은 육감적이고 풍만한 몸매에 매끄러운 살결을 가진 여인이었다. 거리를 떠돌던 루소가 어디서 그런 미인을 본 적이 있을까. 루소는 바랑 부인을 만나자마자 찬란한 모성에 단단히 매료되어 그녀의 치마폭 아래 납작 엎드렸다. 그 후 루소는 일생 바랑 부인과의 관계를 끊지 못하고 패륜적인 연애를 즐겼다.

계몽운동의 아버지 볼테르가 유럽에서 명성을 떨치고 있을 때 루소는 여전히 바랑 부인의 저택에 파묻혀 사는 무명의 미소년이었다. 그런데 운명의 여신은 교활하고 비정해서 좇아가면 거들떠보지도 않지만 좇아가지 않으면 은근슬쩍 추파를 날리며 유혹한다.

루소가 그 유혹에 걸려든 것은 순전히 우연이었다. 어느 날 감옥에 수감된 친구 디드로를 면회 가던 길에 광고 포스터 하나가 루소의 눈에 들어왔다. 디종 아카데미에서 "예술과 과학의 재탄생이 인류의 정화에 기여하는가?"라는 주제로 논문을 공모하고 있다는 것이었다. 포스터를 보자마자 루소는 감전된 듯 온몸에 전율이 느껴졌다. 그는 집에 돌아오자마자 '학문과 예술에 대하여'라는 제목으로 논문 집필에 몰두했다. 상금이 걸린 공모전이었으므로 다른 응모자들은 모두 주제의 질문에 "그렇다"라고 대답하고 그 대답을 증명하려고 애를 썼지만 루소는 용감하게 "그렇지 않다!"라고 주장했다. 예술과 과학은 근본적으로 사람들을 교화시키기 위한 것이 아니며, 그 반대로 과학과 예술의 출현으로 인간의 자유가 말살되었다고 루소는 생각했다. 과연 루소의 남다른 주장이 심사위원들의 흥미를 끌어 그의 논문이 최우수 논문으로 선정되었고, 루소는 그 논문 한 편으로 하루아침에 유명 인사가 되었다.

루소가 〈학문과 예술에 대하여〉에서 펼친 사상은 한마디로 "반문명, 순수 자연, 복고"라 표현할 수 있다.

루소는 과학과 기술은 인류의 죄악이라고 주장했다. 인간이 하늘의 별에 매료되어 점성술과 천문학이 탄생하고 사람들이 자기 야심을 세상에 펼치려는 욕구가 커져 웅변술이 생겨났으며, 사람들의 탐욕과 인색함 때문에 기하학이 나타나고, 인간의 비현실적인 호기심이 물리학을 탄생시켰다. 그러므로 과학과 기술은 인류에게 찾아온 복이 아니라 인류를 향한 저주라는 것이었다.

루소는 순수한 자연을 중요하게 여겨 자연철학을 숭배했다. 루소가 말한 자연이란 깨끗한 대자연을 뜻하기도 하지만 인간의 자연적 상태를 더 강조한다. 인간의 자연적 상태란 사회와 문명으로 진입하기 전을 뜻한다. 인간은 자연적인 상태에서 선한 본성을 가지고 있으며 자유롭고 평등하다. 루소의 자연철학은 기술 범람으로 성형이 유행이 된 시대를 살고 있는 우리들에게 산업 문명이 반드시 행복을 가져다주는지 자문하게 한다.

루소는 과거로의 회귀를 제창하며 일생 전원생활에 대한 무한한 환상을 가지고 살았다. 그가 생각하는 완벽한 사회란 꽃잎이 비처럼 내리고 논두렁, 밭두렁이 사방으로 이어지며 닭과 개가 마구 울어대고 남녀노소가 모두 즐거운 세상이었다. 루소는 사회가 더럽게 타락해 고귀한 덕은 이미 흔적도 없이 사라졌으며, 인류 사회의 원시 단계로 돌아가야만 잃어버린 덕을 찾을 수 있다고 생각했다. 루소는 플라톤이 제창한 스파르타 사회를 찬양했다. 남녀 관계역시 태초의 순수한 상태로 돌아가야 한다고 그는 생각했다. 남녀가 서로 사랑하면 수풀 속에서 밀회를 즐기고 그러다가 아기가 태어나면 여자가 맡아 길러야 한다는 것이다. 그의 이런 생각은 중국 《시경》에 묘사된 장면과 절묘하게 맞아떨어진다.

"들판에서 잡은 노루를 흰 삘기로 잘 쌌다네. 봄 그리는 아가씨를 미남이 유혹하네. 숲에는 떡갈나무가 있고 들에는 잡은 사슴이 있네. 흰 삘기로 예쁘게 묶으니 옥 같은 아가씨가 있네. 천천히 벗을 테니 내 행주치마는 건드리지 마요. 삽살개가 짖으면 안 돼요."

비록 루소가 계몽운동의 대표적인 인물이기는 하지만 사실 그는 계몽운동계의 비주류였다. 계몽운동을 하는 사람들은 대부분 명문 귀족에 명문 대학을 나와 엘리트 노선을 걷는 사람들이었지만 루소는 귀족은커녕 빈천한 하층민 출신이었고 학교 문턱을 넘어본 적도 없었다. 루소는 옷차림도 몹시 파격적이었다. 그는 항상 아르메니아 망토를 두르고 다녔는데, 화려한 옷에 모자를 비스듬히 쓰고 멋스러움을 중시하는 귀족들의 눈에 루소의 옷차림은 마치 내복을 바지 위에 입고 거리를 활보하는 것과 같았다. 그들도 루소를 무시했지만 루소는 그들을 더 무시했다. 남들은 이성주의를 강조했지만 루소는 감정을 가장 중요하게 여겼고, 남들은 사유재산은 신성불가침하다고 주장했지만 루소는 사유제가 불평등의 근본 원인이므로 폐지해야 마땅하다고 생각했다.

1753년 디종 아카데미가 또다시 논문을 공모했다. 이번 주제는 "인간 불평등의 기원은 무엇이며, 이는 자연법으로 정당화되는 것인가?"였다. 수상의 달콤함을 맛본 루소는 이번에도 기회를 놓칠 수 없었다. 루소가 이 공모전에 제출한 논문이 바로 《인간 불평등 기원론》이다. 이 논문은 아쉽게도 수상은 하지 못했지만 인류 역사의 발전에는 커다란 영향을 미쳤다. 루소는 인간의 불평등을 두 가지로 나누었다. 하나는 키, 외모, 건강 등 자연적인 불평등이고, 다른 하나는 정치적, 경제적 불평등으로 후천적으로 생겨난 것이다. 루소는 사유제가 바로 후천적인 불평등이 나타난 원인이라고 주장했다. 그는 인류 사회의 발전을 '자연적인 상태'와 '사회적인 상태'

로 나누었다. 국가와 사회가 생겨나기 전, 인류가 자연적인 상태에 있었을 때는 모든 인간이 자유롭고 평등하며 권력도 노예도 없었다. 하지만 사유제가 발전함에 따라 인류가 '사회적 상태'로 진입하고 빈부 격차, 폭정, 노예 착취 등이 나타났다는 것이다.

사유제의 출현은 국가를 탄생시켰다. 그렇다면 국가는 어떻게 운영해야 할까? 루소의 정치학 명저 《사회계약론》은 바로 이 같은 의문에서 탄생했다. 루소는 인간은 혼자서는 외롭기 때문에 여럿이 모여 위험을 막아내고 함께 생존해야 한다고 생각했다. 무리에 속한 모든 사람들이 자신의 권력을 조금씩 양도함으로써 만든 것이 바로 정부가 된다. 그렇다면 정부는 인간의 의지를 어떻게 구현시켜야 할까? 여기에서 반드시 구분해야 할 두 가지 개념이 있다. 바로 '일반의지'와 '집합의지'다. 집합의지와 일반의지는 크게 다르다. 일반의지는 공공의 이익만을 중시하는 반면 집합의지는 개인의 의지를 중시한다. 집합의지는 그저 개개인의 의지가 합쳐진 것일 뿐이다. 일반의지가 항상 옳은 것은 아니지만 대중의 의지에는 가장 부합한다. 반면 집합의지는 단체의 의지와 일부의 의지를 대표한다. 사회계약의 목적은 모든 사람의 신체와 권력을 일반의지로 통제하는 데 있다. 모든 사회 구성원이 자신이 전체와 분리될 수 없는 일부분임을 받아들이게 하는 것이다. 이것은 구성원 중 누구라도 일반의지에 복종하지 않는다면 사회 전체가 그에게 복종을 강요할 수 있음을 의미한다. 법률이 대표적인 예다. 법률은 일반의지의 산물이며 사회 전체의 일반의지를 대표한다. 법률에 복종하는 것은 자신에게 복종하는 것이다. 누구라도 법률에 도전한다면 강제와 폭력이 무엇인지 경험하게 될 것이다.

　루소와 홉스는 사회계약을 바라보는 관점에서 커다란 차이를 보였다. 두 사람 모두 사람들이 자연권을 양도한다는 데는 동의했지만 홉스는 사람들이 통치자에게 자신의 권력을 양도한다고 주장한 반면, 루소는 사람들이 사회 공동체에 권력을 양도한다고 주장했다. 또한 루소는 사회계약의 기초 위에서 '주권재민主權在民' 사상을 제시했는데 이 사상이 바로 《사회계약론》의 핵심이다. 이 사상은 홉스의 '왕권신수王權神授'와 다르고 로크와 몽테스키외의 '삼권분립三權分立'과도 다르다. 루소의 '주권재민'은 한 국가의 주권은 완전히 그 나라 국민의 것이라는 사상이다. 루소는 주권은 일반의지가 표현된 것이며 인민주권은 양도할 수도 분할할 수도 없고 또 침범할 수도 대행할 수 없는 것이라고 주장했다. 바꾸어 말하면 정부가 인민의 일반의지를 대변하지 못한다고 느낀다면 언제라도 인민이 정부를 무너뜨릴 수 있다는 뜻이다.

　루소를 깊이 연구한 러셀은 이렇게 말했다.

　"루소 이후 혁명가를 자처한 이들이 두 파로 나뉘었는데, 루소를 따르는 이들과 로크를 추종하는 이들이다. 한때는 그들이 서로 협력해 둘 사이의 모순이 눈에 띄지 않았다. 그러나 점차 서로 양립할 수 없는 모순이 드러나기 시작했다. 현재 히틀러는 루소의 소산이고 루스벨트나 처칠은 로크의 소산이다."

　루소의 급진적 민주주의 이론 가운데 '주권재민' 사상이 바로 프랑스대혁명의 주도적인 사상이 되었다. 프랑스의 〈인권선언〉과 훗날 미국의 〈독립선언〉은 모두 루소의 영향을 받은 것이다. 프랑스대혁명 중 자코뱅파의 지도자 로베스피에르도 루소의 열혈 팬이어서 직접 루소를 찾아가 만나기도 했다.

이성주의가 쇼펜하우어와 니체에 이르러 심각한 병에 걸렸다고 한다면, 그 병은 이미 루소 때부터 시작된 것이다. 루소는 이성주의에 반대하고 인간의 감정을 중시했다. 박학다식한 칸트는 루소의 이 점을 매우 높이 샀다. 칸트는 자신의 철학이 엄격하고 치밀하기는 하지만 루소와 같은 생생하고 진실한 인성人性은 부족하다고 생각했다. 이 때문에 루소를 숭배한 칸트는 자기 침실에 루소의 초상화를 걸어두었고 루소의 《에밀》이 출간되자 오후 4시에 산책을 하는 오랜 습관마저 잊은 채 단숨에 읽어버렸다.

은둔형 외톨이 칸트가 손에서 놓지 못한 《에밀》은 사실 교육학의 경전과 같은 책이다. 루소는 이 책에서 문명이 인간의 본성을 속박하고 있는 지금 아이들을 어떻게 교육할 것인지에 대해 논했다. 루소는 아기가 태어났을 때는 자유롭지 못한 노예 상태에 있으며 어른들이 경쟁, 허영, 의심, 탐욕, 질투 등 아이들에게는 아직 형성되지 않은 욕망으로 아이들을 자극하고 교육하고 있다고 비판했다. 아이들이 이런 욕망을 주입당할 때마다 마음속에 악의 씨앗이 심어진다는 것이다. 이 책에서 루소는 격리되어 자라는 한 아이의 이야기를 소설의 형식으로 써내려갔다. 에밀은 도시 문화에서 격리

된 채 자라는 자연인이며 에밀의 스승은 대자연이다. 루소는 이 이야기를 통해 매우 중요한 관점을 제시했다. 바로 교육은 갓난아기일 때부터 시작해야 하며 자연 교육이 매우 중요하다는 것이다. 대자연이 주는 모든 것을 사용하도록 하는 것이 아이들에게 도움이 되지만 아이들의 욕망을 방임하지 말고 타고난 천성을 표현하고 발전시키도록 격려해야 한다. 아이들의 첫 번째 감정은 자기애이고 두 번째 감정은 주변 사람들에 대한 사랑이다. 아이들은 부패하고 타락한 사회와 문명에서 격리시켜 교육해야 하며 그 어떤 편견과 욕망의 유혹도 받지 않아야 한다. 이것이 루소의 주장이다.

《에밀》은 오늘날의 교육가들에게도 유익한 교육학 저서다. 하지만 교회가 교육을 독점하고 있던 당시에는 자연 교육을 제창하는 이 교육학 저서가 이단사설로 치부되어 압수, 폐기되었다. 불쌍한 루소는 어린 시절 마음의 상처를 입은 데다가 정부의 박해까지 받아 피해망상증이 점점 심해졌다. 이때 루소를 도운 것이 바로 흄이다. 루소는 흄의 도움을 받아 박해를 피해 영국으로 도망쳤다.

보부아르와 사르트르에 대한 글에서 프랑스인과 중국인이 매우 비슷하다고 말한 바 있다. 두 민족 모두 세속의 생활을 열렬히 사랑하고 먹는 것에 대한 본능적인 욕구가 강하다. 그런데 그 외에 두 민족의 철학에서도 매우 비슷한 점을 찾을 수 있다. 다른 나라의 철학자들은 추상적인 사고를 중시하고 철학 체계를 세우기를 좋아하지만 프랑스와 중국 철학자들은 감성적 사고를 즐기고 현실에 주목했으며 풍부한 경험을 중요하게 생각했다. 그러므로 중국 철학과 마찬가지로 루소도 철학자로 부를 수 있는지 의심하는 사람들이 많았다. 루소는 여느 철학자들과 달리 철학의 존재론이나 인식론에 별로 관심이 없었으며 저서에서도 규범화된 철학 용어를 사용하지 않았다. 그러나 루소는 철학자이며 철학자들의 스승이라고 할 수 있을 만큼 철학계에 큰 영향을 미쳤다. 루소를 빼놓고는 철학사를 논할 수 없다.

루소의 삶은 분열의 일생이자 위선의 일생이었다. 《에밀》에서 아동 교육의 중요성을 주장한 그가 자기 자식 다섯 명을 모두 고아원으로 보냈다. 게다가 그가 밝힌 이유가 파렴치하기 짝이 없다.

"아이들을 기르자면 돈이 필요하기 때문에 나는 어쩔 수 없이 돈을 벌어야 한다. 그런데 돈을 버는 일은 너무 힘들기 때문에 그러다가는 내가 과로사할 것이고 그러면 아이들을 부양할 사람이 없다. 그럴 바에는 차라리 아이를 고아원에 보내는 편이 낫다."

이것이 바로 루소가 밝힌 이유다. 심지어 루소는 길가에서 놀고 있는 아이들을 지팡이로 때리기도 했다. 또 루소는 《신 엘로이즈》에서 우아한 필치로 사랑을 묘사하여 낭만주의 문학의 선구자가 되었지만 평생 글도 모르는 아내를 학대하고 아내에 대한 무시와 경멸을 숨기지 않고 드러냈다. 루소는 이성보다 감정이 중요함을 강조했지만 개인적으로는 사랑에 실패하고 우정에 있어서도 아무것도 얻지 못했다. 그는 볼테르와 반목하고 디드로와 서로 다른 길을 걸었으며 심지어 그가 영국으로 도망칠 수 있도록 도와준 흄까지도 의심하다가 결국 절교하고 말았다.

루소는 재능이 많은 인물이었지만 자기 연민이 강하고 이기적이며 고집스럽고 의심이 많았다. 그는 한평생 분함, 억울함, 두려움에 짓눌려 살았다. 마치 자신의 슬픈 삶을 통해 《사회계약론》의 제일 첫 문장인 "인간은 자유롭게 태어나지만 살아가는 동안 곳곳에서 족쇄가 채워진다"라는 말을 증명하려는 것처럼…

앙숙 볼테르와 루소

프랑스대혁명 때 궁 안에 감금된 채 지내던 프랑스 황제 루이 16세가 볼테르와 루소의 책을 읽고 얼굴을 감싸며 "나의 왕국을 무너뜨린 것은 루소와 볼테르 두 놈이구나!" 하고 길게 탄식했다. 계몽운동의 별인 볼테르와 루소는 한때 서로를 아끼며 계몽운동을 함께 주도했지만 나중에는 서로 욕하고 모진 말로 공격하며 절교를 선언해 철학사에 한바탕 소동을 남겼다.

철학을 연구하던 한 부부가 한 사람은 헤겔주의자이고 다른 한 사람은 반헤겔주의자인 탓에 결국 이혼했다는 해외 토픽 기사를 읽은 적이 있다. 보통 사람들은 그들의 이혼 사유를 이해할 수 없겠지만 이런 일은 충분히 가능하다. 남녀가 처음 사랑에 빠졌을 때는 욕정으로 모든 것을 이겨낼 수 있지만 세월이 흐르면 사랑보다 이성이 더 강해지기 마련이다. 《논어》에서 "길이 다르면 함께 일을 도모하지 않는다道不同不相爲謀"라고 했다. 여기에서 '길'이란 좁게는 성격, 관점, 처세 방식을 뜻하지만 넓게는 세계관, 가치관, 철학적 입장까지 모두 포함된다. 루소와 볼테르가 반목한 표면적인 원인은 두 사람의 성격 차이다. 루소는 의심 많고 음울하며 예민하고 자괴감이 강한 반면, 볼테르는 마음이 넓고 풍채가 좋으며 정서의 기복이 심하지 않았다. 하지만 본질적으로는 출신 배경, 철학적 입장, 세계관의 차이가 두 사람을 원수로 만들었다.

루소보다 열여덟 살이 많은 볼테르^{Voltaire}(1694~1778)는 계몽운동의 전성기에 활동한 인물이다. 볼테르는 부유한 귀족 출신으로 어려움을 모르고 자랐지만 루소는 하층 빈민 출신으로 한평생 일정한 거처도 없이 떠돌아다녔다. 볼테르가 상류 사교계의 유명 인사로 활약하고 있을 때 루소는 남의 집에 얹혀사는 처지였다. 또 볼테르는 상류사회의 말쑥하고 매너 좋은 귀공자였지만 루소는 생계를 위해 사기로 도둑질을 일삼는 건달이었다. 부잣집 자제인 볼테르는 대단한 성공을 추구했지만 비정한 인간 세상의 홀대를 받은 루소는 자연을 사랑하고 존중받고 사랑받기를 갈구했다. 너무도 큰 계층의 간극과 자라온 환경의 차이 때문에 두 사람은 모두 계몽운동의 별이었지만 사상 면에서는 견해의 차이가 존재했다. 볼테르는 이성을 강조하고 과학기술과 문화를 중시했으며 새로운 도시를 세우고자 했으나, 루소는 이성에 반감을 갖고 기술과 문명을 반대했으며 순수한 자연으로 회귀할 것을 주장했다. 볼테르는 사회 개조를 기대하고 계몽 전제군주가 프랑스에 적합하다고 외쳤지만, 루소는 낡은 제도를 무너뜨리고 공화제를 수립해야 한다고 목소리를 높였다. 또 볼테르는 사유재산은 침범할 수 없으며 사회 평등을 실현하기 어렵다고 여겼고 루소는 사유제를 폐지하고 인간 평등을 실현해야 한다고 생각했다. 한마디로 루소는 열광적인 혁명파이고 볼테르는 관용적인 보수파였다.

요컨대 루소의 이상은 생존을 위해 투쟁하는 사회 하부 계층인 프티부르주아의 목소리를 대변하고, 볼테르는 사회 상부 계층인 부르주아의 관념을 대표했다. 철학적 입장 차이로 인해 볼테르는 루소를 "우스꽝스러운 어릿광대"라고 비난하고 《인간 불평등 기원론》에 대해서는 "그 책을 읽으면 동물처럼 네발로 기어 다니고 싶어진다"라고 폄훼했다. 이에 대해 루소는 신의를 저버린 배신자라며 볼테르를 저주했다.

두 사람은 말과 글을 모두 동원해 상대방을 향한 날선 비난과 거친 욕을 쏟아냈다.

볼테르와 루소는 모두 계몽운동의 지도자이자 대표 인물이며 두 사람 모두 '백과전서파'에 속한다. '계몽'이란 무엇일까? 칸트는 《계몽이란 무엇인가》라는 자신의 책에서 이렇게 말했다.

"계몽이란 인간이 스스로 책임져야 할 미성숙 상태에서 벗어나는 것이다. 미성숙 상태란 타인의 지도 없이는 자신의 지성을 사용하는 능력이 없는 것을 말한다. 이 미성숙의 원인이 지성의 결핍에 있는 것이 아니라 타인의 지도 없이는 지성을 사용할 수 있는 결단과 용기가 부족한 데 있을 경우, 이런 미성숙 상태를 스스로 책임져야 한다. 너 자신의 지성을 사용할 용기를 지녀라! 이것이 바로 계몽의 구호다."

　다시 말해 계몽운동은 이성을 앞세우고 지식을 무기로 삼아 봉건, 미신, 종교에 대한 열광 등과 맞서 싸우며 평등 관념으로 사람들의 영혼을 자극해 봉건적인 생활방식에서 탈피하고 훌륭한 사회제도를 수립하게 하는 것이다. 과거의 르네상스 운동을 인간에 대한 발견이라고 한다면 계몽운동은 인간을 발전시키고 점차 성숙하게 하는 운동이다. 인간은 더 이상 어린아이처럼 전제군주의 말을 무조건 믿고 복종하지 않았으며 종교를 청산하고 미신을 심판하고 이성을 가지고 행동하기 시작했다. 헤겔은 "이것은 찬란한 여명이다. 사상을 가진 모든 존재가 이 신기원의 기쁨을 함께 누렸다"라고 말했다.

　볼테르는 '계몽당'의 큰형님이자 여러 방면의 재주를 가진 팔방미인이었다. 그는 철학, 시, 소설, 희곡 등 여러 분야에서 탁월한 성과를 거두어 '과학과 예술의 황제'로 불렸다. 볼테르는 도량이 넓고 돈보다 의리를 중요하게 여겼으며 거침없이 글을 썼다. 그는 특유의 풍자와 욕설로 사회를 비판했다. 천주교든 프랑스 정부든 그의 비판을 피해가지 못했다. 그는 자신이 할 수 있는 모든 표현을 동원해 상대를 도발하고 자극해 화를 돋우었다. 볼테르 역시 그로 인한 막중한 대가를 치러야 했다. 그는 오랜 역사를 자랑하며 세계적으로 악명 높은 바스티유 감옥에 두 차례나 수감되었으며 결국 추방당해 영국에서 수십 년을 떠돌았다.

　서양철학자들은 대부분 중국에 대해 아예 언급하지도 않거나 아니면 높은 자리에 앉아 아래를 내려다보듯 오만과 편견이 가득 찬 시선으로 중국을 평가했다. 그러나 볼테르는 중국 문화의 애호가였다. 2010년 천카이거 감독이 원나라 때의 잡극 〈조씨고아〉(2013년 '천하영웅'이라는 제목으로 국내 개봉됨-옮긴이)를 영화화했다. 그런데 이 잡극은 이미 200여 년 전 볼테르에 의해 '중국고아'라는 제목의 희곡으로 각색되어 퐁텐블로에서 큰 호평을 받았다. 볼테르는 중국 문화를 몹시 사랑했으며《풍속시론》,《루이 14세의 시대》 등에서 중국과 중국 문화를 높이 평가했다. 그는 중국인은 똑똑하고 부지런하며 중국 역사는 가치가 있고 믿을 수 있다고 평가하고 공자로 대표되는 중국 문화가 "내가 원치 않는 것을 남에게도 베풀지 말라己所不欲勿施於人"를 강조하며 선행을 권하고 있음에 찬사를 보냈다. 볼테르는 또 공자와 유가는 윤리, 도덕, 교육을 중요하게 여겼기 때문에 영혼은 죽지 않는다고 주장하는 기독교 문화와 달리 유가 문화에는 미신과 전설이 없다고 했다. 볼테르는 공자를 추앙하여 그를 최고의 본보기이자 진정한 성인으로 떠받들고 공자의 초상화를 자신의 집에 걸어놓기도 했다.

그런데 볼테르의 '중화 문명 숭배론'은 중국인들을 부끄럽게 만든다. 중국이 절대로 완벽한 이상 국가가 아니기 때문이다. 비록 볼테르의 중국론이 객관성이 떨어지기는 하지만 볼테르는 중국 문명이라는 이국 문화를 통해 기독교 문명을 성찰하고 기독교의 우매함과 미신을 비판했다. 볼테르는 중국 문명을 통해 유럽 문명을 바라보았을 뿐 아니라 외계 문명을 통해 인류 문명을 살펴보았다.

볼테르는 하늘을 내달리듯 거침없는 상상력과 뛰어난 글재주를 작품에서 마음껏 발휘했다. 그의 공상과학소설 《미크로메가스》는 지금도 훌륭한 작품으로 평가받고 있다.

《미크로메가스》는 시리우스 별에서 온 '미크로메가스'의 이야기다. 미크로메가스는 키가 36킬로미터에 나이는 450세로 유아기가 거의 끝날 무렵의 젊은이다. 미크로메가스는 '작은 거인'이라는 뜻이다. 과학과 해부학을 좋아하는 그는 자신이 쓴 진보적인 논문이 시리우스 별의 법률 전문가에 의해 '이단학설'로 비난받자 홧김에 별을 떠났다. 그는 토성에서 친구를 사귀게 되는데 그 친구는 키가 2킬로미터가 되지 않고 72개 감각을 가지고 있다. 토성인이 자신의 감각이 부족하다고 푸념하자 미크로메가스는 시리우스인은 1,000개의 감각을 가지고 있지만 여전히 완전하지 않다고 느낀다고 말한다. 토성인이 자신은 1만 5,000세밖에 살지 못한다며 시간이라는 긴 강에서 자신의 존재가 한순간밖에 되지 않으니 태어나자마자 거의 동시에 죽는 것이나 마찬가지라고 한탄하자, 미크로메가스는 자기 수명은 그들의 700배나 되지만 죽은 후 육신이 만물로 돌아가며 이것은 또 하나의 존재가 되는 것이라고 그를 위로했다. 미크로메가스와 토성인은 더 일찍 만나지 못한 것을 안타까워하며 함께 철학여행을 떠난다.

그들은 목성과 화성을 거쳐 지구에 도착한다. 그들에게 지구는 진흙덩이만 한 어두운 작은 별이다. 지중해는 작은 웅덩이고 대서양은 작은 연못일 뿐이다. 토성인은 지구의 허술함에 실망을 감추지 못하고 이런 곳에 이성을 가진 사람이 살고 있을 리 없다고 단정한다. 미크로메가스는 다이아몬드 목걸이를 현미경 삼아 지구를 들여다보았고 그제야 지구상에 작은 사람들이 살고 있음을 발견한다. 미크로메가스는 손톱을 잘라 나팔을 만들어 지구상의 작은 인간들과 대화를 나눈다. 지구의 어떤 수학자는 나무 한 그루와 삼각형들을 가지고 미크로메가스의 키를 재고 어떤 철학자는 미크로메가스에게 지구에서 모자를 쓴 사람들(기독교도)이 터번을 쓴 사람(이슬람교도)들을 죽이고 있으며 죽고 죽이는 일은 아주 먼 옛날부터 계속되어왔다고 말한다. 사각모를 쓴 지구인(신학자)이 오만한 태도로 토마스 아퀴나스의 책 속에 모든 비밀이 들어 있다면서 두 외계인의 인격, 세계, 태양, 별 등 모든 것이 오직 인간을 위해 만들어졌다고 말한다.

미크로메가스와 토성인은 그 오만하고 어리석은 말을 듣고 배를 잡고 웃음을 터뜨린다. 미크로메가스는 지구를 떠나면서 지구인들에게 책 한 권을 건넨다. 그러나 나중에 파리 과학아카데미의 사무국장이 그 책을 펼치자 아무것도 없는 백지뿐이었다. 이 소설의 끝부분에서 이 사무국장은 의미심장한 말투로 이렇게 말한다.

"아, 내가 이럴 줄 알았어."

볼테르도 루소처럼 철학자로 부를 수 있느냐를 놓고 논쟁이 벌어진 적이 있었다. 완벽한 철학 체계를 찾으려는 사람들은 볼테르를 보고 실망을 감추지 못할 것이다. 그의 사상은 체계가 없고 현학적이지 않기 때문이다. 볼테르는 '존재론', '인식론'의 이론을 발전시키거나 새로운 견해를 내놓지 않았다. 그는 그저 로크와 뉴턴의 사상을 바탕으로 이성을 숭상하고 봉건 전제와 종교를 비판했으며 과학기술과 문화를 중시하고 사회 개혁을 주장했다. 볼테르는 인간의 가장 중요한 본성은 자유라고 주장하면서 "나는 당신의 말에 동의하지 않는다. 그러나 누군가 당신이 그렇게 말할 권리를 막는다면 나는 당신 편에 서서 목숨 걸고 싸우겠다"라는 유명한 말을 남겼다. 자유는 인간의 타고난 권리다. 특권을 없애고 자유를 쟁취하는 것은 계몽운동의 가장 큰 임무가 되어야 하며 자유의 원칙은 볼테르가 일생 추구한 사회적 이상이기도 했다. 볼테르는 《철학 서간》에서 "인간의 이성으로 합리적인 법률 국가를 수립함으로써 신체와 재산의 온전한 자유, 여론의 자유, 종교의 자유를 보장해야 한다"라고 주장했다.

볼테르 사망 100주년에 위고는 볼테르를 이렇게 추모했다.

"위대한 성과가 많았던 18세기에 루소는 인민을 대표하고 볼테르는 인간을 대표했다. 그 막강한 힘을 가진 작가들은 사라졌지만 그들은 영혼과 혁명을 남겼다. 프랑스대혁명은 그들의 영혼이다."

볼테르와 루소는 일생 원수처럼 싸웠지만 약속이나 한 듯 같은 해에 생을 마감했다. 너무도 다르게 태어났던 두 사람이 세상을 떠나서는 같은 묘지에 묻혔다.

볼테르와 루소는 모두 프랑스의 국립묘지 팡테온에 영원히 잠들어 있다.

천재 게이, 루트비히 비트겐슈타인

철학으로 통하는 길을 가는 사람들이 반드시 지나야 하는 다리가 있다. 그 다리의 이름은 이마누엘 칸트다. 이 다리는 고전 철학으로 통한다.

철학으로 통하는 길을 가는 사람들이 반드시 넘어야 하는 산이 있다. 그 산의 이름은 프리드리히 빌헬름 니체다. 이 산을 넘으면 모더니즘 또는 포스트모더니즘 철학과 만나게 된다.

철학으로 통하는 길을 가는 사람들이 반드시 건너야 하는 강이 있다. 그 강의 이름은 루트비히 비트겐슈타인 Ludwig Josef Johan Wittgenstein(1889~1951)이다. 이 강은 철학의 몰락을 향해 흐른다.

파란 하늘에 엷은 구름이 간간히 떠다니고 산들바람이 부는 날이었다. 오스트리아 린츠의 실업학교에 미소년 비트겐슈타인이 입학

했다. 그때 이 학교의 저학년 유급생 아돌프 히틀러가 음악과 미술에 심취해 예술가의 꿈을 키우고 있었다.

그날 이후 역사는 조용히 변화를 맞이할 준비를 시작했다.

모든 사람들이 명문 학교를 동경하는 것은 그곳에 훌륭한 교사와 근사한 교정이 있을 뿐 아니라 쟁쟁한 인물들을 만날 수 있기 때문이다. 당시 린츠의 실업학교 학생들은 두 열등생, 즉 고집 센 유대인 비트겐슈타인과 촌뜨기 히틀러가 훗날 역사를 바꾸게 될 줄은 꿈에도 생각지 못했을 것이다. 전자는 철학사를 바꾸었고 후자는 피로써 인류의 역사를 바꾸었다.

비트겐슈타인과 히틀러는 동창이다. 이 점에 대해서는 정사와 야사에서 모두 인정하고 있다. 다른 점이 있다면 언제나 애증과 복수에 집착하는 야사에서는 히틀러의 반유대주의가 키 작고 가난한 히틀러가 키 크고 부자인 비트겐슈타인을 부러워하고 질투한 데서부터 시작되었다고 억지로 갖다붙였다. 어떤 야사 작가는 비트겐슈타인이 게이였다는 점에 몹쓸 상상력을 덧붙여 히틀러가 유대인을 증오한 것이 게이인 비트겐슈타인이 히틀러를 강제로 욕보였기 때문이라고 결론짓기도 했다.

하지만 이것은 모두 황당한 억측일 뿐이다!

사료에 누락된 부분이 있을 수도 있고 역사적 사실을 왜곡할 수도 있지만 사람의 머리가 온전히 달려 있다면 어쨌든 상식 안에서 생각하고 행동하는 법이다. 머리가 아니라 발가락으로 생각해도 이상하지 않은가? 히틀러가 유대인을 학살한 것이 비트겐슈타인에 대한 부러움과 질투 때문이라면 어째서 그는 제일 먼저 비트겐슈타인을, 그의 부유한 가문을 몰락시키지 않았을까?

물론 비트겐슈타인은 히틀러의 시샘을 사고도 남을 인물이었다. 비트겐슈타인의 집안은 매우 부유했다. 그의 아버지가 철강업 대부호로 유럽 최고의 부자라고 해도 과언이 아니었다. 그의 저택은 궁전보다 더 화려하고 날마다 유명 인사들이 모여 사교의 장이 되었다. 예술에 심취해 피아니스트 브람스를 우상으로 삼고 있었던 히틀러는 집에 돌아가면 술주정뱅이 아버지가 폭력을 휘둘러 언제나 소란스러웠지만, 비트겐슈타인 가의 형제들은 브람스를 가정교사로 초빙해 우아한 거실에서 피아노를 배웠다. 하지만 달도 차면 기울고 물도 차면 넘치듯이 비트겐슈타인 가문에도 어두운 그림자가 찾아왔다. 조물주에게 너무 큰 사랑을 받은 그들을 시샘한 사탄의 저주 때문인지 비트겐슈타인의 세 형이 잇따라 스스로 목숨을 끊은 것이다. 비트겐슈타인은 연이은 슬픈 장례식으로 우울한 유년기를 보냈고, 그때부터 그의 마음속에 자살이라는 아무리 지워도 지워지지 않는 그림자가 드리웠다.

비트겐슈타인의 존재는 사실 우리네 평범한 사람들을 부끄럽게 만든다. 똑같이 'made by god'이라는 라벨을 달고 태어났는데 그는 조물주가 직접 만들고 우리는 조물주의 하청업자가 만든 것이 아닐까 의심스러울 지경이다. 비트겐슈타인은 부자였을 뿐 아니라 천재였다. 그는 거의 모든 분야에서 탁월한 재능을 발휘했다. 열 살 때는 직접 재봉틀을 만들고 라이트 형제보다도 먼저 비행기 엔

진을 개발했으며 수학과 논리학에서도 우수한 성적을 자랑했다. 또 직접 집을 지어 건축가로서의 재능도 과시했는데 그가 지은 집은 바우하우스 양식으로 설계되었으며 특히 난방 설비는 지금까지도 사람들의 입에 오르내릴 만큼 훌륭하다. 이뿐만이 아니다. 여러 가지 악기를 연주할 수 있었고 클라리넷 연주는 독학만으로 전문가 수준의 연주 실력을 과시했다. 의학 방면에서도 재능을 보여 병원 문지기로 일하다가 간호사가 되고 나중에는 병원 실험실의 연구원이 되었다. 의학 문제에 대한 그의 견해는 현직 의사들도 혀를 내두를 정도로 전문적이었다. 또 용감한 병사로 전쟁에 참전했으며 엔지니어 기술도 있어 입대한 지 얼마 되지 않아 포병 중위로 승직되었다. 문과에서도 철학을 자유자재로 다루며 20세기 철학의 방향을 바꾸어놓았다.

천부적인 재능을 가진 데다가 예의 바르고 진중하며 부유한 집 자제였으니 비트겐슈타인은 남들이 부러워하는 완벽한 조건을 갖추었던 셈이다. 그런데 최고의 엘리트가 될 수 있었던 그의 일생은 결코 행복하지 않았다. 가부장적인 아버지, 형들의 잇단 자살 등 그를 불행하게 할 만한 것들이 아주 많았지만 그가 불행한 근본적인 원인은 오직 하나, 즉 말 못할 그의 비밀에 있었다.

1903년 편집증적인 천재 오토 바이닝거의 베스트셀러 《성과 성격》이 출간되었다. 나도 이 책을 읽으며 화도 나고 우습기도 했지만 모두들 꼭 한 번 읽어보기를 강력 추천한다. 이 책은 비과학적일 뿐만 아니라 미치광이가 쓴 것이 아닌지 의심스러울 정도다. 이 책의 결론을 한마디로 요약하자면 이렇다.

"세상에 절대적인 남녀는 없다. 누구나 적극적인 남성성과 소극적인 여성성을 모두 가지고 있다."

가장 완벽한 것은 여성의 성격을 버리고 논리성이 충만한 남성이 되는 것이다. 하지만 유대인의 성격은 여성의 그것에 가깝다. 여성들은 천재가 될 수 없으며 그녀들의 원칙은 오로지 성욕뿐이다. 여성들은 어머니형과 창녀형으로 나뉘는데 똑똑한 여성들에게서는 남성적인 기질이 강하게 나타난다. 이것이 바이닝거의 논리다.

동성애자이자 나르시시스트이며 남성 우월주의를 숭배했던 바이닝거는《성과 성격》을 발표한 지 얼마 되지 않아 권총 자살을 했다. 그런데 비트겐슈타인이 바로 이 책을 샀다. 다른 독자들은 그저 호기심에 책을 사서 읽었겠지만 비트겐슈타인은 이 책의 내용 속에서 사상을 발견하고 자각적으로 그 사상을 행동으로 옮겼다.

또 한 가지 짚고 넘어갈 것은 비트겐슈타인의 자살한 세 형들에 대한 것이다. 그중 큰형과 셋째 형이 동성애자였다. 이 정도만 이야기해도 비트겐슈타인의 말 못할 비밀이 무엇인지 아마 짐작했을 것이다. 그렇다. 비트겐슈타인은 게이였다.《성과 성격》은 비트겐슈타인이 커밍아웃을 위해 준비한 강력한 사상적 무기였다. 그의 형들이 게이였다는 사실은 이 가문의 X염색체에 이상이 있었음을 증명하는 증거다. 그들의 동성애는 조물주의 뜻이었던 셈이다.

게이라는 사실을 그렇게 꽁꽁 숨길 필요가 있었느냐고 의아해하는 사람도 있을 것이다. 물론이다. 만약 비트겐슈타인이 요즘에 태어났다면 게이라는 신분이 오히려 그에게 유명세를 안겨주었을 수도 있다. 여성들은 남성에 관한 화제로 수다 떠는 것을 좋아하고 어쨌든 남성에게 관심이 많으므로 여성들 사이에서도 인기를 끌 것이고, 또 남성들은 남성들대로 형제애와 같은 뿌리를 가진 동성애에 호감을 느끼기 때문이다. 그러나 비트겐슈타인이 살던 시대에는 그렇지 않았다. 동성애란 입에 담기도 힘들 만큼 추잡하고 불결한 일로 인식되었다. 게다가 정통 천주교도인 비트겐슈타인에게 동성애는 결코 용납할 수 없는 것이었다. 제2차 세계대전 당시 나치가 동성애자들을 잔혹하게 박해했던 것만 보아도 비트겐슈타인이 자신의 비밀을 왜 그토록 철저히 숨겼는지 이해할 수 있다. 프랑스 퀴어 영화 〈말할 수 없는 사랑〉에서도 남자 주인공이 동성애자라는 이유로 나치에게 잔혹하게 죽임을 당한다.

이 더러운 비밀 때문에 비트겐슈타인은 일생을 억눌림 속에서 살아야 했으며 몇 번이나 자살을 고민했다. 그를 자살의 위험에서 구한 것이 바로 철학이다. 이 더러운 비밀은 비트겐슈타인이 이중적인 성격을 갖게 된 근본적인 원인이기도 하다. 그는 악마처럼 도도하고 오만했지만 또 한편으로는 자신을 맹렬히 비판하고 부정하며 자신을 한없이 낮추었다.

비트겐슈타인의 《논리-철학 논고》는 그의 초기 사상이 담긴 대표작이다. 그는 제1차 세계대전 당시 자살을 심각하게 고민하던 중 이 책을 집필했다. 그는 전쟁을 기회로 삼아 자살할 생각이었고 전쟁이 벌어진 와중에 자신의 처녀작인 이 책을 틈틈이 집필했다. 《논리-철학 논고》에는 7개 주요 명제가 담겨 있다. 첫째, 세계는 일어나는 모든 것이다. 둘째, 일어나는 것, 즉 사실은 사태들의 존립이다. 셋째, 사실들의 논리적 그림이 사고다. 넷째, 사고는 뜻이 있는 명제다. 다섯째, 명제는 요소 명제들의 진리 함수이다. 여섯째, 진리 함수의 일반적 형식은 〔$\bar{p}, \bar{\xi}, N(\bar{\xi})$〕이다. 이것이 명제의 일반적 형식이다. 일곱째, 말할 수 없는 것에 관해서는 침묵해야 한다.

"세계는 일어나는 모든 것이다"라는 명제는 별 의미가 없는 말인 듯하지만 사실 매우 큰 의미를 품고 있다. 일반적으로 세계는 사물의 집합이라고 생각한다. 우리가 인식하는 사물과 객관적으로 존재하지만 우리가 아직 인식하지 못하는 사물의 집합이라는 것이다. 하지만 비트겐슈타인은 세계는 사실의 총합이라고 생각했다. 예를 들어 나무에서 자란 사과는 '사물'이고 사과가 뉴턴의 머리 위로 떨어진 것은 '사실'이다. 사실은 사과가 떨어지면서 공중에서 그린 모든 운동의 궤적을 의미한다. '사실'은 곧 '사물'이 존재하는 상태다. 사물이 존재하는 모든 상태가 세계의 원자적 사실이고, 원자적 사실은 논리 안에서 '그림'으로 표현된다. 그림은 논리 속에서 원자적 사실의 운동과 구조를 묘사한다. 혹자는 그림이라는 논리적인 것이 어떻게 현실의 존재를 반영할 수 있느냐고 물을 것이다. 논리적으로 가능한 세계를 통해 현실 세계를 인식하기 위해서는 이 두 가지 사이에 존재하는 공통된 것을 찾아야 한다. 이것이 바로 논리적 형식이다. 예를 들자면, 지도를 통해 한 나라의 지형을 정확히 알 수 있는데 지도와 실제 지형 사이의 공통된 것이 바로 논리적 형식이다. 논리적으로 가능한 세계든 현실 세계든 그것들을 묘사할 수 있는 것은 모두 논리적 그림이다.

물론 비트겐슈타인이 논리적 그림을 추상적으로만 이야기한 것은 아니다. 그는 명제는 사실의 논리적 그림이라고 했다. 사람들은 문자, 소리 등 명제 기호를 통해 세계에서 일어나고 있는 사실을 감지한다. 명제와 사실의 관계는 투영과 피투영의 관계와 같다. 한 명제에 사용된 단어에 대응하는 것이 바로 공간적인 대상이다. 예를 들어 "사과는 떨어진다"라는 명제에서 사람들은 사과라는 문자 기호가 떨어진다고 생각하는 것이 아니라 크고 둥근 열매가 떨어진다고 생각한다. 사실은 원자적 사실과 복합적 사실로 나뉜다. 또 명제도 원자적 명제와 그보다 복잡한 분자적 명제로 나뉜다. 원자적 명제는 원자적 사실에 대응된다. 비트겐슈타인은 최소 단위의 명제를 '기본명제'라고 했다. 기본명제는 유일무이하며 다른 명제와 서로 모순되지 않는 특징이 있다.

비트겐슈타인과 서양 언어철학자들 사이에서 커다란 차이점이 있다. 서양 언어철학자들도 언어의 중요성을 강조하기는 했지만 그들에게는 언어가 세계를 인식하고 파악하는 매개일 뿐이다. 그들에게 언어는 현실 세계를 묘사한 것일 뿐, 언어와 현실 세계 사이에 통일적인 관계가 없다. 반면 비트겐슈타인은 세계의 모든 논리를 언어화하여 언어와 세계의 본질을 통일시켰다. 《논리-철학 논고》에서 비트겐슈타인은 경계선을 긋고자 했다. 이 경계선을 사이에 두고 한쪽에는 논리의 지배를 받는 언어의 세계가 있다. 이 세계야말로 진정한 의미를 가진다. 경계선의 다른 한쪽에는 언어가 없으므로 의미도 없다. 비트겐슈타인의 목표는 정확하고 논리적인 인공언어를 확립하고 이를 통해 언어의 남용으로 인한 사상의 혼란과 분쟁을 종결짓는 것이었다.

《논리-철학 논고》 집필을 끝낸 후 비트겐슈타인은 자신이 이 세상의 모든 철학적인 문제를 해결했다고 생각하고 자연으로 회귀하고자 했다. 그는 위대한 애국의 정신을 몸소 실천하기 위해 오지의 초등학교 교사직에 자원했고 알프스 자락의 작은 산골 마을에서 평범한 교사로서 아이들을 가르치기 시작했다. 《논리-철학 논고》로 인해 그의 이름이 세상에 널리 알려졌지만 그는 초등학교 교사라는 자신의 신분에 충실했다. 그러나 학생을 때렸다가 학부모에게 고소당하는 사건으로 결국 교사직을 그만두고 말았다.

1929년 철학의 천재 비트겐슈타인이 왕좌로 복귀했다. 그는 케임브리지 대학교로 돌아왔고 순조롭게 트리니티 칼리지의 연구원이 되었다. 철학계로 다시 돌아온 그는 자신의 출세작인 《논리-철학 논고》를 비판하고 새로운 철학적 사고를 통해 《철학적 탐구》라는 유명한 책을 발표했다. 이 책은 그의 후기 철학을 대표하는 저서다. 이 책에서 비트겐슈타인은 세계의 본질은 사실이며 사실의 논리 구조는 세계의 논리 구조라는 전기 철학의 사상을 버리고 세계에는 본질이 없으며 오로지 '가족 유사성'만 있다고 주장했다. 이른바 가족 유사성이란 한 가족의 구성원들이 서로 닮기는 했지만 어떤 '본질'이 있는 것은 아니라는 뜻이다. 아버지의 얼굴형은 할머니를 닮고 딸의 몸매가 아버지를 닮고 또 딸의 눈이 할머니를 닮을 수는 있지만 이것은 단지 가족 구성원 간에 불완전한 유사성이 있음을 설명할 뿐이지 그들 사이에 어떤 공통된 유사성, 즉 '본질'이 존재함을 의미하지는 않는다는 뜻이다. 비트겐슈타인의 '가족 유사성'은 형이상학에 반대하고 '본질주의'에 반기를 들었으며 전통적인 철학의 본질주의적 습관을 무너뜨렸다. 철학자들은 일상적인 사물에서도 본질을 찾으려는 경향이 있다. 하지만 그렇게 형이상학적인 사물은 일상생활에는 존재하지 않는다. 그러므로 그들이 설왕설래하는 철학 문제들이 사실은 일상언어의 오류일 뿐이다.

전기의 《논리 – 철학 논고》에서 비트겐슈타인은 일상언어를 의심하고 정확한 인공언어로 일상언어를 대체하려고 했다. 그러나 《철학적 탐구》에서 그는 자신이 《논리 – 철학 논고》에서 실수를 저질렀음을 인정했다. 이제 그는 일상언어는 완전히 정확하며 한 가지 언어가 정확한지의 여부를 판단하는 기준은 언어 사용 조건의 논리라고 주장했다. 일상언어를 완전히 바꾸기보다는 언어의 문법을 정확히 하는 것이 낫다고 한 것이다.

그는 언어의 의미에 대한 집착을 버리고 언어의 용법에 주목해 언어놀이라는 개념을 수립했다. 비트겐슈타인의 '언어놀이' 이론을 살펴보면 철학이 사실은 사람들에게 언어놀이를 정확하게 하는 법을 가르쳐주는 학문임을 알 수 있다. 비트겐슈타인은 '언어놀이'가 무엇인지에 대해 정의를 내리지 않았다. '놀이'라는 것이 보통 놀고 즐기는 것을 의미하므로, '언어놀이'도 현실이나 상상 속의 언어 현상을 묘사하는 것이라고 추측할 수 있을 뿐 정확히 무엇이라고 단정적으로 말할 수는 없다. 놀이에는 놀이 규칙이 필요하다. 다른 게임과 마찬가지로 언어놀이도 규칙을 지켜야 한다. 또 먼저 규칙을 지킨 후에 놀이를 즐기는 것이 아니라 놀이를 하는 동안에 규칙을 지키는 것이다. 큰 깨달음을 얻은 비트겐슈타인은 마침내 철학판 〈터미네이터〉를 보여주었다. 철학을 부정하고 철학 무용론을 주장한 것이다.

고대 그리스의 소피스트 중에 고르기아스라는 철학자가 있었다. 그는 철학사의 발전에 크게 기여하지는 못했지만 그가 제시한 세 가지 명제는 그에게 '철학의 선구자'라는 높은 지위를 안겨주었다. 철학은 두 차례 커다란 전환을 거쳐 발전했다. 첫 번째는 고대 본체론에서 근대 철학으로의 '인식론적 전환'이다. 다시 말해 '세계의 본질은 무엇인가'에 대한 연구에서 '인간은 어떻게 인식을 정확하게 얻는가'에 대한 연구로 전환되었다. 두 번째는 근대 인식론에서 현대 철학으로의 '언어적 전환'이다. 철학 연구의 중심이 어떻게 하면 인식을 정확하게 표현해내느냐로 옮겨진 것이다. 고르기아스의 세 가지 명제는 신기하게도 수천 년 후 철학의 두 번째 대전환을 예언했다. 고르기아스의 세 가지 명제는 이렇다. 첫째, 아무것도 존재하지 않는다. 둘째, 설사 존재한다 해도 우리는 알 수 없다. 셋째, 설사 알 수 있다 해도 그것을 남에게 전할 수 없다. 고르기아스도 이류 철학자인 자신이 일류 예언가일 줄은 몰랐을 것이다.

철학의 '언어적 전환'은 루소와 비트겐슈타인에서부터 시작되었다. 철학은 심오한 학문이지만 어쨌든 언어를 통해 표현해야 하기 때문에 언어가 철학의 기본 문제를 구성한다. 비트겐슈타인에 이르러 철학의 이성 비판이 언어 비판으로 전환되었다. 언어적인 전환은 20세기 철학의 가장 기본적인 특징 가운데 하나다. 어떤 의미에서 보면 철학이 비트겐슈타인 때부터 몰락했다고 할 수 있다. 비트겐슈타인 자신도 "철학을 하는 것은 철학을 하지 않기 위함이다"라고 말했다. 비트겐슈타인은 자신의 철학이 아리스토텔레스 이래 그 어떤 철학과도 다르다고 생각했다. 그의 철학은 철학 체계를 세우거나 철학 개념을 귀납해내지 않았으며 생활 자체에 대한 묘사였다. 철학사에서 갖가지 논쟁이 끊이지 않았던 것은 철학자들이 머리가 나쁘기 때문이 아니라 철학자들이 일상언어의 용법을 잘못 이해했기 때문이라고 비트겐슈타인은 생각했다. 철학자들이 단어 사용 환경과 동떨어져서 맹목적으로 언어의 의의를 추구한 것에서 분쟁이 시작되었다는 것이다. 그는 "언어가 쉴 때 철학의 문제가 생겨난다"라고 말했다. 언어는 사유와 세계를 잇는 매개체이자 사상을 표현하고 전승한다. 하지만 그와 동시에 언어는 아름다운 사람을 잡아먹는 인어처럼 매혹적인 향기로 사람을 유혹한다. 언어는 이미 오래전에 진실에서 멀어졌으며 진실을 감추어버렸다. 그런데도 사람들은 언어를 그리워하고 이런 미련이 헛된 만족감을 불러일으키기 때문에 언어는 여러 가지 오해와 모순, 분쟁을 계속 부추긴다. 언어의 용법을 정확하게 서술해 오해를 없애는 것이 바로 철학의 임무다. 철학의 목적은 진리를 탐구하는 것이 아니라 정확함을 추구하는 데 있다. 비트겐슈타인은 철학은 "파리에게 파리 병으로부터 탈출하는 길을 보여주는 것"이라고 말했다.

20세기 유명한 '분석철학'은 유파도 많고 명칭도 제각각이었지만 모두 언어분석과 관련되어 있다. 언어철학이 거둔 성과는 인정하지만 단점을 간과할 수는 없다. 가령 어느 날 당신이 꽃다발과 다이아몬드 반지를 여자 친구에게 내밀며 프러포즈를 한다고 치자.

"오 마이 달링, 나와 결혼해줘. 사랑은 결혼의 기초야."

당신은 콧구멍을 하늘로 향한 채 여자 친구가 뜨거운 눈물을 흘리며 "그래. 좋아"라고 대답할 것이라고 확신할 것이다. 그런데 만약 여자 친구가 언어철학을 전공한 철학도라면 그녀는 아마 무표정한 얼굴로 이렇게 쏘아붙일 것이다.

"기초라고? 기초가 도대체 뭔지 내게 말해주겠어? x가 y의 기초라면 x는 y에 속하지. 아파트의 기초인 기단이 아파트에 속하는 것처럼 말이야. 그런데 x가 y에 속하지 않을 수도 있어. 대표적인 것이 조각상의 받침대야. 조각상의 받침대는 조각을 떠받드는 기초이지만 조각상에 속하지는 않잖아."

이 때문에 나는 언어철학에 대해 정밀하지만 생기가 없다고 평가한다. 언어분석철학은 철학을 거시 단계에서 미시 단계로 전환시켰다. 비유하자면 수술 칼로 해부하듯 철학을 정밀하게 연구하고 철학의 오장육부를 분명하게 밝혔다. 그러나 언어분석학이라는 수술 칼로 철학이 가지는 사유의 추상성과 고도의 형이상학성을 구현할 수는 없다. 칼이 아무리 예리해도 중국 의학에서 말하는 맥과 혈을 해부해낼 수 없는 것과 같다. 분석철학이 적극적이고 진보된 학술적 가치를 가진 것은 틀림없다. 하지만 철학적 문제를 논리와 언어의 문제로 귀결시키고 철학 연구를 과도하게 기술화한 나머지 철학이 현실을 비판하고 지혜를 승화시키고 최고의 선을 추구할 수 있는 생명력을 상실하고 말았다.

어떤 이들은 먹고살기 위해 철학을 전공하고 어떤 이들은 순수한 흥미 때문에 철학을 공부한다. 그러나 비트겐슈타인은 전공도 흥미도 아닌 영혼의 위안을 얻고 영혼이 편히 기대어 쉴 안식처를 찾기 위해 철학을 연구했다. 철학 덕분에 그는 자살을 포기했다. 비트겐슈타인은 사실 가엾고 사랑스러운 인물이다. 그는 한편으로는 고독을 자처하고 스스로 실패를 선택했지만 또 한편으로는 사랑받기를 갈망했다. 고독과 사랑에 대한 갈구라는 이 두 가지 모순된 마음이 작용해 그는 자신의 재능을 최대한 발휘할 수 있었다. 세상 모든 위대한 철학자들이 화려하게 등장해 철학을 바꾸어놓았다. 어떤 이는 철학 체계를 완벽하게 하고 어떤 이는 철학의 방법을 바꾸었으며 또 어떤 이는 철학의 정신을 승화시켰다. 그러나 두 차례 등장해 두 번 모두 철학을 바꾸어놓은 인물은 비트겐슈타인뿐이다. 첫 번째 등장했을 때는 철학을 논리실증주의로 인도했고 두 번째 등장했을 때는 일상언어학파를 탄생시켰다. 비트겐슈타인은 일생 끊임없이 고민했지만 말은 많이 하지 않았다. 그는 《논리-철학 논고》의 마지막 장에서 매우 '쿨하게' 이 한마디를 남겼다.

"말할 수 없는 것에 대해서는 침묵해야 한다."

고개를 들어 창밖을 보니 세찬 바람이 미친 듯이 춤을 추고 있는데 그 사이로 투명한 햇빛이 부서져 내리고 있다. 베이징에도 봄이 멀지 않은 것 같다. 비트겐슈타인은 세계와 인류의 사상은 말로 설명할 수 없다고 했다. 그의 이 말이 내게 워즈워스의 시(〈생각을 고쳐먹고〉)를 떠올리게 한다.

봄의 숲에서 샘솟는 충동 하나가
선함과 악함,
인간에 대해 더 많은 것을 가르쳐주지.
그 어떤 현인賢人보다도.

바람둥이 공공 지식인, 버트런드 러셀

1911년 영국 케임브리지 대학교 트리니티 칼리지.

　강의를 마친 어느 교수가 책을 옆구리에 끼고 귀가하고 있었다. 그런데 길모퉁이를 돌아서자마자 수줍은 표정의 학생 하나가 긴장한 모습으로 그에게 다가왔다.

　"교수님, 안녕하세요? 여쭙고 싶은 것이 하나 있습니다. 저는 바보일까요? 만약 제가 바보라면 비행사가 될 것이고 바보가 아니라면 철학자가 되겠습니다."

　난데없는 엉뚱한 질문에 교수가 실소를 터뜨리며 말했다.

　"이렇게 하지. 논문을 써서 내게 제출하게. 어떤 주제든 상관없어. 방금 그 질문에 대한 대답은 논문을 읽어본 후에 해주지."

　며칠 후 학생이 논문을 제출했고 교수는 논문의 마지막 장을 덮으며 탄성을 질렀다.

"맙소사! 자넨 천재야, 천재! 비행사가 되려는 생각은 접게!"

교수의 한마디가 이 학생의 운명을 완전히 바꾸어놓았다. 이 학생은 그 일을 계기로 평생의 스승을 만나 철학도로서의 길을 가기로 결심했다. 훗날 그는 전통적인 철학에 지각변동을 일으키고 철학판 〈터미네이터〉를 연출했다.

이 교수의 이름은 버트런드 러셀^{Bertrand Russell}(1872~1970)이고 학생의 이름은 루트비히 비트겐슈타인이다. 할 수만 있다면 러셀은 틀림없이 험버트 교수가 롤리타에게 그랬던 것처럼 비트겐슈타인을 향해 "아! 비트겐슈타인, 내 삶의 빛, 내 생명의 불꽃, 나의 죄악, 나의 영혼"이라고 말했을 것이다. 당시 러셀은 이 천재적인 제자가 훗날 자신의 학문에 영감을 주고, 그것도 모자라 청출어람을 온몸으로 실천하며 자신의 경쟁자가 되어 스승인 자신을 신랄하게 비판하고 끔찍한 악몽을 안겨줄 것이라는 사실을 전혀 알지 못했다.

러셀은 귀공자였다. 그의 할아버지는 백작, 그의 아버지는 자작이었다. 하지만 가엾은 러셀은 가문의 영광과 행복을 누리지 못했다. 아주 어렸을 때 부모가 차례로 세상을 떠나고 러셀은 할머니의 손에서 자랐다. 러셀은 화려한 여성 편력을 자랑하는 바람둥이였는데 이런 성향이 결혼은 물론 철학에서도 나타났다. 러셀의 철학 사상은 수시로 바뀌었다. 그는 현재의 생각으로 과거 자신의 주장을 비판했으며 지나간 과거에는 절대로 미련을 두지 않았다. 그러나 바람둥이 러셀에게도 일생 변치 않은 세 가지가 있었다. 그는

"단순하기는 하지만 압도적으로 강렬한 세 가지 열정이 내 생애를 지배해왔다. 사랑에 대한 갈망과 지식의 탐구, 그리고 인류가 겪는 고통에 대한 참을 수 없는 연민이 바로 그것이다"라고 말했다. 물론 이 세 가지의 순서를 무작위로 정한 것이 아니다. 러셀이 사랑을 제일 먼저 언급한 것은 결코 우연이 아니다. 부유하지만 양친 부모가 없는 러셀은 철저한 애정 지상주의자가 되었다. 그는 일생 네 번 결혼했고 세 번 이혼했으며 애인은 헤아릴 수 없이 많았다. 러셀이 네 번째 결혼을 할 때 그는 이미 여든 살 노인이었다. 그러나 노벨문학상 수상자인 러셀의 이 기록은 노벨물리학상 수상자에 의해 깨져버렸다. 1957년 노벨물리학상 수상자인 중국인 물리학자 양전닝이 2004년 여든두 살의 나이로 스물여덟 살의 신부를 얻었다.

이 소식이 전해지자 내 주변 모든 남자들이 정년 퇴임 후에 젊은 여자와 재혼하겠다며 자신감을 불태우는 진풍경이 연출되었다.

어릴 적 수학 시간에 선생님이 "A=B이고 B=C이면 A=C이다"라는 공리를 가르쳐주면 대부분의 학생들은 아무 의심 없이 이 공리를 이용해 수많은 수학 문제를 푼다. 그런데 유독 두 명은 2보다 큰 모든 짝수는 두 소수의 합이 될 수 있는지, 어째서 A와 C는 반드시 같은지를 놓고 머리를 쥐어짜며 고민했다. 이 두 사람 중 한 사람은 훗날 유명한 수학자가 된 천징룬이다. 그는 골드바흐 추측에 대하여 현재 가장 강력한 결과인 천의 정리를 증명했다. 다른 한 사람은 바로 러셀로 존경받는 철학자이자 사상자, 수학자, 논리학자가 되었다.

러셀은 젊은 시절 화이트헤드와 함께 《수학원리》를 집필했다. 두 사람은 자신들이 쓴 원고 더미를 출판사로 보내 출간을 의뢰했지만 돌아온 대답은 "출판하려거든 자비로 출판하라"라는 것이었다. 두 사람은 결국 자비를 털어 책을 출간했다. 20세기 과학계의 중대한 성과로 평가받는 이 세 권짜리 명저가 러셀과 화이트헤드에게는 '밑지는 장사'였던 것이다.

철학자마다 자기만의 철학을 가지고 있다. 러셀에게 "철학은 무엇인가?"라고 물으면 아마 "철학의 본질은 논리다"라고 대답할 것이다. 분석철학의 대가인 러셀은 모든 철학 문제는 논리 분석을 거치면 철학 문제가 아니라 논리 문제가 된다고 생각했다. 형이상학적인 문제들을 둘러싸고 수많은 논쟁이 벌어진 것은 그들의 '논리'가 부정확했기 때문이라는 것이다. 러셀의 논리분석철학을 이해하기 위해 빼놓을 수 없는 것이 있다. 바로 '러셀의 패러독스'다. 패러독스paradox란 무엇일까? 패러독스란 앞뒤가 맞지 않아 모순되지만 또 그럴듯하게 둘러맞출 수 있는 명제다. 역사적으로 몇 가지 유명한 패러독스들이 있다.

한 크레타인이 "내가 지금 하는 말은 거짓말이다"라고 말했다. 그의 이 말은 참일까 거짓일까? 이 경우 그의 말이 참이라고 하든 거짓이라고 하든 모두 모순이 생긴다. 이런 패러독스는 오늘날 소설과 SF 영화에서 흔하게 사용되고 있다. SF 영화 〈12몽키즈〉, 〈트라이앵글〉, 중국의 베스트셀러 로맨스 소설 《보보경심》 등 여러 작품에서 남녀 주인공이 시공을 초월해 어떤 사건을 막으려다가 결과적으로 그들의 방문이 불행의 씨앗이 되는 슬픈 이야기가 등장한다.(특히 〈트라이앵글〉은 치밀한 구조가 돋보이며 철학적인 분위기가 짙은 영화로 꼭 한 번 볼 것을 강력 추천한다.)

패러독스가 흥미롭기는 하지만 수학자와 논리학자에게 패러독스란 피하고 싶은 두려운 문제다. 한 수학자가 평생을 매달려 한 가지 문제를 증명해내도 그 증명의 전제에 패러독스가 존재한다는 것이 발견되면 그 전제 위에서 이루어진 증명은 아무리 치밀해 보여도 단 1초 만에 모래성처럼 우르르 무너져버린다. 한평생 그 문제 하나에만 몰두한 수학자는 피를 토하고 쓰러져도 그 울분을 다 풀 수 없을 것이다. 실제로 '러셀의 패러독스'가 출현하면서 수학자 프레게의 공리 체계가 흔들렸고 프레게는 이 충격으로 수학계에서 은퇴했다.

'러셀의 패러독스'는 모든 집합을 자신을 원소로 가지는 집합과 자신을 원소로 가지지 않는 집합으로 나누는데 이 두 번째 집합에 패러독스가 존재한다. 두 번째 집합들이 모두 모인 집합은 자신을 원소로 포함할까? 만일 포함한다면 그 집합은 자신을 원소로 가지는 집합이므로 '자신을 포함하지 않는 모든 집합의 집합'이라는 최초 정의와 모순된다. 만일 포함하지 않는다면 그 집합은 자신을 포함하지 않는 집합이라는 점에는 부합하지만 자신을 원소로 포함하지 않으므로 온전한 집합이 될 수 없다. 러셀은 사람들에게 이 패러독스를 쉽게 이해시키기 위해 다음과 같은 예를 들어 설명했다. 한 이발사가 "나는 스스로 면도를 하지 않는 사람들에게만 면도를 해줄 것이다"라고 말했다. 그렇다면 이 이발사는 스스로 면도를 할까? 스스로 면도를 하지 않는다면 그 자신도 '스스로 면도를 하지 않는 사람'에 속하므로 자신의 면도를 해야 한다. 반대로 그가 만약 스스로 면도를 한다면 그는 '스스로 면도를 하지 않는 사람'에 속하지 않으므로 면도를 해서는 안 된다. 이것을 '이발사의 패러독스'라고 부른다.

이렇게 골치 아픈 패러독스를 어떻게 무너뜨려야 할까? 러셀은 패러독스가 생겨나는 원인에 대해 우리가 임의의 방식으로 집합을 구성하기 때문에 그 집합의 구조가 비정상적이고, 이로 인해 패러독스가 생겨난다고 지적했다. 일반적으로 한 가지 사물에는 전체와 부분이 모두 포함된다고 생각한다. 그런데 그렇게 구성된 사물은 정상적인 집합이 아니며 이런 집합이 존재하면 악순환을 부르게 된다. 러셀은 이를 위해 유형론을 제시했다. 유형론에는 단순 유형론과 분지유형론이 있다. 개체, 개체의 집합, 개체집합의 집합이 계통적으로 각기 다른 계층에 속하고 논리적으로도 다른 유형에 속한다. 그러므로 그들에 대해 서술하는 기호와 명제도 각기 다른 유형과 계층에 속한다. 예를 들어 누군가 "철학은 쓰레기다"라고 말했다면 그것은 1급 명제가 되고, 우리가 그의 말에 대해 "'철학은 쓰레기다'라는 그의 말은 쓰레기다"라고 말한다면 그것은 2급 명제가 된다. 하급 계층의 집합은 상급 계층의 집합에 속할 수 있지만 상급 계층의 집합은 하급 계층 집합의 원소가 될 수 없다. 그렇다면 유명한 크레타인의 패러독스로 다시 돌아와 보자. "내가 하는 말은 모두 거짓말이다"라는 말은 어떤 계층의 명제일까? "모두 거짓말이다"가 1급 명제라면 "나는 '모두 거짓말이다'라고 말했다"는 2급 명제다. 2급 명제는 1급 명제를 원소로 가질 수 없으므로 패러독스도 생기지 않는다.

언어를 더 논리적으로 분석하기 위해 러셀이 제시한 것이 바로 유명한 '기술 이론'이다. 기술 이론을 '기술구 이론'이라고도 하는데 '기술구'란 특정한 의미를 이해할 수 있도록 돕는 말이다. 예를 들어 '보들레르'라는 고유명사가 무엇을 가리키는 말인지 모르는 사람들이 많다. 하지만 여기에 '《악의 꽃》의 작가'라는 기술구를 붙이면 보들레르가 누구인지 모르는 사람들도 기술구를 통해 '보들레르'라는 단어의 뜻을 이해할 수 있다. 러셀은 사람들이 기술구를 통해 개인적인 경험의 한계를 돌파하고 지식이 확대된다고 주장했다. 기술 이론의 가장 큰 의의는 철학이 등장한 이래 가장 무거운 문제인 '존재', 즉 'being'의 문제를 분명히 밝히려고 했다는 데 있다. 러셀은 "만일 당신이 어떤 명제함수에 대해 그것이 가능하다고(즉, 때로는 진실이라고) 단언한다면 그것은 '존재'에 관한 가장 기본적인 의의가 된다. 당신은 '적어도 X의 값이 있으므로 이 명제함수는 참이다'라고 말할 수 있다"라고 했다. 이것은 우리가 흔히 사용하는 단어들이 단어 자체는 존재하지만 단어가 가리키는 대상은 반드시 존재하지 않을 수도 있음을 의미한다. 예를 들어 "황금산은 존재하지 않는다"라는 말은 "'X는 황금으로 되어 있으며 산이다'라는 명제함수가 거짓이다"라는 뜻이다. 그러므로 철학에서 '존재'에 관한 사이비 논쟁들이 끊이지 않고 발생하는 것은 기술구에 너무 많은 존재의 의미를 부여했기 때문이다. 이 문제는 분석철학을 통해 쉽게 해결할 수 있다.

러셀이 자신의 연구에 붙인 유일한 이름표는 논리적 원자론이다. 러셀의 이 사상은 그의 제자인 비트겐슈타인에게서 적잖은 영감을 받았다. 논리적 원자론에서는 물리학과 마찬가지로 세계가 '원자'로 구성되어 있으며 철학 세계 역시 인식론상의 최소 단위로 분해함으로써 세계의 논리적 구조를 파악할 수 있다고 주장한다. 또 논리적 원자론에서는 세계를 구성하는 기본단위가 원자적 사실이며 사실은 사물과 다르다고 역설한다. '사과 한 개'는 사물이지만 '뉴턴의 머리 위로 떨어진 사과'는 사실이다. 하나의 사실은 곧 하나의 명제다. 사실은 명제가 참인지 거짓인지를 결정한다. 모든 사실은 객관세계에 속하며 사람들이 머릿속으로 상상해낸 것이 아니다. 러셀은 언어의 구조는 세계의 구조와 일치하고 세계는 언어를 통해 반영되는데, 그렇게 반영된 세계의 가장 기본적이고 더 이상 나눌 수 없는 명제를 원자명제라고 명명했다. 원자명제는 원자적 사실을 반영한다. 원자명제는 그보다 복잡한 분자명제를 구성하며, 원자명제가 수리 논리를 통해 진리 함수의 형식으로 중복되고 복잡하게 연결됨으로써 인류의 모든 지식이 형성된다.

지식의 확실성을 추구하기 위해 러셀은 '오컴의 면도날'을 무기로 삼았다. 중세의 저명한 유명론 철학자인 오컴의 방법론은 "실체는 필요 이상으로 부풀려져서는 안 된다"라는 말로 귀납할 수 있다. 쉽게 말하면 복잡한 것을 단순화시켜야 한다는 뜻이다. 한 가지 현상에 두 가지 가설이 있다면 그중 더 간단한 가설을 택해야 한다. 러셀은 예리한 칼로 불필요한 잔가지와 넝쿨을 쳐낸 후 마지막에 남은 것이 직접적인 감각 경험과 믿을 수 있는 연역추리임을 발견했다. 그래서 러셀은 논리라는 강력한 접착제를 이용해 부서지고 잘려 산산이 흩어져 있는 경험들을 하나로 붙였다. 이렇게 만들어진 지식의 건물은 그 무엇도 침입할 수 없을 만큼 빈틈없이 튼튼했다.

객관적으로 말하면 러셀은 철학계의 가장 위대한 학자가 아니다. 논리적 원자론에 있어서도 제자 비트겐슈타인을 따라가지 못했다. 러셀 자신도 비트겐슈타인으로부터 많은 영감을 받았음을 인정했다. 키 크고 부유한 천재 비트겐슈타인은 평생 욕심 없이 고독하게 살았고 그의 철학적 재능은 모두가 우러러볼 만큼 위대했다. 그러나 무엇보다도 그의 간절한 진리 추구, 사회에 대한 강한 책임감, 인류의 행복과 자유에 대한 열망에 박수를 보내지 않을 수 없다. 반면 러셀의 철학 사상은 수시로 바뀌었다. 좋게 말하면 현상에 안주하지 않고 언제나 새로움을 추구했다고 할 수 있지만, 나쁘게 말하면 그의 철학 사상이 덜 성숙하고 안정적이지 못한 것으로 볼 수 있다. 하지만 그럼에도 불구하고 나는 러셀을 매우 좋아한다. 철학자로서의 러셀도 좋아하지만 사상가로서의 러셀도 좋아한다. 강한 사회적 책임감을 몸소 실천에 옮긴 투사로서의 러셀은 더욱 좋아한다.

요즘 말로 하면 러셀은 '공공 지식인^{public intellectual}'이다. 그는 서재에 틀어박혀 책만 읽는, 앞뒤가 꽉 막힌 책벌레가 아니었다. 인류가 피비린내 나는 재앙에 고통받고 불공평한 일들이 속출하며, 정치계와 종교계에서 이단이 잔인하게 박해를 받고 핵무기가 인류 전체의 평화와 안전을 위협하고 있을 때, 러셀은 고통을 두려워하지 않고 분연히 일어났다. 그의 신분으로만 보면 국가를 대표하는 학자나 교육부 철학 과목 심의인, 명예 학장이 되거나 국가 지도자와 수시로 얼굴을 맞대고 대화를 나눌 수 있는 지위에 오르기에 충분했다. 그러나 공공 지식인 러셀은 다른 길을 선택했다. 그 길 위에서 그는 법정에도 서고 감옥살이도 했다. 그는 수많은 찬사를 받고 여러 가지 비방을 막아냈으며, 노벨문학상을 수상해 거품이 넘치는 샴페인을 맛보기도 하고 감옥 철창의 서릿발 같은 차가움을 경험하기도 했다. 내게 러셀은 한 번도 모호한 철학자였던 적이 없다. 물론 그에게는 단점이 많다. 여자를 밝히는 바람둥이에 돈을 벌기 위해 수준이 떨어지는 원고를 쓰기도 했고 그의 저서 《서양철학사》는 오류투성이다. 하지만 이런 단점들도 러셀에 대한 나의 애정을 꺾을 수는 없다. 그는 진실하고 인간적이며 강렬한 존재감을 가진 인물이었다.

러셀의 《서양철학사》는 내게 있어서 철학 계몽서와 같다. 철학에 처음 입문해 겁도 많고 부끄러움도 많았던 내게 그 책은 신선하고 박력 넘치고 흥미진진한 철학사를 통해 시야를 활짝 열어주었다. 러셀은 철학자들을 가지고 농담을 하면서 철학은 이렇게 싹트고 자라온 것이라고 이야기를 들려주었다. 지금 보면 러셀이 여러 철학자들의 사상을 잘못 서술하고 철학자들에 대한 비판에 질투심이 드러나기는 하지만 이런 옥의 티가 옥의 광채를 가릴 수는 없다. 위대한 철학의 거성들을 보며 우리는 바닥에 엎드려 숭배하는 데만 익숙해져 있다. 그러나 러셀이 들려주는 위인들의 처량한 이야기를 들으며 우리는 조금씩 몸을 일으켜 일어났다. 어쩌면 나는 처음부터 철학자들의 사상을 명철하고 조리 있게 설명하지만 정작 자신의 입장과 견해는 하나도 없는 철학사 저자를 좋아하지 않았을 수도 있다. 모든 철학자의 사상이 옳고 정확하다면 그것은 저자가 틀렸음을 의미한다. 그는 철학의 산속에 파묻혀 한 번도 그 산의 전체 모습을 보지 못한 것이다.

러셀의 《서양철학사》 덕분에 철학서가 처음으로 베스트셀러가 될 수 있었다. 고고한 왕좌 앞에 앉아 있는 제비가 백성들의 집 처마 밑으로 날아간 것처럼 철학이 일반인들에게 가까이 다가갔다. 물론 누구나 다 철학자가 될 수는 없다. 인류 역사는 세속적이고 거친 물질생활의 활동을 통해 이루어진다. 그러나 철학은 일반인들이 다가갈 수 없을 만큼 고고하지도 않고 철학자들이 주고받는 언어놀이도 아니다. 철학은 다양한 형식으로 각 시대의 문제를 표출하고 그 시대의 의문에 해답을 찾으며 시대의 모순을 보여주는 학문이다. 철학이 현실을 반영하는 것은 꿈이 현실을 반영하는 것과 비슷해서 단도직입적이거나 명쾌하지 않다. 그러나 쇼펜하우어의 의지론이 큰 인기를 끈 것은 1848년 유럽 혁명의 실패로 인해 이성주의가 몰락했기 때문이고, 사르트르의 실존주의가 일세를 풍미한 것은 제2차 세계대전이 끝난 후 사람들이 고통의 나락으로 떨어졌기 때문이다. 한마디로 철학은 시대정신의 정수다!

그러므로 나는 '12인의 철학자'라는 예리한 검을 단단히 쥐고 서풍에 긴 옷자락을 휘날리며 우뚝 서 있다. 지금 나는 내가 철학이라는 강호에서 무림의 고수가 될 수 있기를 간절히 바란다. 석양 아래에서 바람을 맞으며 나는 외친다.

철학이여, 과연 누구를 위한 철학인가!

사랑을 거부한 단독자, 쇠렌 키르케고르

1837년 유틀란드 반도의 덴마크.

《인어공주》,《미운 오리 새끼》,《백조왕자》 등 아름답고 슬픈 동화들을 발표해 유명세를 탄 안데르센이 그해에 《쓸쓸한 바이올린 연주자》를 발표했다. 그런데 뜻밖에도 그 소설은 사람들에게 주목받지 못했을 뿐 아니라, 문학평론계에서는 "안데르센은 인간의 사랑을 연구하기보다 마차를 타고 유럽을 유람해야 할 것"이라며 그를 조롱했다. 세월이 한참 흘러 저명한 동화 작가가 된 후에도 안데르센은 자서전에서 잊을 수 없는 그 사건에 대해 언급했다. 그런데 그에게 혹평을 쏟아낸 덴마크인 평론가는 바로 키르케고르^{Søren Aabye Kierkegaard}(1813~1855)였다.

영화 〈피아니스트의 전설〉을 보면 고독하고 우울하며 사랑을 포기하고 자기만의 정신세계 속에 침잠해 있는 천재 피아니스트가 등장한다. 이 주인공이 바로 키르케고르를 꼭 닮았다. 키르케고르가 천재 피아니스트가 아니라 천재 철학자라는 점이 다를 뿐이다.

철학자와 여자의 관계는 후대까지 사람들의 입에 오르내리는 흥미진진한 화제가 된다.

이는 철학계에 나타나는 독특한 현상과 관련이 있다. 철학자들 가운데 3분의 1이 독신주의자라는 사실이다. 플라톤, 데카르트, 스피노자, 라이프니츠, 볼테르, 칸트, 파스칼, 키르케고르, 스펜서, 니체, 쇼펜하우어 등이 모두 독신주의자였다.

그런데 철학자와 여자의 관계는 또 언제나 역설적이다. 독신주의 철학자가 많아 마치 여자를 멀리하면 더 쉽게 철학자가 될 수 있는 듯한 착각마저 들지만, 철학자들마다 사무치게 그리워하는, 또는 어금니를 질끈 물게 만드는 여인들이 하나쯤은 꼭 있었다. 니체에게는 잘로메가, 쇼펜하우어에게는 어머니 요한나 쇼펜하우어가, 사르트르에게는 보부아르가, 키르케고르에게는 레기네가 있었다.

키르케고르와 레기네의 약혼 소식이 전해지자 사람들은 선남선녀 커플이 탄생했다며 감탄했다. 두 사람 모두 상류층 출신으로 남자는 재능 있는 귀공자이고 여자는 아리따운 미인이었다. 또 키르케고르가 레기네를 몇 년 동안 흠모하다가 구혼해서 약혼이 이루어진 것이므로 누가 봐도 완벽한 커플이었다. 그런데 세상일은 한 치 앞을 모른다고 했던가. 약혼한 지 사흘째 되던 날부터 키르케고르는 약혼을 후회하기 시작했고, 그 후에 레기네가 먼저 파혼을 요구하도록 여러 번 은근한 암시를 주었다. 하지만 사랑에 푹 빠진 레기네는 종달새처럼 바쁘게 뛰어다니며 결혼 준비에 여념이 없었으므로 키르케고르의 속내를 눈치채지 못했다. 한참 고민하던 키르케고르는 마침내 약혼반지를 레기네에게 돌려주며 파혼을 선언하는 편지를 보냈다. 편지에는 특별한 점은 없었고 한마디로 "나는 당신을 행복하게 해줄 수 없소"라는 내용이었다. 편지를 받고 큰 충격에 휩싸인 레기네는 키르케고르에게 마음을 돌려달라고 애원했지만 아무 소용이 없었다. 키르케고르의 결심은 이미 확고했고 그들의 인연은 이렇게 끝났다.

키르케고르가 왜 결혼을 앞두고 파혼을 했는지에 대해 수많은 억측이 있지만 진정한 이유는 우리네 평범한 사람들로서는 도무지 이해할 수 없는 것이다. 키르케고르가 세속 세계와 정신세계 사이에서 갈등하다가 세속 세계를 포기하고 자신을 신에게 바치기로 한 것이다.

키르케고르 Kierkegaard 라는 이름은 덴마크어로 교회라는 뜻도 있고 묘지라는 뜻도 있다. 키르케고르의 책 《이것이냐 저것이냐》,《공포와 전율》,《불안의 개념》 등의 제목도 모두 그는 불행한 사람이라는 메시지를 우리에게 전하고 있는 듯하다.

그렇다. 키르케고르의 육신은 등이 굽고 쇠약하고 고독했으며 그의 정신은 초조하고 절망적이고 두려움에 휩싸여 있었다. 그는 고독함이라는 헤어날 수 없는 늪으로 자신을 내던졌다. 불행한 사람들 중에는 불행한 유년기를 보낸 경우가 많다.

키르케고르의 아버지는 가난한 목동이었다. 그는 젊은 시절 가난과 굶주림에 고통받은 나머지 신을 원망했고 중년에 성공한 후 조강지처가 죽고 장례 기간에 하녀와 해서는 안 될 일을 했다. 그는 하녀가 임신하자 아이를 이유로 하녀를 아내로 맞이했다. 하지만 독실한 신자였던 그는 자신이 두 번이나 큰 죄를 저질렀다고 자책하며 아내를 냉대하고 우울감에 빠져 지냈다. 어린 키르케고르에게 세상은 잿빛이었다. 어머니는 어머니라기보다는 하녀에 가까워서 말수가 적고 무슨 일이든 순종했으며, 아버지도 아버지 같지 않아서 항상 우울하고 폭력적이었다. 키르케고르는 어릴 적부터 사랑받지 못했다. 우리 주변에서도 그런 아이들이 있다. 기형적인 가정은 아이의 반항심을 극도로 부추겨 쉽게 극단으로 치닫게 만든다. 그런 아이들은 툭하면 싸우고 시비를 벌이며 질서에 도전하는 경향이 있다. 만일 키르케고르가 체격이 건장했더라면 아마 그도 그런 방식으로 아버지의 구속에 반항하고 우울한 감정을 발산했을 것이다. 하지만 공교롭게도 키르케고르는 선천적으로 등이 굽고 몸이 야위고 약했으므로 반항할 힘이 없었다. 밖으로 통하는 문은 그에게 굳게 닫혀 있었고 내면의 정신세계로 통하는 문은 그를 향해 활짝 열려 있었다. 어린 시절부터 키르케고르는 세속을 멀리하고 자신의 정신세계 속에서만 살았다.

"세 살 버릇 여든까지 간다"라고 했던가. 심리학자들은 일찌감치 유년기가 한 사람의 성격 형성에 지대한 영향을 미친다는 사실을 알았다. 쇼펜하우어, 키르케고르 등 철학자들의 불우한 유년기는 세상 남자들에게는 "아내에게 정성을 다하라"라는 교훈을, 세상 여자들에게는 "자식을 사랑하라"라는 교훈을 준다. 설사 그 때문에 이 세상 철학자의 수가 몇 명 줄어들더라도 말이다. 한 생명을 탄생시킨 것만으로도 위대하고 숭고한 일이지만 그 생명을 어떻게 대하느냐는 한 사람의 인생을 결정한다. 이 세상에 키르케고르 같은 고독하고 절망적인 철학자보다는 원만하고 긍정적인 성격을 가진 평범한 사람이 더 존재하기를 바란다. 그 철학자들이 너무도 고된 인생을 살았기 때문이다.

그러나 신은 키르케고르의 고통 따위에는 관심이 없었던 것 같다. 키르케고르의 어머니와 다섯 명의 형제가 모두 세상을 떠났다. 키르케고르의 아버지는 편집증이 극에 달해 신이 자신에게 벌을 내려 자기 자식을 서른세 살 이전에 데려가는 것이라고 생각했다(예수가 서른세 살에 십자가에 못 박혔다). 정신이 피폐할 대로 피폐해진 그의 아버지는 날마다 술로 절망감을 달랬다. 그러던 어느 날 키르케고르의 아버지는 술에 취해 아들에게 끔찍한 비밀을 털어놓았다. 그 비밀이 무엇이었는지 우리는 알 수 없지만 순종적이었던 키르케고르는 그날 이후 거친 반항아로 돌변했다. 그는 신학과 철학을 멀리하고 신선하고 자극적인 생활을 하기로 결심했다. '범죄'를 통해 삶을 인식하기로 한 것이다. 그는 건달들과 어울려 다니며 술을 마시고 도박장에 드나들었다. 그러나 이것은 방탕일 뿐 '범죄'는 아니었다. 그러던 어느 날 그가 마침내 인간의 동물성과 원시적인 욕망으로 가득 찬 곳에 가게 되었다. 바로 유곽이다.

그러나 키르케고르는 실패했다. 그날 밤 그에게 무슨 일이 벌어졌는지 아무도 알지 못한다. 우리가 아는 것은 키르케고르가 일기장에 자괴감에 몸서리치는 듯한 말투로 "낄낄대는 동물 같은 웃음소리"라고 적었다는 것뿐이다. 동물이 되기에는 그의 몸이 너무 약했기에 지옥문 앞에서 배회하면서도 들어가지 못했다. 키르케고르의 자아 반역은 결국 이렇게 실패로 돌아갔다. 그때부터 그는 겸허한 청년으로 돌아가 신에게 귀의했고 다시는 신을 배신하지 않겠노라고 맹세했다.

철학자의 작품을 읽을 때 흥미로운 점이 있다. 어떤 철학자들은 작품을 읽을 때 그의 일생에 대한 배경지식이 없어도 무방하지만, 키르케고르 같은 철학자는 그의 작품이 거의 자서전이나 내면의 독백과 같아서 그의 일생을 알지 못하면 철학 사상을 온전히 이해할 수 없다. 연이은 불행으로 인해 키르케고르의 일생은 우울함, 의심, 예민함, 고독, 절망으로 점철되었다. 그러나 사랑이 찾아왔을 때, 성모 마리아처럼 온유하고 빛나는 여인이 그의 메마른 가슴을 따뜻하게 감싸줄 수 있을 때 그는 또 거절했다. 레기네와 헤어진 키르케고르는 신앙이라는 정신적인 길에서 성큼성큼 앞으로 나아갔다. 그와 레기네의 교제는 훗날 그의 작품 소재이자 영원한 영감의 토양이 되었다. 그런데 키르케고르를 숭상하는 이가 또 있었다. 바로 그를 정신적 이웃으로 여기는 문학가 카프카다. 카프카도 약혼자와 파혼한 경력이 있다. 그런데 그는 약혼했다가 파혼했다가 다시 약혼했다가 파혼하는 등 약혼과 파혼을 반복했다. 키르케고르와 카프카는 비슷한 점이 많다. 두 사람 모두 실존주의의 대가이고 고독과 절망을 바탕에 깔고 있으며 결혼 공포증 때문에 파혼한 경력이 있다. 또 두 사람 모두 생전에는 이름을 날리지 못했지만 사후에 큰 명성을 얻었다.

키르케고르 사후 약 100년 동안 그의 사상은 사람들에게 큰 관심을 받았고 여러 학파에서 그를 선구자로 받들었다. 마크 트웨인의 풍자 희곡《그가 죽었어?》의 주인공은 프랑스의 유명한 화가 밀레다. 가난으로 고통받던 밀레가 친구들과 모의해 자신의 죽음을 가장하기로 했다. 친구들은 그의 그림 값을 올리기 위해 밀레가 곧 죽을 것 같다는 거짓 소문을 퍼뜨렸고 과연 그의 '사후'에 그림 가격이 천정부지로 치솟았다. 마크 트웨인은 이 작품을 통해 예술을 대하는 사람들의 태도를 풍자했다. 사실 예술계뿐만 아니라 문학계, 철학계에서도 이런 현상이 존재한다. 저자는 가난으로 고통스러운 일생을 살지만 사후에 작품의 가치가 폭등하는 것이다. 그런데 나는 이것을 단순히 세상 사람들의 위선 탓으로만 돌릴 수는 없다고 생각한다. 예술가나 문학가의 작품과 이론이 그가 살던 시대를 반영하기는 하지만 때로는 시대를 너무 앞서 있어서 당시에는 사람들에게 이해받지 못했다가 세월이 흘러 점점 진가를 드러내는 경우도 있다.

키르케고르가 사망한 후 한 세기가 흐르는 동안 사람들은 그가 세 가지 분야에서 특출한 인재였음을 알고 놀라워했다. 그는 실존주의, 정신분석학, 신학 세 분야에서 훌륭한 성과를 남겼다. 실존주의의 3인방인 야스퍼스, 하이데거, 사르트르도 모두 키르케고르가 선구자임을 인정했다. 그의 책《이것이냐 저것이냐》의 제목처럼 키르케고르의 실존주의는 일종의 선택이었다. 사람들은 자유로운 선택을 통해서만 자신의 본질을 얻을 수 있다는 것이다. 키르케고르는 존재를 명사가 아니라 동작으로 보았으며, 오직 사람만이 '존재'에 대해 말할 수 있다고 생각했다. 사람만이 "나는 무엇인가?"라는 의문을 가질 수 있기 때문이다. 키르케고르는 존재는 활력을 가진 개체의 존재이지 보편적인 군중의 존재가 아니라고 생각했다. 이 밖에도 그는 존재를 인식하는 세 단계를 제시했다.

심미적 단계. 대표 인물: 돈 후안, 파우스트

키르케고르는《이것이냐 저것이냐》의 첫 부분에서 심미적 단계를 제시했다. 이 단계는 감성적인 단계로 감각기관의 쾌락과 자극을 추구한다. 이 단계에서는 뚜렷한 도덕 기준이나 종교 신앙은 없다. 전설적인 인물 돈 후안이 바로 전형적인 예다. 인생을 대하는 그의 태도는 향락주의였다. 여자를 유혹해 마음껏 즐기다가 무정하게 버렸다. 육욕과 감성이 그의 일생을 지배했다. 그러나 심미적인 즐거움이 사라지고 감각기관이 자극받지 못하고 따분해지자 돈 후안을 대신해 파우스트가 등장했다. 파우스트의 인생관은 회의주의였다. 회의가 모든 것을 집어삼키고 아름다움은 오로지 절망 속에서만 찾을 수 있었다. 극단적인 절망에 다다른 사람들은 존재의 또 다른 차원으로 '도약'했는데 그것이 바로 윤리적 단계다.

윤리적 단계. 대표 인물: 소크라테스

키르케고르는 《이것이냐 저것이냐》의 두 번째 부분에서 윤리적 단계를 제시했다. 이 단계는 심미적 단계의 감성적 한계에서 벗어나 도덕과 법칙을 추구하기 시작했다. 윤리적인 사람들은 이성적이고 도덕과 준칙, 의무를 지켰다. 소크라테스가 바로 양심과 진리를 수호하기 위해 억울한 누명을 벗지 않고 사형을 당했다. 그의 제자들이 판결이 부당하다며 탈옥을 권유했지만 소크라테스는 생명 대신 법률을 지키는 편을 택했다.

물론 윤리적 단계도 완벽하지는 않으며 부족한 점이 있다. 보편적인 윤리의 법칙으로 개인의 존재를 구현할 수 없고 인간의 구체적인 행위를 포용할 수도 없다. 《공포와 전율》에서 키르케고르는 아브라함의 시험을 언급했다. 하나님이 독실한 신도 아브라함에게 아들을 죽이라고 명령했다. 아브라함이 아들을 죽인다면 그는 도덕과 윤리를 어기게 되고, 죽이지 않는다면 하나님의 뜻을 거스르는 것이었다. 아브라함은 도덕의 딜레마를 통해 인간의 한계를 드러냈고 다시 한 번 '도약'했다. 바로 종교적 단계로의 도약이다.

종교적 단계. 대표 인물: 아브라함

종교적 단계에서 사람들은 심미 단계에서의 물욕과 육욕을 버리고, 윤리적 단계에서의 도덕 원칙과 의무의 속박에서도 벗어났다. 이제 인간은 오로지 신만을 바라보았다. 아브라함은 결국 하나님의 명령에 따라 눈물을 머금고 아들을 죽이기로 했다. 마지막 결정적인 순간에 하나님이 나타나 아들을 대신해 양을 희생시키는 동시에 갑자기 촛불이 환히 밝혀지고 흥겨운 음악 소리가 터져 나왔다. 사람들은 "서프라이즈surprise!"를 외치고 하나님은 아브라함의 손을 꼭 잡고 "축하하네. 자네는 시험을 무사히 통과했어!"라고 말했다.

종교 단계에서 사람들이 의지하는 것은 비이성적인 신비로움, 즉 '황당함'이다. 종교적 인간은 이성적이지 않고 비이성적으로 감성과 의지를 추구한다. 종교적 인간은 사회화되지 않고 개성과 자유를 추구하며 군중 속에서도 홀로 고독을 곱씹는다. 또 종교적 인간이 겸허한 것처럼 보이지만 사실은 아무것도 모른 채 규율만을 따르는 신도들이 아니라 종교의 규칙과 의식을 따르는 윤리 단계의 인간일 뿐이다. 종교적 인간이 인생의 가장 큰 고통을 경험하고 인생이 아무 의미도 없음을 느끼고 있을 때 하나님이 그들에게 강림했다. 종교적 인간은 '신앙의 기사'다. 그들에게는 오직 신앙만이 막막하고 우연적인 존재 속에서 "오, 내게 힘을 주시옵소서!"라고 외칠 수 있게 하는 힘이다. 이 신앙의 기사들은 필연성을 탈피해 필연 이외의 가능성을 찾고 자아의 선택을 통해 또 다른 생존의 상태로 도약했다.

이안 감독의 영화 〈라이프 오브 파이〉를 보면 복잡한 철학적 요소들로 가득 차 있다. 그 후 특히 키르케고르가 제시한 '종교적 인간'의 모습이 두드러지게 나타난다.

소년 파이는 여러 종교를 믿었지만 그의 아버지가 뭐든 다 믿는 것은 아무것도 믿지 않는 것과 같다고 말한다. 파이는 종교적 인간에 가깝지만 엄밀하게 따지면 특정 종교의 신도가 아니다. 키르케고르의 관점에서 볼 때 파이는 종교의 규율과 의식에 철저히 따르는 윤리적 단계의 인간일 뿐이다. 파이는 바다에서 시련을 겪은 후 이성적인 인간에서 비이성적인 개체로 변화한다. 그의 내면세계는 고통스럽고 신비롭다. 그리고 마침내 인생이 그에게 무의미한 경지에 이르렀을 때 또 다른 의미의 신이 나타남으로써 파이는 구원을 받고 진정한 의미의 종교적 인간이 된다. 영화에서 소년 파이는 밥을 먹기 전에 기도를 하지만 중년이 된 파이는 밥을 먹을 때도 기도를 한다. 이 기도와 신앙이 부정의 부정을 경험하며 새롭게 승화되는 과정이 영화 속에 그려져 있다. 환상적인 표류를 통해 인간과 인류의 신앙이 한 차례 승화를 경험한다.

키르케고르는 모든 인간을 비이성적인 개체로 그려냈다. 그들의 내면세계는 고통스럽고 신비로우며 아무도 알 수 없다. 서양 문명사를 살펴보면 인간의 자존심이 커다란 상처를 받은 세 번의 사건이 있었다. 첫 번째는 코페르니쿠스의 지동설이다. 지동설로 인해 인간은 자신들이 살고 있는 지구가 사실은 태양 주위를 돌고 있으므로 자신들이 우주의 중심이 아니라는 사실을 알았다. 두 번째는 다윈의 진화론이다. 다윈은 인간은 그리 신성한 존재가 아니며 원숭이가 진화해 인간이 되었으므로 인간이 일부 동물들과 매우 가까운 관계에 있음을 보여주는 수많은 증거를 내놓았다. 세 번째는 프로이트의 무의식 이론이다. 프로이트는 인간의 모든 활동이 사실은 이성이 아니라 동물적인 본능과 충동에 의해 이루어진다고 주장했다. 그러나 키르케고르는 프로이트보다 반세기나 앞선 인물이다.

키르케고르가 살던 시대에 유럽은 헤겔의 이성주의 철학에 매료되어 있었다. 헤겔은 이성주의 철학의 체계를 세우고 이 체계 안에서 '절대정신'의 정-반-합을 경험한 후 세계와 만물을 해석했다. 헤겔의 철학은 보편성을 강조하고 개별성을 무시했다. 개인이 군중 속에서 세계의 역사가 될 때에만 비로소 의의를 가지며 모든 개인의 감성은 역사를 떠나서는 존재의 의미가 없다는 것이 헤겔의 주장이다.

키르케고르는 헤겔의 철학 체계에 강한 반감을 느꼈다. 그의 입장에서 헤겔의 주장은 너무 공리적이었다. 헤겔의 이론에 따르면 모든 사람은 역사의 흐름에 순응하고 군중 속에서 존재해야만 비로소 의의를 가진다. 그렇다면 변두리에 있는 사람들은 어떻게 할까? 키르케고르는 평생 직업을 가지지 않았고 결혼해서 가정을 꾸리지도 자식을 낳지도 않았으며 주류에 순응하지 않았다. 그렇다면 그는 과연 존재하는 것일까? 키르케고르는 헤겔의 철학을 완전히 뒤집었다. 존재는 황당하고 개체는 자주 변하는 것이므로 헤겔이 논리적으로 탄탄한 체계를 세워놓았다고 해도 인간의 감성적 의지는 논리를 초월한다고 헤겔은 생각했다. 한마디로 헤겔의 체계는 인간이 살기에는 부적합한 궁전이라는 것이다.

후대의 많은 이론가들이 키르케고르의 철학은 규모가 크지 않고 이론성도 강하지 않다고 평가했다. 그의 철학은 오로지 '자아'에 대해서만 이야기하고 있기 때문이다. 그러나 '자아'는 유물적인 의의에서 생명의 존재물인 자아가 아니고, 유심적인 의의에서의 '주체성'이나 '개체성'을 뜻하는 것도 아니다. 바로 생존적인 의의에서 자신의 운명을 추구하는 자아다. 존재는 선택과 행동을 통해 구현된다. 선택을 통해 하나의 생존 상태에서 다른 생존 상태로 도약하는 사람만이 진정으로 존재한다고 할 수 있다.

현대 사회에서 광고는 대중의 욕구와 수요를 창출하고 매체는 대중의 희로애락을 복제한다. 개인은 감각기관의 쾌락과 물욕을 추구하는 집단 속에 속해 있다. 인간의 개성은 사라졌다. '이론의 규모가 크지 않은' 키르케고르는 과거 철학자들은 간과했지만, 후대 철학자들은 결코 간과해서는 안 되는 한 가지 문제를 제시했다. 바로 개인의 생존에 관한 철학적인 문제다.

키르케고르는 마흔두 살에 요절했다. 또 한 명의 실존주의 선구자 니체와 마찬가지로 그도 거리에서 쓰러져 병원으로 옮겨졌다가 숨을 거두었다. 키르케고르는 짧고도 고통스러웠던 일생을 통해 자신의 복제 불가능한 '존재'를 증명했다. 그의 고독하고 초조하고 절망적이며 공포와 전율에 가득 찬 존재를 말이다. 그는 바로 '단독자'(키르케고르의 묘비명)였다.

지금 세상 어디선가 누군가 울고 있다

지금 까닭 없이 울고 있는 그 사람은
나를 위해 울고 있다

지금 세상 어디선가 누군가 웃고 있다
지금 까닭 없이 웃고 있는 그 사람은
나를 위해 웃고 있다

지금 세상 어디선가 누군가 걷고 있다
지금 정처 없이 걷고 있는 그 사람은
나를 향해 오고 있다

지금 세상 어디에선가 누군가 죽고 있다
지금 까닭 없이 죽고 있는 그 사람들은
나를 쳐다보고 있다

- 릴케, 〈엄숙한 시간〉

키르케고르는 11월 11일에 세상을 떠났다. 지하에 있는 그가 후대의 수많은 독신 남녀들이 이날을 특별한 기념일(중국에서는 11월 11일을 일명 '광군제', 즉 '솔로데이'로 일컫는다 – 옮긴이)로 정했다는 것을 안다면 고독에 익숙한 그는 울까, 웃을까? 아니면 두려워할까, 전율할까?

오해받는 정치철학의 선구자, 니콜로 마키아벨리

다음의 내용을 자세히 읽고 몇 가지 질문에 대답해보시오.

　1673년 청나라 강희 15년, 평서왕 오삼계가 서남부를 평정하고 탐관오리를 엄벌에 처해 조정의 기강을 바로잡자 서남부가 평화로 워지고 경제가 발전하기 시작했다. 사람들은 평서왕이 도읍으로 진격해 스스로 황위에 오를 일만 남았다고 생각했다.

　그런데 갑작스럽게 변수가 생겼다. 평서왕 휘하의 포두捕頭(범인 을 잡는 일을 하는 무관 ‒ 옮긴이) 왕씨가 야반도주해 적진으로 도망치 고, 뒤이어 평서왕의 왕비가 세자를 지키기 위해 사람을 독살하는 일이 벌어졌다. 이 일로 그동안 평서왕이 쌓았던 공이 한순간에 무 너지고 말았다.

이에 대해 어떤 이들은 "평서왕이 재물을 산더미처럼 쌓아놓고 여색에 탐닉하여 조정의 기강이 무너지자 민심이 떠났다"라고 했고, 또 어떤 이들은 "평서왕이 서남부를 오랫동안 다스리면서 많은 업적을 세워 처음에는 작고 별 볼일 없었던 정권이 큰 힘을 갖게 되었다"라고 평가했다.

똑같은 사건을 놓고 정사와 야사의 기록이 제각각이어서 진상이 무엇인지 알 수가 없다.

1. 위의 글에서 알 수 있는 정치투쟁의 본질은 무엇인가?

A: 살기등등하고 변화무쌍하며 모두 피해를 입어 승자가 없는 투쟁

B: 노선 투쟁

C: 이익 투쟁

D: 계급투쟁

2. 훌륭한 정치가에게 꼭 필요한 자질은 무엇인가?

A: 훌륭한 연기력

B: 고위험군 직업이므로 튼튼한 심장과 체력

C: 자기 수양, 지략에 능하고 과감함, 덕으로 사람을 복종시키는 능력

D: 사자의 용맹함과 여우의 지혜

정치가가 '사자의 용맹함과 여우의 지혜'를 가져야 한다고 처음 말한 사람은 이탈리아인 마키아벨리$^{Niccoló\ Machiavelli}$(1469~1527)다. 계략과 암투가 오가는 음험한 정치 문화에 오랫동안 파묻혀 있었던 중국인들에게 마키아벨리의 주장은 조금도 낯설지 않다. 옛날 궁중의 이야기를 그린 사극을 보면 후궁, 간신, 태감 들이 제각각 마키아벨리즘을 적극 실천했다.

그런데 사실 마키아벨리는 오해를 많이 받는 인물이다. 그의 이름은 언제나 '음모', '권모술수', '계략' 같은 단어들과 연결된다. 그의 명저 《군주론》도 숱한 비난과 혹평을 받았다. 그런데 그를 비난하는 사람들 중 대부분은 정치가와 위선적인 기독교도였다. 그들도 《군주론》을 읽으며 남몰래 통쾌함을 느꼈지만 그러고도 마지막 책장을 덮고 나면 벌떡 일어나 "대중을 미혹시키는 허튼 소리"라고 짐짓 엄숙하게 외쳤다. 그러나 허상이 아무리 사람들의 눈을 멀게 해도 《군주론》은 예로부터 지금까지 훌륭한 정치가를 꿈꾸는 모든 이들의 필독서다. 물론 정치가들은 이 사실을 꼭꼭 숨기고 말하지 않는다.

마키아벨리는 《군주론》에서 군주를 위해 어떤 계책을 제시했을까?

그는 이렇게 말했다.

군주는 사자의 용맹함과 여우의 지혜를 가져야 한다.

목적을 위해서는 수단과 방법을 가리지 않고 사용해서 좋은 결과를 얻어야 군주로서의 명성을 얻을 수 있다.

군주는 사람들이 자신을 두려워하도록 만들어야 한다. 비록 사랑을 받지는 못한다 해도 적어도 증오하게 만들지는 않아야 한다.

군주는 아첨하는 사람을 피해야 하고 자신보다 더 비정한 이를 고문으로 임용하지 말아야 한다.

군주는 관대하다는 평판을 들으려 하지 말고 인색하다는 평판에 신경을 쓰지 말아야 한다.

군주가 위대한 업적을 이루려면 성실과 신의보다 책략이 필요하다. 하지만 군주가 된 후에는 신의를 지키는 것처럼 보일 필요가 있다.

군주는 멸시와 증오를 유발하는 일은 무조건 피해야 한다.

군주는 자신의 군대를 조직하고 장악하며 용병을 선택해야 한다. 외국 지원군을 사용하는 것은 멸망을 자초하는 길이다.

…

마키아벨리의 발언은 거침없고 대담하다. 《군주론》도 군주에게만 적용되는 것이 아니라 부하 직원을 관리하려는 기업 경영자나 관리자, 사회적으로 성공하고자 하는 사람들도 《군주론》에서 계책을 찾을 수 있다. 훗날 히틀러와 무솔리니는 《군주론》을 항상 가까이 두고 읽었다. 마키아벨리를 향한 비난은 거의 전 세계적인 현상이다. 사람들은 마키아벨리가 목적을 위해 수단과 방법을 가리지 않고 독재적이며 비열했다고 비난한다. 그런데 난감하게도 마키아벨리 본인은 귀족 출신의 공화주의자였다. 공화국의 절대적인 충복인 그는 공화국이 붕괴되고 메디치 가문이 복귀하면서 투옥되고 말았다. 출소 후 마키아벨리는 새 군주의 환심을 사 자신의 정치적 이상을 실현하기 위해《군주론》을 집필했다. 그러나 새 군주는 마키아벨리에게 조금도 관심이 없었다. 훗날 메디치 가문의 후계자가 마키아벨리를 다시 관직에 임용하기는 하지만 공화정이 재기하고 메디치 가문이 몰락하면서 마키아벨리의 좋은 시절도 오래가지 못했다. 마키아벨리는 또다시 공화국의 충실한 개가 되고자 했으나 공화국은 메디치 가문과 애매한 관계를 맺었던 공화주의자 마키아벨리를 단호하게 거부했고, 마키아벨리의 정치 인생은 물론 그의 인생까지도 이로써 막을 내렸다.

공화주의자 마키아벨리가《군주론》외에도 공화주의에 관한《로마사 논고》와 희극《만드라골라》,《황금 당나귀》등의 작품을 썼지만《군주론》한 권으로 인해 '목적을 위해서라면 수단과 방법을 가리지 않는다'라는 마키아벨리즘의 이미지가 사람들의 인식 속에 단단히 뿌리박혔다. 형식이 내용을 가린 탓에 마키아벨리의 또 다른 위대한 신분에 대해 아는 사람도 거의 없다.

그는 사실 서양 근대 공화주의 정치철학의 선구자였다.

그가 선구자로서 남긴 업적을 한마디로 표현하면 "도덕과 정치를 이혼시켰다"라는 것이다.

마키아벨리 이전에 투키디데스의《펠로폰네소스 전쟁사》에서 플라톤의 《국가》, 이어서 아리스토텔레스의 《정치학》까지 고대 그리스 시대에는 정치와 도덕이 밀접한 관계를 맺고 있었다. 정치 이념에서부터 정치 체계까지 모두 도덕을 중요한 전제로 삼고 있었다. 고전 정치철학은 인간의 본성이 선하다는 전제 위에서 세워졌으며, 도시에 사는 사람이라면 모두 정치 생활을 통해 정치 도덕을 추구하고 덕을 발휘함으로써 완전한 의미의 인간이 되고 정치는 영원히 도덕 안에 속한다고 여겼다. 플라톤의 저서 《국가》의 핵심은 '철학왕'이다. 국왕은 최고의 철학가이며 철학가만이 정치, 철학, 미덕을 모두 가질 수 있다는 것이다. 아리스토텔레스는 인간은 정치적인 동물이며 모든 정치 공동체에는 '이데아'라는 한 가지 목적이 있다고 주장했다. 고대 그리스의 정치학은 '목적론'이다. 정치 세계는 '목적'에 의해 지탱되며 고대 그리스의 정치와 도시가 추구하는 것은 '이데아'였다. 이런 공동선共同善이 바로 '목적론'이다. 선은 현실 정치에서 사람들이 추구하는 것이 아니라 선험적인 가설로 도출된 것이다.

플라톤, 아리스토텔레스 등 철학자들이 추구하는 것은 '마땅히 그런' 절대적인 진리였고 마키아벨리가 추구하는 것은 '무엇이' 사실의 진상인가 하는 것이었다. 보통 철학자들이 일생 추구하는 것은 이념 속의 이상 세계가 아니다. 정치는 머릿속에서 나온 산물이나 사상 유희가 아니며 권력, 이익, 공리에 관한 현실적인 활동이다. 마키아벨리는 고전 정치학이 모두 도덕과 선을 추구했지만 현실에서 도덕과 도덕 사이에 모순이 발생했다고 생각했다. 기독교의 도덕과 고대 로마의 도덕 사이에 충돌이 발생했다. 기독교의 도덕은 겸허함과 긍지, 박애를 강조한다. 누가 오른쪽 뺨을 때리거든 왼쪽 뺨도 내어주라고 가르친다. 그런데 고대 로마는 도덕을 숭상하면서도 전투에서 용맹하게 싸울 것을 강조했다. 도덕과 전투라는 두 가지 도덕 체계가 충돌한 것이다. 마키아벨리는 두 가지 도덕의 충돌을 통해 무조건적인 도덕을 부정하고 도덕이 정치를 지배하는 것에 반대했다. 정치인은 세속 세계이자 경험 세계에서 사는 사람이다. 그들은 고전 정치학에서 선전하는 것처럼 그렇게 선하고 도덕적일 수 없다.

정치철학은 매우 흥미롭다. 철학자들은 반드시 필요한 존재이며 정치 외에도 국가 자체보다 더 가치 있는 것이 있다고 주장한다. 그런데 또 한편으로는 정치를 변호한다. 철학자들은 세상일에 눈과 귀를 닫고 철학을 연구할 수 있지만 대다수 사람들은 현실의 정치 생활 속에서 살고 있다는 것이다. 마키아벨리에서부터 시작해 서양 근현대 정치철학은 고전 정치철학의 목적론을 버리고 정치는 인간의 정치일 뿐이며, 정치가 인간을 초월해 더 높은 목적에 주목할 필요가 없음을 인정했다. 그래서 마키아벨리 이후 홉스는 《리바이어던》에서 국가와 정치권력을 사악한 괴물 '리바이어던'에 비유했고, 스피노자의 《신학정치론》은 신전에 있던 기독교를 세속의 역사로 끌어내렸다. 또 루소는 《사회계약론》에서 마키아벨리의 저서를 여러 차례 인용했으며, 셰익스피어의 《햄릿》,《리처드 3세》에는 마키아벨리즘 군주의 화신이 등장한다.

서양에서 베스트셀러가 되었던 《세상을 망친 10권의 책》을 보면 마키아벨리의 《군주론》, 홉스의 《리바이어던》을 혼란의 서막으로 보고, 루소의 《인간 불평등 기원론》을 10권의 책 중 1위에 올려놓았다. 저자는 이 책들이 인간 세상에 혼란을 일으키고 인류에게 악영향을 미쳤다고 주장했다. 그런데 이것은 오류가 분명하다. 사상은 인간 세상을 혼란스럽게 만들 수 없다. 이 세상에는 이미 수없이 많고 다양한 사상이 존재하며 그중 어느 것도 다른 사상 위에 군림할 수 없으며 그 시대의 정치적, 경제적 상황에 뿌리를 두고 있다. 지금은 독일의 한 광장에서 "나치 만세!"라고 외쳐도 아무도 관심을 갖지 않겠지만 1940년대였다면 갈채와 환호를 받았으리라.

'마'씨 집안에 대담한 후손이 둘 있었다. 두 사람 모두 '혁명'을 완성하고 그 혁명으로 뜨거운 명성과 따가운 비난을 함께 받았다. 그중 한 사람은 마키아벨리이고 또 다른 한 사람은 마르크스다. 혹자는 마키아벨리를 근대 공화주의의 선구자로 찬양했지만 혹자는 그를 음험하고 간교하다고 비난하고 《군주론》도 학술서가 아니라 권모술수의 경전이라고 깎아내렸다. 또 혹자는 마르크스를 노동에 주목해 세상을 변화시켰다고 칭찬했지만 혹자는 그를 악마 사기꾼이라고 저주하고 그의 학술도 남의 변증법과 유물주의를 베껴온 것에 불과하다고 폄하했다.

어떤 의미에서 볼 때 두 사람의 '혁명'에는 비슷한 점이 있다. 모두 관념 세계의 속박을 깨고 현실 생활에 초점을 맞추었다는 점이다. 마키아벨리는 정치철학이 목적론이라는 누에고치를 깨고 밖으로 나올 수 있게 했을 뿐 아니라 정치를 도덕에서 분리시켰다. 정치 생활은 현실 세계이며 추상적인 이념 세계가 아니다. 마르크스는 철학을 형이상학적인 체계에서 해방시켰다. 철학자들이 세상을 해석하려고 한 것은 모두 세상을 변화시키기 위함이다. 마르크스는 인간을 추상적으로 논하는 데 반대하고 인간을 구체적인 생산 관계 속으로 환원시키고자 했다. 이 두 차례 혁명은 형이상학을 형이하학의 현실 세계로 옮겨놓았다.

그뿐만 아니다. 이 두 명의 '마'씨 사상가는 방법적인 면에서도 일치된 의견을 보였다. 마키아벨리는 "풍경화가가 산이나 기타 높은 곳을 그리기 위해서 골짜기와 같은 저지대에서 바라보고, 평원과 같은 곳을 그리기 위한 전망이 좋은 곳을 확보하기 위해서는 높은 곳으로 올라가기 때문이다"라고 말했다. 군주의 위치에 있어야만 민중을 더 잘 이해할 수 있다는 뜻이다. 그런데 마르크스도 이렇게 말했다. "인간 해부는 원숭이 해부에 대한 열쇠를 제공한다. 다시 말하면 하등동물에게서 나타나는 고등동물의 징조는 고등동물을 인식한 후에야 비로소 이해할 수 있다." 같은 이치로 자본주의 경제 연구는 고대사회 경제 연구에 열쇠를 제공한다. 물론 이 두 사람이 전지전능한 것은 아니다. 마르크스는 자본 자체가 가진 역설을 근거로 자본주의가 필연적으로 멸망하고 사회주의가 필연적으로 승리할 것이라고 단언했지만, 어떻게 사회주의를 건설할 것인지는 후대 이론가와 실천가의 과제로 남겨놓았다. 마키아벨리는 정치가 도덕과 윤리의 간섭으로부터 벗어나 현실로 돌아가야 한다고 주장했다. 하지만 정치가 철저히 도덕을 벗어나면 무엇으로 권력에 제약을 가할 수 있을까? 삼권분립? '마'씨 두 형제는 모두 과거의 잘못에서 교훈을 얻어 문제를 진단해냈지만 어떻게 약을 쓰고 치료를 할 것인지는 여전히 과제로 남겨놓았다.

은둔형 외톨이 칸트는《영원한 평화를 위하여》에서 한 가지 문제를 제기했다. 인류에게 필요한 것은 '정치적 도덕가'인가, '도덕적 정치가'인가? 이 문제에 있어서 칸트는 우상 루소의 의견에 동의해 '도덕 정치'를 수립할 것을 주장하면서 한 걸음 더 나아가 정치 안에서 도덕의 존엄성을 해석했다. 칸트는 '도덕적 정치가'는 도덕을 정치의 한계선으로 삼아 도덕과 정치를 결합시켜야 하고, '정치적 도덕가'는 도덕을 정치의 수단으로 삼아 도덕이 정치에 봉사하게 만들어야 한다고 주장했다. 현실 세계에서 이런 일은 매우 흔하게 나타난다. 미국이 이익을 위해 타국을 공격하면서도 언제나 '인권' 보호를 내세워 도덕적으로 유리한 위치를 차지하고, 과거 일본이 중국을 침략하면서 '대동아공영권' 수립을 앞세운 것이 전형적인 예다.

그런데 훌륭한 듯 보이는 칸트의 '도덕적 정치가'도 인류 사회가 동경하는 이상일 뿐이다. 정치가의 도덕은 무엇을 통해 관철할 수 있을까? 유치원에서부터 교화된 그들의 도덕심도 언젠가는 적나라한 이익과 충돌해 산산이 부서진다. 마키아벨리의 말이 맞다. 도덕적인 사람이 되고 싶다면 정치가가 될 수 없다. 정치가의 직업윤리 안에는 '도덕성'이라는 항목이 없기 때문이다.

예술을 하듯 사랑하라, 에리히 프롬

페기 구겐하임이라는 똑똑하고 자유분방한 유대인 여성이 제2차 세계대전의 혼란한 틈을 타 예술가들과 뜨거운 연애를 즐겼다. 그녀는 침대에서 예술가들과 격렬한 흥정을 벌여 피카소, 뒤샹, 달리, 브라크 등 유명 화가의 현대미술 작품 50점을 총 4만 달러에 사들였다. 수십 년이 흐른 후 그 돈으로는 그중 어느 한 작품의 부스러기도 살 수 없게 될 줄은 아무도 예상하지 못했다.

1912년 산업 문명의 성과를 상징하는 거대하고 사치스러운 유람선 타이태닉호가 영국 사우샘프턴 항에서 기적을 울리며 출항할 때 인류 문명사의 슬픈 불행도 점점 다가오고 있었다. 페기의 아버지 벤저민 구겐하임도 그 배에 타고 있었다. 여러 명의 정부를 거느린 바람둥이였던 그는 이번에도 정부를 데리고 어린 딸의 생일

파티에 맞추어 뉴욕으로 돌아가고 있었다. '영원히 가라앉지 않는다'던 타이태닉호가 속절없이 바닷속으로 가라앉으면서 페기의 유년기도 함께 침몰했다. 그 후 아버지의 유산으로 거액을 상속받은 페기는 유럽으로 예술 유학을 떠났고 훗날 위대한 현대미술 수집가가 되었다. 영화 〈타이타닉〉을 보면 구명정에 자리가 모자란다는 말에 정부를 구명정에 태운 후 자신은 일등실로 돌아가 턱시도로 갈아입고 하인들과 함께 시가와 브랜디를 즐기며 최후를 맞이한 신사가 등장하는데 그가 바로 벤저민 구겐하임이다.

오래전 내가 〈타이타닉〉을 보았을 때는 아무것도 모른 채 잭과 로즈의 안타까운 사랑에 탄식했다. 그런데 몇 년이 흘러 세월에 풋풋한 감성을 빼앗기고 세파에 물든 후 다시 영화를 보았을 때는 그 빌어먹을 사랑에 눈물지었을 뿐 아니라 거대한 재앙 앞에서 너무도 무력한 인간의 나약함과 재앙 앞에서 돋보인 인간의 존엄성이 나를 울게 만들었다.

사랑은 무엇일까? 첫눈에 반해 평생 서로 아끼고 의지하는 것도 사랑이고 생사로 엇갈려 그리워도 볼 수 없는 것도 사랑이다. 물론 잭과 로즈처럼 번개같이 사랑에 빠져 뜨겁게 사랑해도 결국에는 여느 부부들처럼 평범한 삶을 살면서 현실의 장벽 앞에서 치열하게 싸우다가 파경을 맞을 수도 있고, 생사로 엇갈린 인연에 애달파하다가도 언제 그랬느냐는 듯이 새로운 사람을 만나 사랑에 빠질 수도 있다. 사랑도 완벽하게 순수하기는 어렵다. 그렇기 때문에 사랑을 갈구하는 남녀들이 다른 이의 사랑 이야기에 눈물지으며 자신에게 완벽한 사랑이 찾아오기를 바라는 것이다. 설령 그 행운이 찾아올 확률이 천만분의 일에 불과할지라도 말이다.

철학자는 사랑을 피해 도망치고 문학가는 사랑에 찬사를 보낸다. 수천만 년 동안 바뀌지 않은 인간의 본성 때문에 우리는 수천 년 동안 입에서 입으로 전해진 눈물겨운 사랑 이야기를 들을 수 있는 것이다. 그런 이야기들은 인종, 국경, 언어의 구분이 없다. 달콤하게 말려 올라간 연인의 입가에 미소 짓고 연인의 우울한 눈빛에 가슴이 아픈 것, 그것이 바로 사랑이다. 의학적으로는 사랑이 단순히 도파민이라는 신경전달물질이 분비되는 현상임이 일찍이 밝혀졌다 해도 말이다. 전전두피질에서 내려보낸 그 아름다운 환상 때문에 얼마나 많은 사람들이 불구덩이로 뛰어들었는가. 하지만 안타깝게도 도파민에는 유효기간이 있다. 30개월이 지나면 격정은 구름처럼 흩어져버린다. 그래서 "영원히 행복하게 살았습니다" 같은 결말은 동화 속에서만 등장하는 것이다. 현실에서는 아무리 아름다웠던 사랑 이야기도 유효기간이 지나면 배신, 질투 같은 것들로 물들고 평범해진다. 오스카 와일드의 동화 〈나이팅게일과 장미〉를 보면 한 철학도가 사랑하는 여인에게 무도회에 함께 가자고 제안하자 그녀는 붉은 장미를 구해오면 무도회에 함께 가겠다고 말한다. 철학도는 여인의 사랑을 얻기 위해 한겨울 추운 화원에서 붉은 장미를 찾아 헤매고 남자의 사랑에 감동한 나이팅게일이 자신의 목숨을 희생해 붉은 장미를 피워낸다. 하지만 철학도가 그 장미를 건네자 여자는 미간을 찌푸리며 장미의 색깔이 자신의 옷과 어울리지 않는다고 말한다. 그녀는 이미 높은 관리의 조카로부터 보석을 받은 후였다. 청년은 화가 나서 장미를 던져버리고 사랑의 어리석음과 무의미함을 한탄하며 철학 공부에 몰두한다. 이야기 속에서 사랑을 진정으로 이해한 것은 나이팅게일뿐이다. 철학도와 여인 모두 사랑을 알지 못했다. 여기에서 문제가 등장한다. 인간은 어떻게 사랑을 해야 할까?

유감스럽게도 이 문제의 해답은 아직 찾지 못했다. 과학자들은 자연법칙을 찾고 사회과학자들은 역사에서 법칙을 찾는다. 인간은 법칙을 찾고 이용할 수 있다. 그러나 사랑의 법칙을 찾아낸 사람은 아직 아무도 없다. 사랑이라는 비이성적인 존재물은 언제나 제멋대로다. 물론 사랑의 법칙을 찾아보고 싶다면 시도해보아도 무방하다. 정말로 사랑의 법칙을 찾을 수 있다면 세상의 사랑, 미움, 정, 원망 같은 것도 어느 정도는 사라지고 세상의 부부와 가정도 더 안정되고 화목해질 것이다. 사랑의 법칙을 발견한다면 중년 부인들의 영웅이 될 것이며 노벨평화상은 떼어놓은 당상이라고 장담한다.

이 평화상에 적격인 수상자를 아직 찾지 못한 가운데 인간의 사랑이 어디에서 와서 어디로 가는지에 대해 연구한 인물이 있다. 바로 프랑크푸르트학파의 에리히 프롬Erich Fromm(1900~1980)이다. 그는 사랑에 대한 자신의 관점을 담은 《사랑의 기술》이라는 책을 발표했다. 이 책의 요지는 "사랑은 사람과 사람 간의 창조력이며 사랑의 본질은 베풂이다"라는 한마디로 요약할 수 있다. 간단히 말해 내가 너를 사랑하는 것은 네가 나를 사랑하기 때문이 아니라 네가 내게 필요하기 때문이라는 것이다. 사랑을 기다리는 사람들에게 왕자나 공주가 하늘에서 뚝 떨어질 것이라는 환상을 버리고 사랑의 주체성을 발휘하라고 프롬은 말한다. 차도 없고 집도 없고 배불뚝이에 뻐드렁니여도 누군가를 사랑하는 데는 아무 문제도 되지 않는다. 사랑은 일종의 능력이다. 《사랑의 기술》은 물질이 넘쳐나는 소비 지향 사회에 "인간이여, 기술적으로 사랑하지 말고 예술적으로 사랑하라"라는 메시지를 던져주었다.

시장경제 체제에서는 사랑이라는 이 인간의 소박한 감정마저 변질되었다. 심지어 사랑이 일종의 교환 행위가 되기도 했다. 젊음과 권력을 교환하고 아름다움과 돈을 교환한다. 사랑이 우상화된 사랑, 환상적인 사랑, 변태적인 사랑 등 여러 가지 거짓사랑으로 대체되었다. 자기 부모는 사랑하지 않으면서 자신의 우상인 스타를 열렬히 사랑하는 팬들도 있고 타인에게는 아무 관심도 없고 오로지 자신이 기르는 고양이에게만 사랑을 쏟아 붓는 사람도 있다. 사람들의 마음이 차갑고 비정하게 변해버렸다.

프롬은 사랑이 우연적인 얄팍한 감정도 아니고, 우연한 기회에 경험하게 되는, 다시 말하면 운만 좋으면 누구나 맛볼 수 있는 즐거운 감정도 아니라고 했다. 사랑은 지식을 쌓고 끊임없이 배워야만 알 수 있는 일종의 기술이라고 생각했다. 프롬의 사랑에는 박애, 모정, 성애性愛, 자기애, 신의 사랑 등이 포함되어 있다. 사랑이 생활 곳곳에 파고들어 있는 것이다. 사랑이라는 기술의 본질은 베품이다. 이 베풂은 무조건적이고 아무것도 바라지 않으며 등급, 계급, 인종, 민족, 국가의 구분이 없다. 사랑의 기본은 관심, 존중, 책임감, 이해다. 물론 이런 사랑은 하고 싶다고 해서 할 수 있는 것이 아니라 지식을 쌓고 노력해야만 할 수 있다. 사랑의 기술을 갖고 싶다면 사랑의 이론을 열심히 배우고 직접 사랑을 실천하고 체험해야 한다.

《사랑의 기술》에서 프롬은 "사랑이라는 기술의 이론을 습득하는 동시에 실천에도 익숙해져야 한다"라고 했다.

사랑의 본질은 베풂이며 누구나 사랑할 능력을 가진 것은 아니다. 타인에게서 무언가를 빼앗고 싶은 욕망을 버리고 용감하게 자신을 희생할 수 있는 사람만이 사랑의 강자다. 사랑은 베풂이지만 물질적인 베풂이 아니라 한 사람의 지식, 즐거움, 흥미 같은 것들을 모두 타인에게 베풀어 그를 충실하게 하는 것이다. 이렇게 베푸는 과정에서 베푸는 사람도 자신의 잠재력을 발휘하게 되므로 큰 성취감을 느낄 수 있다. 한 사람을 사랑하는 것은 상대를 사랑하면서 예민하고 풍부한 또 다른 자신을 발견하는 것이다. 진정한 사랑은 사랑하는 능력과 남을 위해 베푸는 능력을 길러주고, 사랑을 진정으로 아는 사람은 구체적인 대상에 대한 사랑을 통해 세상에 대한 사랑을 드러낸다.

에리히 프롬은 1900년에 태어났다. 그는 일생 두 번의 세계대전과 파시즘, 경제공황, 혁명, 냉전까지 세계적인 재앙을 차례로 겪었다. 20세기에 사람들은 인성의 소외, 자아 상실, 무의미한 생활

등 생존의 위기에 직면해 있었다. 20세기의 모든 비극을 직접 목도한 후 프롬은 자본주의의 억압과 생존의 고통 앞에 신음하고 있는 사람들 앞에 구세주와 같은 '사랑'의 이론을 내놓았다. 프롬이 제시한 사랑의 이론은 프로이트의 정신분석학과 마르크스주의를 기반으로 하고 있다. 그래서 사람들은 프롬의 이론을 '프로이트적 마르크스주의'라고 부른다. 프로이트와 마르크스의 이론은 인간에 대해 이야기했다는 공통점은 있지만 연구의 관점과 체계가 다르다. 프로이트는 정신분석학의 관점에서 인간의 문제를 분석해 정신분석학을 정립했고 마르크스는 사회 정치 경제의 관점에서 인간을 해석하고 해부해 마르크스주의를 내놓았다.

예술로서 존재해야 하는 것이 어디 사랑뿐이겠는가? 프롬은 소비 지향적인 사회를 냉정하게 비판했다. 산업사회가 인간을 점점 탐욕스럽고 수동적인 소비자로 만들고, 물질이 인간을 위해 존재하는 것이 아니라 인간이 물질의 노예가 되고 있다. 기계화된 사회 속에서 인간이 컴퓨터의 명령에 복종하며 살고 있다. 사회가 대규모 생산과 소비에만 집착하고 인간은 자기도 모르게 차디찬 기계의 일부분으로 전락해 기계에 의해 통제당하고 있다. 가지각색의 광고가 사람들의 맹목적인 소비를 부추기고 사회 전체가 사치품, 마약, 술, 스타, 스포츠, 영화 등을 사람들에게 닥치는 대로 욱여넣고 있다. 음식을 먹는 것은 원래 인간의 필요를 충족시키는 기본적인 본능이지만 어떤 이들은 공허함을 달래고 스트레스를 풀기 위해 폭식과 폭음을 일삼는다. 영어 접미사 '-aholic'은 '~에 중독

된'이라는 의미를 가지고 있다. 수요를 만족시키기 위한 것이 아니라 우울과 긴장을 해소하기 위한 목적으로 쇼핑을 하는 사람들을 '쇼퍼홀릭shopaholic'이라고 부른다. 이런 사람들은 우울함을 풀기 위해 쇼핑을 한다. 그러나 소비의 천당은 사람들에게 약속한 쾌락을 줄 수 없다. 그러므로 아무리 많이 먹고 아무리 많이 사도 영원히 '배가 고플' 수밖에 없다. 무절제한 소비는 물질 배금주의를 만든다. 인간이 상품이라는 종교의 신도가 되면 성취욕, 질투, 야망, 소극적인 마음이 모두 사라지지만 내면은 자괴감과 무력감으로 다시 채워진다.

'영원히 가라앉지 않는다'던 타이태닉호가 처녀항해에서 빙산에 부딪혀 대서양 바닥에 가라앉았을 때 중국인들이라면 분명히 벌떡 일어나서 "영원히 가라앉지 않는다고? 누가 그렇게 장담했어?" 하며 비난했을 것이다. 일리 있는 것처럼 보이는 얄팍한 처세의 철학은 사람들의 혐오감을 불러일으킨다. 타이태닉호의 재난은 인류 문명사의 수치다. 그런데 단순히 수치스러워할 것이 아니라 반성할 것이 있다. 기술이 인류의 문명을 상징하는 것은 사실이지만 아무리 빈틈없는 설계, 아무리 견고한 강철 선박도 대자연의 빙산 앞에서는 대책 없이 가라앉고 말았다. 그러므로 인간은 자연을 정복하거나 짓밟으려 해서는 안 된다. 발전한 기술을 이용해 산 하나를 넘고 바다를 건널 수 있다고 해도 자연에 대한 경외감을 버려서는 안 된다. 이른바 '도구적 이성'이란 기술이 노골적으로 가능한 선택이 되었음을 의미하는 것이지만 이것이 유일한 선택은 아니다.

한마디로 인간은 기술적으로 생존하는 것이 아니라 예술적으로 생존해야 한다.

재난, 전쟁, 사랑, 배신, 문명, 음모, 정치…. 이것들은 앞으로도 인류와 먼 길을 함께 갈 것이다. 희극이든 비극이든 아니면 슬랩스틱 코미디든 상관없다. 그래서 프롬은 이렇게 말했다.

"인간이여, 예술을 하듯 사랑하라."

사상은 거인 행동은 소인, **프랜시스 베이컨**

베이컨^{Francis Bacon}(1561~1626)은 철학자 가운데 가장 높은 관직에 오른 인물이다.

철학자 대다수는 사상이 이단으로 몰려 정부의 박해를 받거나 세상일에 관심을 갖지 않고 혼자 학문에만 몰두했다. 헤겔, 하이데거처럼 국립대학의 학장이 되어 차관급 대우를 받는 것은 쉽지 않은 일이었고, 흄이 외교관과 외무부 차관까지 오른 것은 그의 인성 덕분이었다. 그런데 베이컨은 철학자 가운데 매우 특별한 인물이다. 그는 관직에서 승승장구해 국새상서와 대법관까지 올랐다.

그날 베이컨은 사법부 공무원들 앞에서 연설 원고를 읽었다.

"우리 모두 자기 자신을 엄격하게 단속해야 합니다. 불공정한 재판 한 건은 열 건이 넘는 범죄를 낳을 수 있습니다. 범죄는 법률을 무시한 행위이지만 불공정한 재판 역시 강을 오염시키는 것처럼 법률을 해칩니다. 사법부는 신성한 곳이므로 법관의 의자는 물론이고 발을 딛고 서 있는 단, 증인석의 난간까지도 부패나 스캔들의 의혹이 있어서는 안 됩니다…"

여기까지 읽은 베이컨이 침을 한 번 삼키고 원고를 넘기려 할 때 갑자기 검사들이 들이닥쳤다.

"베이컨, 당신은 뇌물 수수 혐의로 당분간 면직되었습니다. 즉시 검찰기관으로 이송되어 조사를 받게 될 것입니다. 당신은 묵비권을 행사할 권리가 있습니다."

1621년 영국의 유명한 철학가이자 사상가이자 과학자인 베이컨이 뇌물 수수 혐의로 영국 대법원으로부터 4만 파운드의 벌금형을 선고받고 런던탑에 구금되었다. 이 사건으로 베이컨의 명예는 땅에 떨어졌다.

얼핏 보기에는 아무 문제도 없는 듯하다. 그런데 알고 보면 배후에 속사정이 숨어 있다. 러셀은 《서양철학사》에서 이렇게 말했다.

"당시 법조계는 이미 도덕적으로 타락해 있었으며 거의 모든 법관이 뇌물을 받았다. 피고와 원고 양측 모두로부터 뇌물을 받았다. 사실 베이컨은 당파 싸움의 폭풍에 휩쓸려 몰락한 것이다."

러셀의 말대로라면 베이컨이 살던 당시에는 관리들의 부정부패가 만연해 있었으며 법관이 원고와 피고 모두에게 뇌물을 받는 것은 아주 흔한 일이었다. 베이컨이 무슨 성인도 아니고 그는 그저 당시 관행에 따랐을 뿐이다. 베이컨의 낙마는 사실 정적이 놓은 함정에 걸려든 것이며 사전에 치밀하게 계획된 정치투쟁이었다.

러셀의 말도 맞다. 베이컨이 런던탑에 구금된 지 며칠 만에 국왕이 그를 특별히 사면하고 4만 달러의 벌금도 면제해주었다. 하지만 정치인으로서 베이컨의 생애는 그것으로 막을 내렸다.

중국 학생들에게 베이컨은 매우 익숙한 인물이다. 우리는 초등학교 때부터 교실 벽에 걸린 베이컨의 초상화를 보고 자랐다. 초상화에는 "아는 것이 힘이다"라는 베이컨의 명언까지 적혀 있었다. 그런데 모르는 사람이 없을 만큼 유명한 이 말이 사실은 새로운 시대의 도래를 예언하는 것이었다. 베이컨이 이 말을 하기 전에 코페르니쿠스는 《천체의 회전에 관하여》에서 '천동설'을 '이단'으로 규정했고, 갈릴레이는 '지동설'을 지지했다가 종교재판을 당했으며, 브루노는 로마의 캄포 데이 피오리 광장에서 화형 당했다…. 이 모든 것이 문화 독재다. 암흑의 시대에는 신학과 스콜라철학이 사람들의 머릿속을 장악하고 사상을 단단히 통제했다. 베이컨은 스콜라철학으로 대표되는 유럽 중세 전통 사상과 르네상스 운동 중 등장한 여러 새로운 사조로 대표되는 근대정신의 교차점에서 돛을 올리고 출항했다. 스콜라철학의 무능과 부패에 염증을 느낀 베이컨은 "아는 것이 힘이다"라는 사상의 무기를 높이 들고 경험주의 철학의 부패와 어두움을 씻고 사상을 해방시키고 실사구시를 추구했다.

중세에는 철학은 신학의 시녀이고 인간은 신의 노예라고 했다. 그런데 베이컨은 이 말을 몹시 싫어해 "인간은 자연의 하인이요 해석자다"라고 반박했다. 인간이 진리와 지식을 얻으려면 더 이상 신의 은총을 바라지 말고 자연을 인식하고 해석함으로써 새로운 인식의 길을 찾아야 한다는 뜻이다. 진리로 통하는 인식의 길은 경험의 길이다. 이른바 '경험'도 감각기관을 통해 받아들이는 외부 사물이다. 사람들은 경험을 통해 경험을 재가공함으로써 지식을 얻는다. 베이컨은 과학적 경험과 과학 지식을 매우 중요하게 여겼다. "아는 것이 힘이다"라는 그의 말은 새로운 자연과학의 발전에 길을 터주었고, 그때부터 사람들은 자연을 새롭게 인식하고 자연을 정복했으며 근대 과학기술과 문화가 신의 속박에서 벗어나 빠르게 발전하기 시작했다.

스콜라철학을 철저히 무너뜨리고 '진리의 표준'을 추구하는 사회적인 분위기를 조성하기 위해 베이컨은 실험, 지식, 과학에 관심을 가질 것을 호소했다. 그는 지식론에 집중해 철학을 연구함으로써 사람들의 지식을 개조하고 '4대 우상론'을 제시했다. '4대 우상'이란 네 가지 인식의 오류와 장애물을 의미하는 것으로 낡은 우상을 타파함으로써 철학과 과학의 위대한 부흥을 이룩하자고 주장했다.

종족의 우상: 인간의 주관적 성향에서 비롯되는 우상

인간의 주관적인 성향으로 인해 나타나는 우상이다. 사람들은 우주와 자연이 가진 본연의 잣대가 아니라 인간의 감각과 이성을 통해 사물을 인식한다. 인간의 본성이 객관성보다 강하기 때문에 결국에는 사물의 진상을 왜곡하게 된다. 또 종족의 우상은 집단적인 우상으로 인류 전체가 공통적으로 가지고 있으며 위선, 이기심, 옹

졸함, 무능함 등에서 비롯된다. 베이컨은 "표면이 고르지 못한 거울은 광선을 불규칙하게 받아들이기 때문에 사물을 본모습대로 비추지 못하고 사물의 성질을 왜곡시키고 색을 바꾼다. 인간의 지성도 그와 같다"라고 말했다.

동굴의 우상: 개인으로 인한 우상

개인으로 인한 우상이다. 사람마다 경험, 교육, 배경, 성격, 가치관, 사고방식 등이 제각각 다르다. 사람들은 사물을 인식할 때 자신의 성격을 사물에 투영시켜 사물의 진상을 왜곡한다. 똑같이《해리포터》를 읽어도 독자마다 해석과 느낌이 다른 것도 이 때문이다. 베이컨은 "사람은 누구나 자기만의 동굴이 있어서 자연의 빛을 굴절시키거나 변색시킨다"라고 말했다.

시장의 우상: 사람들의 교류에서 언어의 개념 혼란으로 인한 우상

사람들이 교류할 때 언어의 불확실성과 개념의 혼란으로 인해 생겨나는 편견과 혼란이다. 비유하자면 상인들이 시장에서 물건을 팔 때 위조품이나 품질이 떨어지는 제품을 좋은 물건으로 속여서 팔기도 하는데 이것이 바로 시장의 우상이다. 언어의 다의성, 부정확성, 이해의 혼란 등이 시장의 우상을 만들어낸다. 개념에만 집착하는 스콜라철학이 바로 전형적인 예다.

극장의 우상: 권위에 대한 맹종

사람들이 권위, 유행하는 사상, 과학, 체제 등을 맹신함으로써 생겨나는 잘못된 인식이다. 사람들이 맹신하는 체제나 권위는 무대 위 연극과 같다. 연극이 아무리 사실적이고 훌륭해도 그저 극작가가 만들어낸 허구일 뿐이다. 이와 마찬가지로 사람들이 숭배하고 맹신하는 것도 일종의 우상에 지나지 않는다. 스콜라철학에서 아리스토텔레스를 숭배하는 것이 전형적인 극장의 우상이다. 주류 사상이나 이데올로기는 극장의 우상을 만들어낸다.

이 네 가지 우상 속에서 세계는 인간이 가진 사상의 노예가 되고 인간의 사상은 언어의 노예가 되며, 사상과 언어는 또 주류 사상의 노예가 되었다. 네 가지 우상으로 인해 인간의 인식은 가시밭길이 되었으며 사물을 정확하게 인식하고 싶다면 우상을 배격하고 속박에서 벗어나야 한다. 이것이 바로 베이컨의 주장이다. 베이컨은 4대 우상론을 통해 인간의 마음을 정확하게 읽어냈다. 하지만 인간은 영원히 자신의 결점을 극복할 수 없다. 인간은 결점으로 똘똘 뭉친 존재이기 때문이다. 베이컨의 4대 우상론은 오류를 근절했다기보다는 인간으로 하여금 처음으로 자신의 한계를 인식하게 만들었다.

베이컨은 '근대 실험과학의 진정한 아버지'로 불린다. 베이컨은 자신의 저서 《신기관》에서 학문을 하는 사람들을 세 가지 부류로 나누어 흥미로운 비유를 했다. "과학에 종사하는 사람은 실험을 일삼는 사람이거나 독단을 휘두르는 사람이다. 실험하는 사람은 개미와 같다. 그들은 오직 수집하고 사용하기만 한다. 독단적인 추리가들은 자기 속에 있는 것을 풀어서 집을 짓는 거미와 같다. 그러나 꿀벌은 중간의 길을 선택한다. 벌은 뜰과 들에 핀 꽃들로부터 재료를 모아들이나 그것을 자기 힘으로 변화시켜 소화한다. 과학의 진정한 임무도 이와 비슷하다. 진정한 과학은 오로지(또는 주로) 정신의 힘에만 의존하는 것도 아니고, 자연사나 기계적인 실험을 통해 얻은 재료를 가공하지 않은 채 있는 그대로 기억 속에 비축하지도 않는다." 지식을 운반하기만 하는 개미와 서재에 틀어박혀 있는 거미는 진정한 과학자가 아니며 진정한 과학자는 지식을 흡수하고 소화하고 창조해내는 꿀벌이다.

베이컨은 신학과 스콜라철학을 몹시 혐오했다. 중세의 신학과 스콜라철학이 아리스토텔레스의 철학을 바탕으로 했기 때문에 베이컨은 방법론에 있어서 아리스토텔레스를 비판하기 시작했다. 아리스토텔레스가 주장한 연역법인 삼단논법에 대해서는 새로운 지식을 알려주지 못하고 허술하다고 비판하고 아리스토텔레스의 귀납법도 비판했다. 아리스토텔레스의 귀납법은 까마귀 한 마리가 검은색이고 까마귀 두 마리가 검은색이고 까마귀 세 마리, 네 마리, 다섯, 여섯, 일곱, 여덟 마리가 모두 검은색이면 세상 모든 까마귀가 검은색이라는 결론을 내릴 수 있다는 것이다. 그런데 베이컨은 이렇게 몇 개의 사례를 가지고 성급하게 결론을 내리는 귀납법은 유치하다고 폄하하고 자기만의 새로운 귀납법을 제시했다. 베이컨의 귀납법은 세 가지 일람표를 사용했다. 가령 어떤 현상을 연구할 때 특정 속성이 나타난 경우를 나열한 '존재표'와 특정 속성이 나타나지 않은 경우를 나열한 '부재표', 두 속성을 비교한 '정도표'를 작성한다. 그런 후에 불필요한 요소를 제거하고 객관적인 해석과 분석을 통해 사물의 본질을 귀납해내는 것이다. 이 마지막 단계가 가장 중요하다. 베이컨은 근대 경험주의 철학의 창시자다. '경험주의'라고 하면 사람들은 마오쩌둥을 떠올릴 것이다. 마오쩌둥은《교조주의에 대한 반대》와《실천론》에서 문제의 관찰과 처리에 대해 논하면서 자신의 관점을 다른 관점과 연계시켜 발전시키지 못하고 주관적인 경험 안에서만 문제를 바라보았다. 현실에서도 누가 개인적인 경험에 의지해 일을 처리했다가 실수를 하면 사람들은 "경험주의의 오류를 범했군!"이라고 비판한다. 그러나 이 '경험주의'는 베이컨의 '경험주의'와는 다르다. 베이컨의 경험주의는 철학의 인식론이다. 서양철학은 "세계는 무엇인가?"를 연구하는 존재론에서 "인식이란 무엇이며 무엇을 인식할 것인가?"를 연구하는 인식론으로의 전환에 성공했으며 그때부터 근대 철학이 시작되었다.

근대 철학사에서 경험주의와 이성주의는 줄곧 대립 관계에 있었다. 경험주의empiricism란 인간의 인식은 경험에서 나오고 경험이 인간의 감각기관을 자극해 인간의 두뇌 속에 인식을 형성시키며 과학의 귀납법을 통해 지식을 얻는다는 주장이다. 이와 대립되는 것이 바로 이성주의다. 이성주의rationalism에서는 지식은 '타고나는 것'이라고 여겼다. 어떤 기본 원칙은 인간이 태어나면서부터 인간의 두뇌

속에 존재하며 그 원칙을 가지고 연역법을 통해 사물을 인식한다는 것이다. 간단한 관념 원칙에서 인류 전체의 지식 체계를 연역해 낸다는 것이 바로 이성주의의 주장이다. 이 논쟁은 참여하는 사람이 많았던 만큼 오랫동안 결론이 나지 않고 계속 이어져왔으며 철학사의 볼거리가 되었다. 오랜 격론으로도 승부가 나지 않았던 이 논쟁은 은둔형 외톨이 칸트가 나서서 중재함으로써 마침내 일단락되었다.

베이컨은 한마디로 실험을 위해 살고 실험을 위해 죽었다. 1626년 어느 겨울날 베이컨은 마차를 타고 외출했다가 문득 냉동으로 부패를 지연시킬 수 있는지 궁금해졌다. 그는 길가에 쌓인 눈을 보고 곧장 실험을 하기로 하고 닭을 구해 죽인 뒤 닭 배 속에 눈을 채워넣었다. 하지만 연로한 베이컨은 추위를 견디지 못하고 실험 직후 오한을 느끼며 몸져누웠고 얼마 후 세상을 떠났다.

이탈리아 작가 이탈로 칼비노의 유명한 소설 《반쪼가리 자작》을 보면 반으로 나뉜 메다르도 자작이 선과 악, 아름다움과 추함, 옳음과 그름의 숙명적인 윤회 속에서 고통스럽게 몸부림치다가 한바탕 결투를 치른 후 온전한 인간으로 돌아온다. 베이컨이 바로 그 메다르도 자작과 같다. 그는 이중적이고 모순된 일생을 살았다. 고개를 들어 창공을 올려다볼 때 그는 포부로 가득 찬 철학가였다. 철학은 그에게 안식처였다. 경험주의의 대표적인 인물인 베이컨은 실험을 강조하고 경험과 관찰을 근거했다. 그로 인해 경험은 줄곧 멸시와 무시를 당하던 비천한 지위에서 하나의 연구 방법이자 과학의 원칙으로 우뚝 섰다. 그래서 사람들은 그를 지식과 과학의 화신으로 생각한다. 그러나 고개를 숙여 세속적인 생활에 임할 때 그는 영락없는 소인이었다. 이익을 위해 대의를 저버리고 친구를 팔아 명예를 얻었으며 세상에 영합하고 사치와 부패에 젖어 있었다. 그의 위대한 사상의 배후에는 어둡고 비루한 인격이 숨어 있었다.

베이컨은 사상에서는 거인이었지만 행동에서는 소인이었다. 비루한 위인 베이컨은 "인간의 결점은 그가 사는 시대에서 기인하고 장점과 위대함은 그 자신의 것이다"라는 괴테의 말을 몸소 해석했으며, "아는 것은 어렵지 않고 행동하는 것이 어렵다"라는 《상서》의 명언을 자신의 일생을 통해 생생히 증명했다.

최초의 철학 순교자, 소크라테스

"천지가 개벽한 처음 뜻을 물어보았느냐? 사상이 고무되니 너와 나의 정이 애틋하구나. 그리하여 존재론, 인식론, 윤리학, 철학을 연구하게 되었고 이로써 영혼을 채찍질하는 '철학몽'이 탄생하였도다."

– 서문(《홍루몽》 서문을 저자가 변형시킨 것–옮긴이)

철학이라고 하면 대부분 인구에 널리 회자되는 고대 그리스의 세 성인 소크라테스, 플라톤, 아리스토텔레스를 떠올린다. 그런데 이들은 '철학의 아버지'가 아니다. 이들보다 먼저 사람들에게 존경받은 사상가들이 있었다. 그들은 험난한 철학의 길을 걸으며 인간의 생로병사, 해와 달의 변화, 구름의 모임과 흩어짐, 만물의 교체 등을 관찰하고 그 속에 영원불변의 법칙이 있는지, 세상의 본질은 도대체 무엇인지 탐구했다.

그들 중 '서양철학의 시조'라고 불리는 철학자가 바로 탈레스다. 탈레스는 고개를 들어 하늘을 관찰하고 고개를 숙여 사색하는 것을 좋아했다. 그러던 어느 날 하늘을 쳐다보며 걷던 그가 웅덩이에 빠지고 말았다. 온몸이 진흙투성이가 되어 사람들에게 놀림을 받은 그는 갑자기 만물의 근원은 물이라는 큰 깨달음을 얻었다. 마피아 조직 피타고라스학파의 보스 피타고라스는 음악과 수학을 열렬히 사랑해 만물은 수數라고 주장했고, 엘레아학파의 대표 인물인 파르메니데스는 만물은 서로 떨어질 수 없는 '하나'라고 했다. 헤라클레이토스는 "같은 강물에 발을 두 번 담글 수는 없다"라며 "만물은 모두 흐른다"라고 주장하고 우주의 과거, 현재, 미래의 본체는 사실 움직이는 별이며 세상이 대립하고 통일되는 규칙이 '로고스Logos'라고 했다. 또 데모크리토스는 '원자설'을 제기하고 우주 만물은 원자로 이루어져 있다고 했다. 만물의 근원이 무엇인지에 대한 이런 학설들을 바로 '존재론ontology'이라고 한다.

'존재론'을 연구한 옛날 학자들은 모두 자신이 옳고 남은 틀렸다고 주장했다. 누구의 말이든 다 일리가 있는데도 그것을 가지고 누가 맞고 누가 틀리는지를 두고 논쟁을 벌였으므로 이 논쟁은 '존재론' 안에서는 해결할 수 없었다. 그러자 사람들은 자연과 만물의 근원이라는 문제에서 벗어나 인간으로 시선을 돌리기 시작했다. 인간은 진리를 알 수 있을까? 어떻게 진리를 확립해야 할까?

이렇게 해서 '존재론'은 자연에서 인간으로의 전환을 이루었다.

만물의 근원은 무엇인가라는 말에 신물이 났을 무렵 '소피스트학파'가 화려하게 등장했다. 그들은 만물의 근원이 무엇인지에는 더이상 관심이 없었다. 그들의 관심사는 인간과 사회, 인간에게 있어서 자신의 가치 등이었다. 소피스트 중 가장 유명한 사람은 "인간은 만물의 척도다"라고 말한 프로타고라스다. 프로타고라스가 학비를 내지 않는 제자를 법원에 고소한 일화는 유명하다. 프로타고라스는 제자에게 소송에서 이기면 학비를 내고 소송에서 지면 학비를 내지 않아도 된다고 했다. 제자는 재판에서 열심히 자신을 변호했고 재판관은 제자에게 승소 판결을 내렸다.

그다음은 어떻게 되었을까?

물론 제자는 프로타고라스에게 밀린 학비를 냈다.

소피스트는 감각주의, 상대주의, 회의주의 경향이 있다. 객관적인 진리와 보편적인 도덕관념을 부정하고 말재주만 능했던 그들은 세월이 흐르면서 억지스러운 궤변론자로 전락해 사람들의 미움을 샀다.

소피스트를 싫어하고 비판하는 사람들 중에 몸집이 땅딸막하고 대머리에 얼굴이 크며 콧구멍이 하늘로 향한 중년 남자가 하나 있었다. 그의 이름은 소크라테스^{Socrates}(서기전 470?~서기전 399)다.

소크라테스는 사람들에게 철학자에 대한 '빛나는' 이미지를 심어주는 데 크게 이바지했다. 거드름을 피우고 이상만 추구하며 빈둥거리고 지혜를 자랑하고 툭하면 트집을 잡는다는, 철학자에 대해 사람들이 가지고 있는 이미지는 대부분 소크라테스에서부터 시작되었다. 소크라테스와 그의 악처는 지금까지도 사람들의 입에 오르내린다. 누군가 철학자가 되겠다고 하면 사람들은 대뜸 이렇게 말한다.

"아이고, 왜 철학자가 되려는 거야? 철학자가 되면 평생 홀아비로 살거나 악처랑 살아야 해!"

실제로 소크라테스의 아내 크산티페는 유명한 악처였다. 그녀는 허구한 날 소크라테스에게 소리를 지르고 사람들이 많은 광장에서 소크라테스의 옷을 잡아 뜯기도 했다. 그러나 소크라테스는 유능한 남자라면 모두 가지고 있다는 소중한 성품, 즉 공처가 기질을 가지고 있었다. 한번은 크산티페가 소크라테스에게 고래고래 소리를 지르고도 화가 풀리지 않자 남편의 머리에 물을 끼얹었다. 하지만 소크라테스는 물에 빠진 생쥐 꼴이 되고도 "천둥 번개 다음에는 항상 큰비가 따르기 마련이야"라며 태연하게 말했다고 한다.

종이를 가득 채운 것이 모두 남편을 학대한 이야기인 것 같지만 실은 피눈물로 쓴 것이로다.

모두들 소크라테스의 아내가 사납다고 하나

그 속의 진정한 뜻을 누가 알리오?

(《홍루몽》에 등장하는 "종이를 가득 채운 이야기가 모두 허튼소리 같지만 실은 피눈물로 쓴 것이로다. 모두들 지은이를 미쳤다고 하나 이 속의 진미를 누가 알리오?"라는 구절을 저자가 변형한 것-옮긴이)

베테랑 철학자 소크라테스의 아내로서 크산티페에게도 말 못할 고충이 있었을 것이다. 철학자라는 직업이 그럴듯하게 들리지만 자칫하면 백수로 전락하기 십상이다. 다른 철학자들은 유산이 많아 생계를 고민할 필요가 없을지 몰라도 소크라테스는 출신이 가난한 데다가 밥 달라고 빽빽거리는 아이들까지 있었다. 그런데도 소크라테스는 세속의 일은 거들떠보지도 않고 날마다 책이나 끼고 빈둥거리는 고상한 철학자의 길을 선택했다. 결국 생계유지는 오롯이 아내의 몫이었을 것이다. 크산티페는 남의 빨래를 해주고 받는 몇 푼 안 되는 돈으로 다섯 식구를 부양했다. 아마도 삶의 신산함이 그녀를 더 사납고 그악스럽게 만들었을 것이다.

크산티페가 힘들게 빨래를 하고 있을 때 소크라테스는 거리를 돌며 '선善'을 추구하고 있었다.

소크라테스가 제자에게 물었다.

"도둑질하고 남을 속이고 노예로 파는 것이 선행인가 악행인가?"

제자가 대답했다.

"악행입니다."

"그렇다면 적을 속이고 포로로 잡힌 적을 노예로 파는 것은 악행인가?"

"그것은 선행입니다. 제 말은 적이 아니라 자기편끼리 해서는 안 된다는 뜻이었습니다."

"그렇다면 자기편 사람의 물건을 훔치는 것은 악행이겠군. 그런데 자살하려는 친구가 준비해둔 칼을 훔치는 것은 악행인가?"

"그것은 선행입니다."

"자기편을 속이는 것은 악행이라고 했지. 그런데 전쟁에서 장군이 병사들의 사기를 북돋우기 위해 지원군이 오지 않는데도 '지원군이 곧 도착할 것이다'라고 외쳤다면 그것은 악행인가?"

"그것도 역시 선행입니다."

'선'은 무엇인가에 대해 이야기하면서 소크라테스는 제자를 혼란에 빠뜨렸다.

모순을 이용해 진리를 도출해내는 소크라테스의 이런 방법을 후대 사람들은 '변증법'이라고 불렀다. 그런데 변증법은 소크라테스의 발명품이 아니다. 변증법을 창시한 사람은 소크라테스의 적수인 제논이다. 훗날 변증법의 대가 헤겔은 《철학사 강의》에서 "제논은 변증법의 시조다. … 그는 운동을 객관적이고 변증적으로 고찰했다"라고 말했다.

여기에서 유명한 제논의 패러독스에 대해 알아야 할 필요가 있다. 거북이의 경주에 대한 제논의 패러독스는 제논이 철학사에 가장 크게 이바지한 점이다.

거북이와 마라톤 영웅 아킬레스가 달리기 경주를 했다. 거북이가 달리기 시작해 100미터 지점을 통과했을 때 아킬레스가 출발하기로 했다. 이 경주의 승자는 누가 될까?

제논이 내놓은 답은 거북이가 승리하고 아킬레스는 영원히 거북이를 따라잡지 못한다는 것이었다.

아킬레스가 100미터 구간에 도달했을 때 거북이는 그보다 앞선 A 지점을 달리고 있을 것이고, 아킬레스가 계속 달려 A 지점에 도달했을 때 거북이는 B 지점을 달리고 있을 것이다. 또다시 아킬레스가 B 지점에 도달하면 거북이는 C 지점을 달리고 있을 것이다. 그러므로 시간이 길든 짧든 거북이는 항상 아킬레스보다 조금씩 앞서 있게 되고 아킬레스는 영원히 거북이를 따라잡을 수 없다.

그런데 현실이라면 아킬레스는 순식간에 거북이를 따라잡을 것이다.

제논의 패러독스의 본질은 운동이 연속적인 것인지, 시간과 공간이 무한이며 나눌 수 있는 것인지에 대한 탐구다.

소크라테스의 반어식 대화법은 제논에게서 영감을 얻었다. 소크라테스는 하루 종일 거리를 돌아다니며 사람들과 정의란 무엇이고 미덕은 무엇이며 행복이란 무엇인지 끊임없이 토론했다. 소크라테스의 반어식 대화에는 지혜의 유희가 넘친다. 뭐든 다 알고 있다는 듯한 착각에 빠진 사람들도 소크라테스와 이야기를 하다 보면 크게 한 바퀴 돌고 돌아 결국 자신을 부정하고 아무런 결론도 얻지 못하게 된다. 소크라테스 역시 아무런 결론을 내려주지 않는다.

소크라테스는 자신의 이런 방법을 사상을 낳게 하는 '산파술'이라고 불렀다. 자신이 제시해준 영감을 통해 사람들이 다시금 정확한 지식을 갖게 된다는 뜻이다. 제논은 인간의 지식은 둥근 원에,

무지는 그 원 바깥의 공백에 비유했다. 사람의 지식이 많을수록 원이 커지고 원이 클수록 그 원이 접촉하는 바깥의 공백도 더 많아진다. 소크라테스도 제논의 이 말에 동의했다. 소크라테스는 지식이 많은 사람일수록 자신이 무지를 잘 안다고 생각했으며 "내가 아는 유일한 것은 내가 아무것도 모른다는 사실이다"라고 입버릇처럼 말했다.

"너 자신을 알라"는 소크라테스의 또 다른 명언이다. 이 말은 원래 델포이 신전에 써 있는 격언인데 소크라테스가 이것을 철학 문제로 다시 제기했다. 소크라테스는 인간 자신을 알고 인간 자신의 영혼을 자세히 들여다보아야만 우주와 자연계를 진정으로 이해할 수 있다고 했다. 소크라테스는 소피스트학파를 비판적으로 계승해 철학을 자연 연구에서 인간 자신을 연구하는 학문으로 전환시켰다. 소크라테스에서부터 시작해 인간의 지식과 윤리 문제가 철학자들의 보편적인 연구 분야가 되었다. 그런 의미에서 볼 때 소크라테스는 하늘 위에 있던 철학을 땅 위의 인간 세상으로 끌어내린 인물이라고 할 수 있다.

소크라테스의 등장으로 만물의 근원을 연구하는 모든 존재론 철학자들이 순식간에 빛을 잃고 그 대신 철학적인 의미에서 진정한 '자아'가 참신한 광채를 발하며 등장했다.

소크라테스는 지식을 광적으로 추구했다. 그렇다면 지식의 본질은 무엇일까? 소크라테스는 "덕은 곧 지식이다"라고 말했다. 지식의 본성은 미덕이며 지혜, 용기, 정의, 절제 등이 미덕에 포함된다.

루이 다비드, 〈소크라테스의 죽음〉

미덕을 가졌다면, 다시 말해 지혜, 용기, 절제, 정의를 모두 가졌다면 지식도 가진 것이며 선한 일을 하고 행복해질 수 있다. 반대로 모든 잘못된 행동은 무지에서 나오고 선에 대한 지식 부족에서 비롯된다. 소크라테스의 '지식'은 우리가 오늘날 알고 있는 것처럼 어떤 기술에 대한 지식이나 생계를 위한 기술이 아니다. 도덕에 대한 지식 역시 사람들이 배우고 달달 외운다고 가질 수 있는 것이 아니다. 소크라테스의 '지식'은 일종의 필연적인 이성의 진리이며 세계 전체의 이성에 관한 지식이다. 중국인들은 어려서부터 사회주의 사회의 '4대 신인新人'에 대해 교육받는다. '4대 신인'이란 이상, 도덕, 지식, 규율을 갖춘 사람을 말한다. 이 사상은 도덕과 지식 교육이 밀접하게 관련되어 있으며 도덕을 떠나서는 지식을 논할 수 없다는 점에서 소크라테스의 도덕교육과 절묘하게 맞아떨어진다.

소크라테스는 논리에 통달하고 수사에 능했으며 누구와도 자유자재로 변론할 수 있었다. 또 그는 평생 책을 저술하지 않고 자신의 사상에 관한 그 어떤 작품도 남기지 않았다. 그는 자신을 '등에'에 비유했다. 아테네는 졸고 있는 말이고 자신은 아테네 사람들을 위해 신이 보낸 등에이기 때문에 자신이 바로 말이 잠들지 못하도록 계속 말 등을 깨무는 역할을 한다는 것이다. 이 등에는 하루 종일 거리를 돌아다니며 사람들을 깨물어 인간의 무지가 바로 인간에게 고통스럽게 하고 있음을 증명하고, 제 힘은 생각도 하지 않고 민주주의를 비판하고 귀족을 풍자해 아테네 당국의 분노를 산 탓에 결국 말 꼬리에 맞아 장렬히 생을 마감했다.

서기전 399년 인류의 민주주의는 처음으로 커다란 곤혹스러움에 봉착했다. 소크라테스가 "젊은이들을 타락시키고 아테네의 신을 부정했다"라는 이유로 고발당한 것이다. 501인으로 구성된 배심원단은 찬성 281표, 반대 220표로 소크라테스에게 사형을 선고했다. 민주주의는 이처럼 '다수의 폭정'이라는 방식으로 늙은 철학자 소크라테스를 죽음으로 몰고 갔다. 만일 소크라테스가 법정에서 엎드려 눈물을 흘리며 용서를 구했더라면 그저 그가 잘난 척하는 꼴이 보기 싫었을 뿐인 배심원들은 아마 그의 사형을 면해주었을 것이다. 그러나 고집 센 노인 소크라테스는 법정에서 오히려 불난 집에 기름을 끼얹는 진술을 했다. 또 만일 소크라테스가 제자들의 청을 받아들여 탈옥했더라면 몇 년 후에 재기해 계속 자기주장을 펼칠 수 있었을 것이다. 그러나 소크라테스는 탈옥을 거부했다. 일생 선과 미덕을 추구했던 그가 구차한 목숨을 위해 법률을 해치고 정의를 무시할 수 있었을까?

결국 소크라테스는 담담하게 독배를 마시고 세상과 작별했다. 그는 숨이 서서히 잦아드는 순간에도 제자들에게 "내가 빚진 닭 한 마리를 대신 갚아주게"라고 말했다.

소크라테스의 죽음은 오늘날 철학사에 한 획을 그은 사건으로 기억되고 있다. 소크라테스는 최초의 철학 순교자다. 소크라테스 이후에 인류는 신앙의 자유, 사상의 존엄을 위해 스스로 불구덩이로 뛰어들었다. 브루노는 화형대에 묶였고 볼테르, 루소, 마르크스 등도 추방당해 타국을 떠돌았다.

소크라테스가 죽은 후 구심점을 잃은 제자들은 뿔뿔이 흩어져 각자 학파를 세웠다. 소크라테스의 '선'을 '존재'로 규정하고 변론에 능했던 메가라학파, 소크라테스의 '선'을 쾌락으로 해석하고 훗날 "쾌락은 육체의 고통과 영혼의 흐트러짐이 없는 것"이라고 말한 에피쿠로스에 의해 향락주의로 발전한 키레네학파, 소크라테스의 '선'을 금욕과 절제로 해석하고 훗날 스토아학파로 발전한 견유학파 등이 그것이다.

그러나 무엇보다 중요한 것은 소크라테스가 죽은 후 그의 재능 넘치는 제자가 분연히 일어나 '아카데메이아'를 설립하고 책을 쓰고 체계를 세워 서양철학사 최초의 위대한 사상가가 되었다는 사실이다. 모든 서양철학은 플라톤 철학의 주석이라고 말하는 이도 있다.

그 제자의 이름은 바로 플라톤이다.

동굴을 탈출한 철학자, 플라톤

인재는 이렇게 만들어진다.

수정란 시기와 태아기: 태교

유아기: 조기교육

아동기: 영어 유치원

초등학교 시기: 각종 학원

중고등학교 시기: 각종 참고서 및 문제집

대학교 시기: GRE, 토플, IELTS

석사 및 박사 과정 시기: 커닝 페이퍼

이렇게 오랫동안 머리 싸매고 공부를 해도 어떤 이들은 금융계의 촉망받는 엘리트가 되었다가 극심한 스트레스로 돌연사하고 또 어떤 이들은 어렵사리 정치계에서 두각을 나타냈지만 쉬지 않고 이어진 접대로 인해 알코올성 지방간 판정을 받기도 한다.

물론 이것은 중국에만 국한된 현상이 아니다.

그런데 만약 운 좋게도 플라톤^{Platon}(서기전 427?~서기전 347))이 제시한 '이상 국가'의 국민이 될 수 있다면 엘리트들의 삶은 이렇게 바뀔 것이다.

전제 조건: 건강증명서를 발급받은 건강한 도시 남녀만이 자식을 낳을 수 있으며 건강증명서가 없는 부모에게서 태어난 아기와 선천적인 장애를 가지고 태어난 아기들은 교외의 들판에 버려져 자연도태된다. 건강한 아기들은 국가기관에서 일률적으로 맡아 양육한다.

0~3세: 탁아소에서 교육하고 국가에 고용된 유모가 전문적으로 보살핀다.

3~6세: 놀이방에서 교육한다. 필수과목은 이야기 듣기, 음악, 놀이이며(이야기, 음악, 놀이는 모두 엄격한 기준을 거쳐 건전하고 고상한 내용으로 엄선한다) 유모들이 계속 양육을 담당한다.

6~16세: 남녀를 분리해 교육한다. 의무교육 단계에서는 아이들의 흥미와 재능에 따라 음악, 문법, 수학, 노래, 체조, 말타기, 활쏘기 등이 필수과목으로 마련되어 있다. 농민이나 수공업자의 자녀는 졸업 후 사회로 나가 평범한 노동자가 되고, 노예주의 자녀라면 계속해서 다음 단계의 교육을 받을 수 있다.

17~20세: 군사훈련을 받는다. 필수과목은 산술, 기하, 천문, 음악이며 학생들은 졸업 후 대부분 군인이 되고 일부 우등생은 다음 단계로 진학한다.

20~30세: 철학을 연구하고 산술, 기하, 천문, 음악을 더 깊이 있게 교육받는다. 졸업 후에는 국가의 고위 공무원이 되며 일부 우등생은 다음 단계의 교육을 받는다.

30~50세: 철학을 교육받고 변증법을 배운다.

50세 이후: 철학왕이 되어 국가의 최고 통치자로 등극한다.

이것이 바로 플라톤이 구상한 '이상 국가'의 교육체계다. 플라톤이 한때 품었던 정치적 열정과 포부는 아테네의 부패한 민주정치의 현실에 부딪혀 산산이 부서졌다. 스승 소크라테스가 아테네 민주주의의 박해를 받아 억울하게 사형 당하자 플라톤은 민주주의를 향한 증오심을 불태웠다. 그는 민주주의는 '오합지졸'인 '무질서한 인민'의 통치라고 여겼다. 플라톤은 국가는 가장 지혜롭고 가장 우수한 사람이 통치해야 한다고 생각했는데 그들이 바로 플라톤이 제시한 피라미드식 교육체계의 꼭대기에 있는 철학자다. 인류가 재앙을 피하기 위해서는 선과 정의를 추구하는 철학자들이 정권을 잡아야 한다고 플라톤은 생각했다.

스승 소크라테스의 비참한 죽음을 직접 목도한 플라톤은 애끓는 슬픔이 분노로 변해 무작정 길을 떠났다. 서양 사상사에서 플라톤이 가지는 지위는 중국 사상사에서 공자의 지위와 맞먹는다. 플라톤과 공자는 몇 가지 공통점이 있다. 공자는 열국을 주유했고 플라톤도 타국을 떠돌았던 경험이 있다. 공자는 살구나무 아래에서 제자들을 가르쳤고 플라톤도 '아카데메이아'를 설립했다. 지금까지도 서양에서는 학문 연구 기관을 '아카데미'라고 부른다. 또 공자는 대화체로 된 《논어》를 남겼고 플라톤의 저서도 거의 모두 대화체로 되어 있다…

철학자들은 모두 세계를 해석하고 자신의 지식과 견해를 체계화시키려 하며 다른 철학자들을 배척한다. 철학자들이 세상을 바라보는 눈은 모두 제각각이어서 칸트는 '스스로 존재하는 세계', 헤겔은 '이성적인 세계', 쇼펜하우어는 '의지의 세계', 프로이트는 '무의식의 세계', 사르트르는 '황당한 세계'라고 했다. 플라톤은 세상을 '이상의 세계'로 바라보았다. 영화관에서 영화를 보고 나올 때 이런 기분이 든 적이 한두 번쯤은 있을 것이다. 어두컴컴한 영화관에서 은막 속 인물과 이야기에 푹 빠져 있다가 밖으로 나오는 순간 현실 세계의 빛과 소음에 순간적으로 적응하지 못하고 은막 속 세상이 더 현실처럼 느껴지는 그런 기분 말이다.

어떤 세계가 진정한 세계일까? 플라톤은 유명한 '동굴 비유'를 통해 관념 세계와 현실 세계를 해석했다.

어두운 동굴 안에 죄수들이 살고 있었다. 죄수들은 동굴 입구를 등진 채 두 손이 꽁꽁 묶여 동굴 안에 갇혀 있었다. 죄수들의 등 뒤에서 불길이 타올라 동굴 밖의 모습이 동굴 벽 위에 비추어지고 동굴 밖 소음이 메아리가 되어 울렸다. 죄수들은 그림자와 메아리를 보면서 그것이 진실한 세계라고 생각했다. 한 번도 동굴 밖으로 나가보지 못한 그들은 그것이 진실한 세계임을 확신했다. 그러던 어느 날 한 죄수가 사슬을 풀고 동굴에서 도망쳐 나왔다. 그는 생전 처음 태양을 보고 동굴 밖 세상을 경험하게 되었다. 죄수는 현실 세계의 모습이 너무도 신기한 나머지 다시 동굴 속으로 뛰어들어가 다른 죄수들에게 자신이 본 모든 것을 이야기해주었다. 그런데 뜻밖에도 다른 죄수들은 그의 이야기에 박장대소하며 정신 나간 헛소리를 한다고 그를 놀려댔다.

플라톤은 우리 인간이 그 죄수들처럼 가련하다고 했다. 우리가 느끼는 모든 것은 감각기관이 보여주는 진실한 세계의 그림자에 불과한데도 우리가 그 그림자에 정신을 빼앗겨 진실을 거부하고 있다는 것이다.

그렇다면 진실한 세계는 무엇일까?

플라톤은 진실한 세계를 '이상', 즉 '이데아^{Idea}'라고 했다. 이데아는 사물의 본질이며 항구적이고 절대적이다. 플라톤은 세계를 감각의 세계와 지성의 세계로 구분했다. 감각의 세계는 사람들이 감각적인 경험을 통해 받아들이는 세계이자 객관적으로 존재하는 세계다. 그러나 감각기관으로 감지하는 표면적인 현상과 개별적인 사물의 배후에는 모두 보편적이고 항구적인 질서가 숨어 있다. 이런 규율과 질서는 감각기관을 통해서는 알 수 없다. 감각기관으로 감지할 수 없고 반드시 사유와 추리를 통해서만 알 수 있는 세계를 지성의 세계라고 한다. 지성의 세계는 이데아의 세계다. 이데아는

'개념'과는 다르다. '개념'은 구체적인 사물을 추상화시킨 것일 뿐 독립적으로 존재하는 실체가 아니다. 반면 이데아는 객관적으로 존재하는 실체다. 예를 들면 사과, 배, 바나나를 모두 '과일'이라고 부른다. 여기에서 '과일'은 그저 하나의 '개념'일 뿐이며 단독적으로 존재하지 않는다. 세상에 '과일'이라고 단독으로 불리는 물체는 없기 때문이다. 그러나 크기가 다르고 시고 단 정도도 각기 다른 사과들이 모두 '사과'라는 동일한 이데아를 갖는다. 이 이데아는 본질로서 객관적으로 존재하는 실체다.

모든 사물은 이데아를 가지고 있다. 이데아는 형상이며 모든 사물은 이데아를 모방한 것이다. 사람들에게 공개되지 않고 박물관 깊숙이 보관되어 있는 명화가 시중에서 복제품이 널리 유통되면 세월이 흐르면서 그 그림의 진품이 있음이 잊힌다. 이데아는 바로 이와 같다. 지성의 세계에 여러 가지 차원의 사물이 존재하고 이데아의 세계에서도 여러 가지 등급의 이데아가 존재한다. 가장 등급이 낮은 것은 탁자, 의자 같은 구체적인 사물의 이데아이고, 그 위에는 원, 삼각형 등 수학과 기하학에 관한 이데아가 있으며, 또 그 위에는 도덕, 예술 분야의 이데아가 있다. 그리고 가장 높은 등급의 이데아가 바로 '선善'이다. 선은 세계의 모든 것을 창조한 힘이며 최고의 권리를 가지고 있다. 감각의 세계에 가장 높은 태양이 있어서 만물을 비추듯이 이데아 세계에서는 선이 영원한 진리로서 다른 이데아가 존재할 수 있는 전제가 된다.

플라톤은 '모방설'과 '분유설'을 통해 이데아에서 어떻게 만물이 파생되었는지 설명했다. 세계의 모든 일과 사물이 존재하는 것은 이데아를 '모방하기' 때문이라는 것이다. 목수는 이데아 침대를 흉내 내어 침대를 만들기 때문에 침대는 이데아 침대의 모방품이고, 현실의 국가 역시 마찬가지로 이데아 국가의 모방품이다. 이 밖에도 모든 일과 사물이 존재하는 것은 이데아를 분유分有, 즉 나누어 갖기 때문이다. 미인, 절경, 미식 같은 것들이 모두 미의 이데아를 나누어 갖고 있다. 분유는 점유와 다르다. 사물은 상대적인 것이고 이데아는 절대적인 것이다. 그 어떤 사물도 이데아만큼 높은 경지에 도달할 수 없다.

인간의 감각기관을 통해 이데아를 감지할 수 없다면 인간은 어떻게 이데아를 얻을 수 있을까? 플라톤은 여기에서 '상기설'을 제시했다.

제우스가 여러 신과 영혼을 거느리고 연회에 참석하기 위해 수레를 타고 가는데 수레를 끄는 마부가 술을 마셨는지 말을 부리는 솜씨가 형편없었는지 수레가 뒤집어지고 말았다. 불의의 사고로 날개가 부러진 영혼은 이데아 세계로 돌아가지 못하고 인간세상으로 내려와 육체에 의지해 살 수밖에 없었다. 그런데 육체와 붙어 있다 보니 육체의 비루함과 더러움에 저절로 물들어 영혼은 점차 이데아를 망각하고 말았다. 그러므로 이데아를 얻기 위해서는 본래 자신이 가지고 있던 모든 것을 상기, 즉 다시 떠올려야 한다는 것이 플라톤의 주장이다. 플라톤은 지식과 이상은 인류가 창조해낸 것이 아니라 선천적으로 존재하는 것이며 지식은 발명하는 것이 아니라 발견하는 것이라고 했다. 그러므로 모든 학습은 끊임없이 기억을 떠올리고 상기하는 과정이다. 플라톤은 피타고라스의 영혼삼분설을 기초로 영혼을 이성, 기개, 욕망 세 가지 등급으로 나누었다. 이 가운데 가장 높은 것이 이성으로 이데아와 서로 통한다.

플라톤의 '이데아론'은 파르메니데스의 학설이 섞이고 피타고라스와 소크라테스의 학설도 반영되어 있다. 오늘날의 철학자들이 보기에 '이데아론'은 허점이 많고 불완전하지만 플라톤이 살던 당시에 서양철학은 걸음마 하는 어린아이 수준이었으므로 사람들의 의식이 구체적이고 감성적인 형식에서 추상적인 사유와 개념의 형식으로 한 단계 상승했다는 것만으로도 인식의 대단한 진보였다. 플라톤의 '이데아론'은 나중에 중세의 존재론으로 변형되고 헤겔의 절대정신으로도 변신했다. 헤겔이 "플라톤에서부터 철학이 과학이 되었다"라고 말한 것도 이 때문이다.

사실 플라톤의 '동굴 비유'에서 동굴에서 탈출해 모든 것을 보고 동굴로 다시 돌아가 사람들에게 진실을 알린 사람이 바로 철학자다. 철학자들은 진리를 발견하고 다른 사람들의 무지를 증명했지만 동굴에서 남들의 조롱거리가 되었다. 선을 추구한 소크라테스가 아테네 사람들에게 심판을 받았던 것처럼 말이다. 그러나 우리는 그 사람들을 비난해서는 안 된다.

철학이란 마시기 힘든 쓰디쓴 술이다. 철학자만이 고통 속에서 한 모금의 달콤함을 발견할 수 있다. 진리가 머리를 짓누르고 동굴 밖의 따가운 햇볕이 두 다리 위로 내리쬐면 평범한 사람들은 그림자 세상 안에서 아무 걱정 없이 드라마를 보고 게임을 하며 노는 편을 택한다. 그림자 세계에서 산다고 뭐 큰일이 나는 것도 아니니 말이다.

저서를 한 권도 남기지 않은 스승 소크라테스와 달리 플라톤은 매우 많은 저서를 남겼는데 그중에서 가장 유명한 것은 두말할 것도 없이 《국가》다. 사람들은 '이상 국가'를 번영하고 태평하며 범죄가 없고 길에 물건이 떨어져 있어도 아무도 주워 가지 않는 완벽한 사회라고 생각한다. 그러나 유감스럽게도 아무리 완벽한들 그저 공상 속의 유토피아일 뿐이다.

플라톤은 영혼을 세 등급으로 나눈 것처럼 이상 국가의 계급도 세 가지로 나누었다.

첫 번째 등급 : 통치자
이들은 영혼 중 이성에 해당한다. 신이 금으로 만들었으며 지혜와 선을 가지고 있다.

두 번째 등급 : 수호자
이들은 영혼 중 기개에 해당한다. 신이 은으로 만들었으며 용기를 가지고 있다.

세 번째 등급 : 생산자
농민, 수공업자 등이다. 신이 구리로 만들었으며 절제의 미덕을 가지고 있다.

세 등급은 각기 다른 역할을 맡고 각자의 미덕을 실현하며 국가는 정의라는 공통된 미덕을 가지고 있다.

정의는 플라톤이 제시한 이상 국가의 윤리적 기초이자 통치 원칙이다. 플라톤은 "정의는 자신의 일을 하고 남의 일에 참견하지 않는 것이다. … 상인, 보조자, 수호자 계급이 국가 안에서 각자 자신의 일을 하고 서로 간섭하지 않을 때 비로소 정의가 구현된다"라고 말했다. 플라톤은 정의로운 이상 국가의 제도를 이렇게 설계했다. 첫째, 사유재산을 가질 수 없으며 재산 공유제를 실시한다. 둘째, 남녀가 평등하며 아내와 자식은 공유한다. 셋째, 교육을 통해 우수한 인재를 길러내 국가를 통치하게 한다. 플라톤의 이상 국가는 인류 역사상 최초의 유토피아였다.

그렇다면 이상 국가 사람들은 어떤 정치체제를 가장 만족스러워했을까? 플라톤은 《국가》에서 여러 가지 정치체제에 대해 이렇게 논했다.

스파르타 체제? NO!

스파르타 체제는 군인이 정권을 장악하기 때문에 호전적이고 명리를 좇는 성향이 있어서 많은 희생을 낳는다.

과두제? NO!

사유제 생산, 부자들의 권력 장악, 물질 숭배, 빈부 격차로 가난한 이들이 고통을 받는다.

민주제? NO!

가난한 이들이 고통을 견디지 못해 혁명을 일으켜 부자들을 타도

하고 인간 평등을 주장한다. 그러나 빈부 격차를 해결하지 못한 채 국가가 무지한 군중의 손에 들어가고 결국에는 무정부 상태가 된다(영화《배트맨 3》에 등장하는 도시 고담처럼 말이다).

참주제? NO!

민주제에서도 여전히 고통받던 가난한 이들이 혁명을 일으키고 가난한 이들의 수호자를 자처하는 인민 지도자가 등장한다. 그들은 민중의 힘으로 부자들을 타도하고 정권을 빼앗지만 정권을 장악한 후 인민들에게 했던 약속을 저버리고 인민을 착취하기 시작한다. 사람들은 그제야 그들의 진정한 모습을 발견하지만 그들을 내쫓을 힘이 없다.

플라톤은 스파르타 체제, 과두제, 민주제, 참주제는 모두 불완전하며 불완전한 정치체제가 사람들을 고통에 빠뜨린다고 했다. 플라톤은 《국가》에서 해결 방법을 제시하지 않았지만 《법률》에서 완벽한 정치체제로 혼합정을 제시했다. 혼합정이란 군주제와 민주제를 혼합한 체제다. 혼합정은 힘의 견제를 통해 권력 균형을 실현하며 군주제의 도덕과 민주제의 자유를 모두 가진다는 장점이 있다.

오늘날 평범한 사람들에게 '플라톤'이라는 세 글자는 철학자의 이름일 뿐 아니라 '플라토닉러브'를 연상시키는 말이기도 하다. 육체를 초월한 정신적인 사랑을 플라토닉러브라고 한다. 플라톤은 《향연》에서 사랑은 두 사람이 함께 지혜를 추구하는 것이라며 자신의 애정관을 밝혔다. 그런데 여기에서 두 사람이란 남자와 남자를 가리킨다.

플라톤은 철학자 가운데 유명한 동성애자로 평생 독신으로 살았다. 중국인들에게 이것은 그리 놀라운 일이 아니다. 중국에 여도지죄餘桃之罪(같은 행동도 사랑받을 때와 미움받을 때는 다르게 받아들여진다는 뜻-옮긴이), 용양지호龍陽之好(중국 전국 시대에 위왕이 동성애로 총애하던 신하를 용양군이라고 부른 고사에서 유래됨 옮긴이), 단수지벽斷袖之癖(한애제가 자신의 옷소매를 깔고 잠이 든 애인 동현을 차마 깨우지 못해 옷소매를 칼로 잘라낸 고사에서 유래됨-옮긴이) 등의 고사성어가 있는데 이 고사성어의 주인공인 위영공과 미자하, 위왕과 용양군, 한애제와 동현이 모두 남성 동성애 관계였다. 그런데 가만히 들여다보면 주인공 중 한 사람은 왕이거나 귀족이다. 이와 똑같은 일이 고대 그리스에서도 있었다. 정치가, 군주, 귀족 들이 미남자를 좋아하는 것은 당시에는 매우 고급스러운 유행이었다. 플라톤의 사랑은 당시의 유행을 따른 것이었을 뿐 아니라 이데아론과도 밀접한 관련이 있다. 플라톤이 생각하는 사랑은 감각적인 쾌락을 절제하고 이데아를 열정적으로 추구하는 것이었다. 소크라테스도 당시 아테네의 공인된 미남자 알키비아데스와 한때 동성애 관계였다.

2012년은 마야인들이 예언한 지구 종말의 해였다. 지구가 멸망할 때 만약 단 한 권의 철학서만 가지고 탈출할 수 있다면 그 책은 선택의 여지없이 《국가》가 될 것이다. 《국가》는 철학의 백과사전이라고 할 수 있을 만큼 윤리학, 정치철학, 형이상학, 교육학, 미학, 신학, 심리학 등 철학의 거의 모든 것이 포함되어 있다. 《국가》를 자세히 살펴보면 중세의 실재론, 아우구스티누스의 조명설, 헤겔의 절대정신, 니체의 도덕의 계보, 루소의 자연 교육, 공상적 사회주의, 프로이트의 정신분석학 등을 모두 발견할 수 있다. 《국가》 한 권만 있으면 지구가 멸망해도 인류는 이 책을 기초로 철학을 새롭게 싹 틔우고 새로 세울 수 있을 것이다.

플라톤의 '아카데메이아'는 유럽에 자유로운 학문의 전통을 심어주고 플라톤과 어깨를 나란히 하는 제자 아리스토텔레스를 길러냈다. 플라톤의 제자였던 아리스토텔레스는 훗날 헤겔의 《철학사 강의》에서 '모든 철학자의 스승'이라고 추앙받았다.

산책하는 철학자, 아리스토텔레스

젊은 과학자 갈릴레이가 이탈리아의 유명한 부실 공사 건축물인 피사의 사탑 위에서 무게가 다른 쇠구슬을 아래로 떨어뜨렸다. 그 실험으로 아리스토텔레스의 오류가 증명되었다.

젊은 과학자 뉴턴은 사과나무 아래 앉아 있다가 떨어지는 사과에 머리를 맞아 경미한 뇌진탕에 걸린 뒤 만유인력의 법칙과 뉴턴의 3법칙을 내놓았다. 이로써 또 한 번 아리스토텔레스의 오류가 증명되었다.

…

그때 나는 너무 멍청하고 순진했으며 어쩌다 실수로 철학에 입문하기 전이었다.

어렸을 때는 나도 다른 친구들처럼 굳은 의지와 원대한 이상을 품고 있었다. 나중에 어른이 되면 아이스크림 장수에게 시집을 가겠다는 포부 외에도 과학자가 되겠다는 또 한 가지 장래희망이 있었다. 나는 제2의 퀴리 부인을 꿈꾸며 아동용 과학 도서를 패기 있게 펼쳐들었다. 그런데 나는 그 책 속에서 처음으로 아리스토텔레스[Aristoteles](서기전 384~서기전 322)와 조우했다.

갈릴레이가 피사의 사탑에서 떨어뜨린 쇠구슬 두 개는 무게가 다르지만 동시에 땅에 떨어졌다. 갈릴레이의 이 실험으로 "무거운 물체는 빨리 떨어지고 가벼운 물체는 늦게 떨어진다"라는 아리스토텔레스의 이론이 오류임이 증명되었다. 뉴턴은 만유인력과 뉴턴 3법칙을 내놓았다. 그중 제1법칙이 모든 물체는 힘의 작용을 받지 않는 상황에서는 정지나 직선운동의 상태를 계속 유지한다는 것이다. 그런데 이 법칙이 바로 "물체가 똑같은 운동 상태를 유지하기 위해서는 외부에서 끊임없이 힘이 제공되어야만 한다"라는 아리스토텔레스의 주장을 정면으로 반박하는 것이었다.

나는 그 책을 읽으며 두 번이나 틀린 이론임이 밝혀진 아리스토텔레스에 대해 돌팔이 물리학자라는 인상을 갖게 되었다. 아리스토텔레스가 물리학자일 뿐 아니라 위대한 철학자라는 사실을 내가 알게 된 것은 아주 오랜 시간이 흘러 철학을 접하기 시작한 후였다. 아리스토텔레스는 걸어 다니는 백과사전이었다. 형이하학인 물리학과 형이상학인 철학 외에도 수학, 생물학, 화학, 천문학, 의학 등 여러 분야에 조예가 깊었다. 한마디로 아리스토텔레스는 컴퓨터를 제외한 모든 학문을 연구했다고 해도 과언이 아니다.

아리스토텔레스의 스승은 철학자 플라톤이다. "나의 스승을 사랑하지만 진리를 더욱 사랑한다"라는 아리스토텔레스의 명언은 유명하다. 얼핏 들으면 아리스토텔레스가 스승을 존경하고 진리를 열렬히 사랑했다는 것처럼 들린다. 그런데 자세히 들여다보면 한 가지 사실이 숨겨져 있다. 아리스토텔레스와 플라톤의 학풍이 달랐다는 점이다. 과연 그럴까?

플라톤은 낭만적이고 아리스토텔레스는 엄격하고 신중했다.

플라톤은 감성적이고 아리스토텔레스는 논리적이었다.

플라톤은 평생 독신으로 고고하게 살았고 아리스토텔레스는 현실에 발을 딛고 결혼해 자식을 낳았다.

라파엘로, 〈아테네 학당〉

플라톤은 이상주의 시인이고 아리스토텔레스는 현실주의 과학자였다.

플라톤에게 이 세상은 '이데아 세계'였고 아리스토텔레스에게 이 세상은 실재하는 '경험 세계'였다.

르네상스 시기의 유명한 화가 라파엘로의 명화 〈아테네 학당〉에서 두 사람의 차이점을 엿볼 수 있다.

플라톤과 아리스토텔레스는

줄곧 대립 관계에 있었다. 이 점을 암시하듯 라파엘로의 그림 속에서 플라톤은 왼손에 자신의 저서 《티마이오스》를 들고 오른손으로는 하늘을 가리키고 있다. 플라톤이 생각하는 진실한 세계는 하늘에 있으며 그 세상이 신비한 이데아 세계임을 의미한다. 아리스토텔레스는 왼손에 《니코마코스 윤리학》을 들고 오른손으로는 땅을 가리키고 있다. 그는 세계의 본질은 하늘 위가 아니라 현실의 경험 세계에 있다고 생각했다.

상대를 경시하는 문인 특유의 성향 때문인지, 아니면 아리스토텔레스의 총명함과 재능이 플라톤을 불안하게 했기 때문인지, 그도 아니면 처음부터 사제 간의 사상에 차이가 생길 조짐이 나타났던 것인지 모르지만, 어쨌든 처음에는 아리스토텔레스를 칭찬했던 플라톤이 돌연 태도를 바꾸어 신랄하게 비꼬고 비판했다. 아리스토텔레스의 집에 책이 많은 것을 두고 플라톤은 그를 '책벌레'라고 불렀다. 칭찬인 듯하지만 사실은 그를 비꼬는 것이었다. 플라톤은 또 아리스토텔레스를 망아지에 비유했는데 나이 든 스승이 젊은 제자를 아껴서 그런 것이 아니라 젖을 떼고 나면 발로 어미의 배를 차는 망아지처럼 배은망덕하다고 아리스토텔레스를 비꼬는 것이었다.

원래 사람은 나이가 들수록 힘이 쇠하는 것을 느끼는 법이다. 아마도 플라톤은 자신에게만 쏟아졌던 스포트라이트가 타인을 향하는 것을 보고 화려한 주연에서 조연으로 밀려난 느낌이 들었을 것이다.

김용의 무협지 《사조영웅전》에 등장하는 재기발랄하고 귀여운 소녀 황용도 《신조협려》에서는 계략을 꾸미는 중년 아주머니가 되지 않았던가.

선량하고 정의로운 열혈 청년도 중년에 이름을 날리고 난 후에는 자신과 의견이 다른 사람을 배척하고 비난하는 경우를 흔히 볼 수 있다.

넓은 도량과 고고함으로 일세를 풍미했던 플라톤도 나이가 들자 옹졸하게 제자를 조롱하고 비판했다.

그런데 플라톤은 나이 많음을 내세워 제자를 비꼬고 공공연하게 공격했지만 아리스토텔레스는 단 한 번도 스승을 비난하거나 무례를 범하지 않았다. 그에게는 사제 간의 관점 차이는 있었지만 사적인 원망은 찾아볼 수 없었다. 플라톤이 죽은 후 아리스토텔레스는 자신의 학파를 세우고 플라톤 사상을 비판적으로 계승함으로써 자기만의 철학의 길을 개척했다. 아리스토텔레스는 우거진 숲 속의 오솔길을 산책하며 철학 문제를 논하기를 좋아했기 때문에 훗날 그의 학파를 '소요학파'라고 불렀다.

소요학파의 대표 인물인 아리스토텔레스의 학설은 플라톤에 대한 비판을 바탕으로 했다. 플라톤은 '이데아론'을 주장하고 만물의 근원은 '이데아'이며 모든 사물은 자신의 '이데아'를 가지고 있다고 했다. 말에게는 '이데아 말'이, 소에게는 '이데아 소'가, 양에게는 '이데아 양'이 있다는 것이다. 다시 말해 세상에 먼저 '이데아 말'이 있고 나서 백마, 흑마, 수말, 암말, 적토마 등 여러 가지 구체적인 말이 생겨났으며, 말이 죽어도 이데아 말은 영원불변이라는 것이 플라톤의 주장이다. 그런데 아리스토텔레스는 이 관점에 의문을 제기했다. 백마의 이데아는 말일 수도 있고 동물일 수도 있으며 물체일 수도 있다. 백마 한 마리가 여러 이데아를 가질 수 있고, 여러 사물이 동시에 하나의 이데아를 나누어 가질 수도 있다. 사물이 근본이 되기도 하고 모방한 것이 되기도 하는 것이다. 이것이 바로 '이데아론'의 사상적 혼란이자 자기모순이다. 아리스토텔레스는 《형이상학》에서 플라톤의 '이데아론'을 집중적으로 비판했다.

아리스토텔레스는 만물의 근원은 '실체 substance'라고 했다. 실체는 독립적으로 존재하는 우선적인 범주다. 다른 어떤 범주도 실체에 기댈 수 없다. 말, 소, 양은 실체다. 실체는 제1실체와 제2실체로 나뉜다. 제1실체는 개별적인 사물이다. 예를 들어 아무개가 가장 근본적인 제1실체라면 개별적인 사물인 아무개를 포함한 속(예: '인간')과 계(예: '동물')는 제2실체다. '제2실체'는 '제1실체'에 의지해서 존재한다. 개별적인 사람이 없으면 '인간'이라는 '속'도 '동물'이라는 '계'도 없다. 제1실체와 제2실체의 관계는 개별자와 보편자의 관계다. 개별적인 사물의 실체성이 클수록 보편적인 사물의 실체성은 작아진다.

아리스토텔레스는 또 어떤 사물이든 존재하기 위해서는 네 가지 원인이 있어야 한다고 했는데 그 네 가지가 바로 질료인, 형상인, 동력인, 목적인이다.

질료인은 사물이 그로써 생성되고 계속 그 속에 존재하는 것이다. 예를 들면 옷의 질료는 면화이고 건물의 질료는 벽돌이다.

형상인에는 사물 본질의 형식을 나타내는 내재 형식과 외재 형식, 즉 형상이 있다. 내재 형식은 옷이 종이가 아니라 옷이고, 건물이 조각상이 아니라 건물이라는, 다시 말해 사물의 본질을 뜻한다. 내재 형식은 플라톤의 이데아와 비슷하며 언제나 외재 형식을 통해 표현된다.

동력인은 운동하는 것을 운동하게 하고 변화하는 것을 변화하게 하는 사물을 의미한다. 아들의 동력인은 아버지이고 옷의 동력인은 재봉이며 건물의 동력인은 건물을 짓는 사람이다.

목적인은 무엇을 위한 것인지, 즉 최종 목적을 뜻한다. 옷을 짓는 것은 입기 위함이고 건물을 짓는 것은 살기 위함이며, 만물의 가장 큰 목적은 바로 '선'이다.

4원인설이라고 부르지만 질료인을 제외한 나머지 세 개, 즉 형상인, 동력인, 목적인은 하나로 합칠 수 있다. 건물의 형식은 벽돌이라는 질료를 현실로 전환시키는 동력인이고, 건물의 형식은 질료가 전환되는 과정에서 도달하는 목적이므로 목적인이기도 하다. 세 가지를 하나로 치면 질료인과 형상인만 있는 2원인설로 바뀐다. 그러나 모든 사물의 형성 과정은 질료가 형식으로 전환되는 과정이다. 같은 사물 안에서는 질료와 형식이 전환될 수 없지만 다른 사물에서는 질료와 형식이 서로 전환될 수 있다. 점토는 벽돌의 질료이고 벽돌은 점토의 형식이지만 건물로 보면 벽돌은 또 건물의 질료이고 건물은 벽돌의 형식이다.

그런데 점토는 벽돌의 질료이고 벽돌은 건물의 질료이며 건물은 거리의 질료다. 또 거리는 구역의 질료이고 구역은 도시의 질료이며 도시는 또 무언가의 질료가 된다. 이런 식으로 무한정 뻗어나갈 수 있을까? 그 끝에는 무엇이 있을까? 아리스토텔레스는 그 끝에 질료가 없는 순수 형상pure form이 있다고 했다. 가장 높은 사물이 바로 순수 형상이라는 것이다. 질료가 없는 순수 형상은 영원히 운동하는 원인, 즉 제일동자다. 만물은 선을 추구하고 선은 사물의 최종 목적이자 제일 동자다. 중세 신학자 토마스 아퀴나스는 훗날 신은 그 어떤 질료도 없는 순수 형상이라며 아리스토텔레스의 순수 형상을 이용해 신의 존재를 증명했다.

마르크스는 아리스토텔레스를 고대 그리스 철학자 중 가장 박학한 철학자라고 평가했다. 아리스토텔레스는 박학다식하고 다재다능했으며 여러 분야를 두루 섭렵했다. 그는 학문적 탐구를 세 가지로 분류했다.

첫째, 이론학theoretike으로 수학, 자연과학, 훗날 형이상학으로 불린 제1철학이 여기에 속한다.

둘째, 실천학praktike으로 윤리학, 정치학, 경제학이 여기에 속한다.

셋째, 제작학poietike으로 시학, 수사학이 여기에 포함된다.

오늘날 우리에게 익숙한 '형이상학'이라는 단어가 아리스토텔레스의 《형이상학》이라는 책에서 유래되었다.

《형이상학》은 고대 그리스어로 'ta meta ta physika'인데 '자연학 이후의 책'이라는 뜻이다. 이 책은 아리스토텔레스가 직접 출간한 것이 아니라 아리스토텔레스가 세운 리케이온 학원을 물려받은 안드로니쿠스가 아리스토텔레스가 생전에 쓴 글과 논문, 학생들이 강의 시간에 필기한 원고 등을 수집해 편찬한 것이다. 당시 안드로니쿠스가 아리스토텔레스의 제1철학 원고에 제목을 붙이려는데 아무리 머리를 짜내어도 적당한 제목이 생각나지 않았다. 그래서 방금 완성한 아리스토텔레스의 《자연학》 원고의 뒤에 붙여 '자연학 이후의 책^{a meta ta physika}'이라고 제목을 붙였고, 그 후 여기에서 라틴어의 'metaphysica'라는 단어가 파생되어 나왔다. 이 단어가 중국에 들어오면서 '형이상학'으로 번역되었는데 형이상학이라는 말은 《역경》 계사 편에 나오는 "형이상자위지도, 형이하자위지기^{形而上者謂之道 形而下者謂之器}"라는 말에서 따온 것이다. '형이상학'이란 세상 만물을 초월한 것을 뜻한다. 형이상학은 우주 만사와 만물의 가장 보편적이고 근본적인 기초이자 이론이다.

중국에서는 '형이상학'의 명성이 그리 높지 못하다. '형이상학'이 고등학교 정치 과목에서 변증법의 반면교사로 사용되어 고립되고 정지되고 단편적이라는 부정적인 이미지를 가지고 있기 때문이다. 그러나 아리스토텔레스의 '형이상학'은 고립되고 정지되고 단편적인 세계관이 아니다. '형이상학'은 바로 아리스토텔레스의 존재론이자 실체론이자 신학이다. 어떤 건물로 들어가려는데 입구에서 보안 요원이 "누구십니까? 어디에서 왔고 또 어디로 가는 겁니까?"라는 질문을 던졌다고 치자. 아리스토텔레스의 형이상학이 바로 이것이다. 사물의 본질, 이념, 영혼 등에 관한 문제들은 모두

'형이상학'이다. 그런 의미에서 '형이상학'은 본질적으로 철학과 동의어다.

'형이상학'은 아주 오랜 세월에 걸쳐 철학을 독점해왔지만 점차 '형이상학'에 불만을 가지는 철학자들이 점점 늘어났다. 그렇게 오랫동안 만물의 본질이 무엇인지 탐구하고 존재론을 연구했지만 무슨 결론을 얻었는가? '형이상학'을 수없이 연구했지만 아무것도 얻지 못했으니 무위도식한 것이나 다를 게 없지 않은가? 결국 실증주의가 제일 먼저 일어나 '형이상학 타도'라는 깃발을 번쩍 들자 다른 철학자들도 너도 나도 박차고 나와 형이상학을 비판하기 시작했고 이로써 전통적인 형이상학은 내리막길로 들어섰다. 그런데 그 후 형이상학에 숱하게 많은 세대교체가 이루어졌지만 결국에는 칸트의 이 한마디가 진리를 제시했다.

"인류 정신이 형이상학을 영원히 포기하는 것은 철학을 포기하는 것이다. 이것은 불가능하다."

아리스토텔레스의 윤리학과 정치학에는 "중용이 곧 미덕"이라는 관념이 담겨 있다. '중용'사상은 중국 문화의 핵심이 아닌가? 인정하든 인정하기 싫든 중국인들의 민족성은 중용의 도를 밑바탕으로 하고 있다. 아리스토텔레스가 말한 중도中道 사상인 '메소테스mesotes'가 중국으로 들어오면서 곧바로 '중용'으로 번역된 것도 바로 이 때문이다. 윤리학에서 아리스토텔레스는 인간의 행위는 반드시 '지나침'과 '부족함' 사이의 중용을 지켜야 한다고 했다. 예를 들면 용감함은 무모함과 겁약함의 중간에 있다. 용감함이 지나치면 무모함이 되고 부족하면 겁약함이 된다. 절제는 금욕과 향락의 중간에 있고 후함은 사치와 인색의 중간에 있으며 다정함은 아첨과 거침의 중간에 있다. 지나치지도 않고 모자라지도 않은 중간 상태가 가장 좋다. 아리스토텔레스는 윤리학은 개체의 선을 연구하는 학문이고 정치학은 집단의 선을 연구하는 학문이라고 했다. '중용의 도'는 정치학에도 적용된다. 국가의 공민公民은 부자, 중산층, 빈자로 나뉜다. 부자가 권력을 장악한 정치체제는 종종 법률을 무시하고 전횡을 부리며 독재자나 폭군이 나타나기 쉽다. 빈자들은 국가를 어떻게 관리해야 하는지 알지 못하고 타인의 재산을 빼앗을 줄만 알기 때문에 빈자가 권력을 장악한 정치체제에서는 극단적인 민주주의 또는 중우정치가 나타날 수 있다. 정권을 잡기에 가장 적합한 계층은 중산층이다. 그들은 남의 시기를 살 만큼 재산이 많지도 않고 남의 무시를 당할 만큼 재산이 적지도 않다. 또 그들은 계층이 두텁고 지식과 교양이 풍부하다. 그러므로 중산층이 정권을 잡은 도시는 선하고 정의롭다.

정치학에서 아리스토텔레스는 "인간은 정치적 동물"이며 도시는 행복한 생활을 실현하고 최고의 선을 얻기 위한 곳이라고 했다. 그가 꼽은 이상적인 정치체제는 군주제, 귀족제, 공화제이며 이 세 가지 정치체제에 대응하는 왜곡된 정치체제가 참주제, 과두제, 민중제다. 아리스토텔레스의 '중용사상'에 따르면, 극단적인 정치체제를 피하기 위해서는 중산층이 정권을 잡는 것이 가장 적합하다.

이 밖에도 아리스토텔레스는 형식논리학의 아버지이기도 하다.

그중 가장 유명한 것이 세 가지 추론 형식과 삼단논법이다.

세 가지 추론 형식에는 동일률, 모순율, 배중률이 있다.

동일률: A는 A다(아리스토텔레스가 '동일률'을 제시하지는 않았지만 그의 이론 속에 이미 동일률이 포함되어 있다).

모순률: A는 A가 아니다.

배중률: A이거나 A가 아니다.

삼단논법은 대전제, 소전제, 결론으로 이루어진 논증법이다. "사람은 모두 죽는다"라는 명제를 예로 들어보자. "사람은 모두 죽는다"는 대명제이고 "소크라테스는 사람이다"는 소명제이며 "고로 소크라테스는 죽는다"가 결론이 된다.

한 가지 삼단논법이 유효하기 위해서는 많은 원칙에 부합해야 한다. 그런데 현실에서 삼단논법을 잘못 사용하는 사례가 많다. 중국에서 큰 인기를 끈 인터넷 소설 《첫 번째 친밀한 접촉》을 보면 사이비 삼단논법이 많이 등장한다.

내게 1천만 위안이 있으면 집 한 채를 살 수 있을 거야.

나한테 1천만 위안이 있나? 없어.

그러니까 나는 아직도 집이 없는 거야.

태평양이 마른다 해도 널 향한 내 사랑의 불꽃은 꺼지지 않을 거야.

태평양이 마를 수 있을까? 불가능해.

그러니까 나는 널 사랑하지 않아.

내가 단 하루만 살 수 있다면 널 사귈 거야.

내가 단 하루만 살까? 그렇지 않아.

그러니까 아쉽지만 널 사귀지 않을 거야.

이것들은 모두 삼단논법이 아니라 잘못된 추리다.

A인 경우 B다.

A가 성립된다는 것을 이미 알고 있다면 B도 성립된다.

A인 경우 B다.

A가 성립되지 않는다면 B가 성립될 수도 있고 성립되지 않을 수도 있다.

그런데 위의 세 가지 논법을 보면 A가 성립되지 않는데도 B가 성립된다는 결론을 내렸다.

플라톤의 가장 유명한 제자는 아리스토텔레스이고 아리스토텔레스의 가장 유명한 제자는 마케도니아의 왕 알렉산드로스 대왕이다. 중국인들이 자랑스러워하는 칭기즈 칸이 중국 영토를 역사상 가장 넓게 확장하고 그의 아들도 서쪽 원정을 떠나 유럽의 심장부를 공격했다. 그런데 마케도니아의 알렉산드로스 대왕이 원정을 나섰을 당시에는 히말라야 산맥까지 진출했지만 티베트 고원에 가로막혀 중국으로 들어오지 못했다. 그렇지 않았다면 알렉산드로스 대왕은 당시 중국에서 할거하던 전국칠웅과 사투를 벌여야 했을 것이다. 전쟁 영웅 알렉산드로스 대왕은 스승인 아리스토텔레스를 존경하고 지지했으며 왕자 신분으로 아테네를 공격했을 때에도 은사인 아리스토텔레스를 생각해 그리스 문화를 파괴하지 않고 보존해주었다. 또 왕이 된 후에는 여러 차례 아리스토텔레스에게 학교 설립에 필요한 경비를 지원했다. 그런데 불행히도 알렉산드로스 대왕이 요절한 뒤 자유를 되찾은 그리스 사람들은 은혜를 잊고 '참주를 섬기고 신을 모욕했다'는 이유로 아리스토텔레스를 사형시키려고 했다.

그러나 아리스토텔레스는 스승의 스승인 소크라테스로부터 얻은 교훈에 따라 박해를 피해 도망쳤다. 결국 아리스토텔레스는 아테네에서 도망친 이듬해에 심신이 모두 지쳐버려 객지에서 생을 마감했고, 이로써 고대 그리스 세 철학자의 시대도 끝이 났다.

이 세계는 숱하게 많은 사상이 좌절하고 사라졌을 만큼 미묘한 곳이다. 아쉽게도 소크라테스는 저서를 남기지 않았고 넓은 어깨의 플라톤은 오만했으며 아리스토텔레스는 중용만이 미덕이라고 여겼다. 수많은 철학자들이 바람처럼 사라지고 암흑의 중세가 조용히 다가왔다.

아리스토텔레스가 사망한 후 고대 그리스 철학은 다시는 재기하지 못했고 신비주의의 침전된 찌꺼기들이 떠오르기 시작했다.

기독교 철학의 쌍두마차, 아우구스티누스와 아퀴나스

철학자의 사상 가운데 국가의 공식적인 이데올로기가 되어 막강한 권위를 누린 사상이 있을까? 바로 카를 마르크스의 마르크스주의와 토마스 아퀴나스의 토마스주의다. 아퀴나스의 신학철학 체제는 1879년 로마 교황으로부터 천주교의 유일한 공식 철학으로 지정되었다.

토마스 아퀴나스^{Thomas Aquinas}(1225?~1274)는 '천사 같은 박사'로 불렸으며 1999년 9월 영국 BBC가 선정한 10대 사상가에 들었다. 당시 선정된 10대 사상가는 다음과 같다.

1) 카를 마르크스
2) 앨버트 아인슈타인

3) 아이작 뉴턴

4) 찰스 다윈

5) 토마스 아퀴나스

6) 스티븐 호킹

7) 이마누엘 칸트

8) 르네 데카르트

9) 제임스 맥스웰

10) 프리드리히 니체

　토마스 아퀴나스는 사상가 중에서는 5위, 철학자 중에서는 2위를 차지했다. 어려서부터 무신론을 교육받은 중국인들에게 신학자 토마스 아퀴나스는 매우 낯설다. 당시 서유럽 사회에는 이성적이고 호탕한 고대 그리스 정신의 시대와 자유분방하고 쾌락을 중시하는 로마 정신의 시대를 거친 후 신앙을 열렬히 사랑하는 히브리 문명이 등장해 주도권을 차지했다. 서유럽 사회는 이로써 사학자들이 '암흑'의 시대라 부르는 중세로 들어서게 되었다. 중세에 유럽 문명은 종교의 외투를 걸쳤다. 이 천사 같은 박사의 화려한 업적을 살펴보기 위해서는 먼저 기독교에 대해 알아야 하고 기독교에 대해 알기 위해서는 먼저 유대인에 대해 알아야 한다.

　유대인의 조상인 히브리인은 원래 유프라테스 강 유역의 초원 지대에 사는 오래된 유목 민족이었다. 그들이 재앙을 피해 이집트로 옮겨갔다가 이집트인들의 노예로 전락하고 말았다. 나중에 히브리인의 우두머리인 모세가 이집트에 저항해 히브리인들을 이끌고 《성경》에서 '젖과 꿀이 흐르는 땅'이라고 했던 가나안(지금의 팔레스타인) 땅으로 옮겨갔다. 출애굽기의 유명한 이야기가 바로 이때 연출되었다. 가나안 사람들이 그들을 부르는 '히브리인'이라는 말은 '강 저편에서 온 사람'이라는 뜻이다. 유대인들이 '하나님에게 선택받은 민족'이라는 자부심을 가지고 있지만 역사적으로 그들은 여러 차례나 재앙을 겪고 박해를 받으며 이리저리 옮겨 다니고 뿔뿔이 흩어졌다. 서기전 63년 로마인이 예루살렘을 점령하자 유대인들은 로마제국의 통치를 받게 되었다. 로마제국의 기세등등한 통치 아래에서 유대인들은 존망의 위기에 처했다. 침묵 속에서 폭발하든 멸망하든 둘 중 하나였다. 유대인들은 여러 번이나 저항의 반기를 들었지만 안타깝게도 번번이 진압 당했다. 폭발할 수 없다면 침묵할 수밖에 없고, 이길 수 없다면 참는 수밖에 없다. 현실에서 출구를 찾지 못한 유대인들은 내면에서 출구를 찾아냈다. 바로 종교다. 현실에서는 핍박을 받고 있지만 정의로운 구세주가 자신들을 구해줄 것이라는 믿음이었다. 이에 대해 후대의 한 철학자는 "종교여, 무정하면서도 다정하고 핍박받는 이들을 탄식하게 하는구나. 종교는 민중의 아편이다"라고 말했다.

기독교는 유대교의 한 교파다. 다시 말하면 기독교는 초기 히브리인들의 유대교가 변화된 것이다. 예수 본인도 유대인이었다. 동정녀 마리아가 동침도 없이 예수를 낳았다. 예수는 장성한 후 사탄을 쫓고 환자를 고치고 사람들에게 천국의 존재를 알리며 종교를 전도해 존경받는 오피니언 리더가 되었다. 오피니언 리더가 정부 당국으로부터 환영받지 못하는 것은 자연스러운 일이다. 로마제국 의 중앙정보국은 이미 오래전부터 예수의 사교邪教 조직을 주시하 고 그들을 한꺼번에 잡아들이려고 벼르고 있었다. 결국 예수와 그 의 열두 제자가 예루살렘으로 가려고 준비하고 있을 때 그 제자 중 한 명이 로마인에게 매수 당해 예수를 로마인들에게 넘겼다. 예수 는 반란죄, 사교 전파, 민중 선동 등의 죄명으로 십자가에 못 박혀 죽임을 당했다.

역사는 이런 것이다. 승자는 왕이 되고 패자는 도적이 된다. 왕과 도적은 백지장 차이다. 종교도 마찬가지다. 비록 종교와 사교가 본 질적으로는 다르지만 정치와 연결되면 어떤 종교는 국교로 발전하 기도 하고 또 어떤 종교는 사악한 종교로 낙인찍혀 소멸된다.

기독교와 유대교가 같은 뿌리를 두고 있다면 어째서 훗날 기독교 와 유대교가 불화했는지, 어째서 서양 문화에 반유대주의가 나타 났는지, 어째서 히틀러가 유대인을 학살했는지 궁금해 하는 사람 들이 있을 것이다. 그 속에는 수많은 시비와 은원 관계, 너무 많은 종교적, 경제적, 정치적 요인이 포함되어 있기 때문에 여기에서는 자세히 언급하지 않겠다.

초기 기독교는 억압받는 하층 유대인들 사이에서만 유행했다. 약 소 계층에게 기독교는 심리적 위안을 얻기 위한 수단이었다. 그런 데 로마 당국이 계속 기독교를 박해했지만 기독교의 평등과 박애 사상이 점점 많은 이들에게 알려지면서 중상류층, 심지어 일부 귀족층까지 기독교를 받아들이기 시작했다. 그리고 그들이 점차 사회의 주도권을 장악하면서 기독교의 저항 정신을 배제하고 인내, 순종, 겸손함, 왼쪽 뺨을 맞으면 오른쪽 뺨도 내어주라는 등의 미덕을 널리 전파시켰다. 그러던 어느 날 로마의 콘스탄티누스 1세에게 좋은 생각이 떠올랐다. 기독교가 순종을 강조한다면 통치자에게는 그보다 더 좋은 종교가 어디에 있단 말인가? 통치자의 입장에서는 폭력으로 민중을 제압하는 것보다 그들의 정신을 마비시켜 순종하게 만드는 것이 훨씬 유리했다. 그렇게 해서 콘스탄티누스 1세는 313년 칙령을 발표해 기독교의 합법적인 지위를 인정해주고 392년에는 테오도시우스 1세가 기독교를 유일한 국교로 인정하는 한편 모든 낡은 종교를 폐지하고 이교異敎 활동을 일절 금지한다는 칙령을 발표했다. 이로써 기독교는 살아남기만을 바라며 눈치를 보던 '사교'에서 로마제국의 당당한 국교로 우뚝 섰다.

국교가 된 후 기독교는 두 가지 큰 문제에 봉착했다. 첫째, 기독교가 민중의 종교이기 때문에 교리가 산만하고 하층민들의 어설픈 신비주의까지 섞여 있었다. 국교로 지위가 격상된 이상 엄격한 체계를 수립해야 했다. 체계를 세우지 않고 전설이나 다를 바 없는 《성경》 한 권에 의지한다는 것은 체면도 서지 않고 설득력도 가질 수 없었다. 둘째, 앞에서도 언급했듯이 고대 그리스 철학이 그리스와 로마에서 널리 성행하면서 사람들은 이성적이고 논리적인 사고방식을 가지게 되었다. 그러므로 이민족인 유대인의 종교를 국교로 만들자면 그럴듯하게 포장해야 했다. 마르크스주의가 중국으로 들어오면서 유가 사상과의 연계점을 찾아 '조화로운 사회'를 강조했던 것처럼 기독교가 로마의 국교가 되기 위해서는 그리스·로마 문화와 접목시킬 필요가 있었다.

이런 필요성에 따라 사람들은 기독교 문헌을 정리하고 편찬함으로써 기독교의 교리를 체계적으로 수립하기 시작했다. 이런 일을 하는 사람들을 '교부'라고 부르고 그들의 신학 사상을 '교부학'이라고 불렀다. 그들 중 가장 유명한 인물이 바로 아우구스티누스 Augustinus Aurelius (354~430)다.

이것은 천사 같은 박사인 토마스 아퀴나스가 등장하기 무려 800년 전의 일이다.

교부라고 하면 사람들은 미국의 유명한 마피아 영화를 떠올리거나 아니면 천사처럼 고상하고 순결한 성인을 떠올릴 것이다. 교부 아우구스티누스는 이 두 가지 이미지를 모두 가진 인물이었다. 그는 술, 여자, 도박이라면 누구에게도 뒤지지 않는 방탕한 젊은 시절을 보냈다. 청년 아우구스티누스는 한마디로 마피아의 똘마니였다. 그런데 그가 방탕하기는 하지만 똑똑해서 종교에 대해 자기만의 독특한 견해를 가지고 있었다. 영화 〈굿 윌 헌팅〉에서 빈민가 청년 윌이 숀 교수를 만나 올바른 길을 걷게 되었듯, 건달이었던 아우구스티누스가 서른세 살에 귀인을 만나게 되었다. 바로 암브로시우스 주교다. 암브로시우스는 "영혼을 잃는다면 온 세상을 얻은들 무슨 소용이 있겠는가?"라는 예수의 말을 인용했고 육욕에 탐닉하면서도 항상 공허함을 느꼈던 아우구스티누스는 커다란 깨달음을 얻었다. 그 후 그는 기독교를 믿고 완전히 새 사람이 되었으며 나중에는 교부가 되었다.

교부 아우구스티누스는 어떻게 기독교를 바꿨을까? 그는 플라톤의 사상과 신플라톤주의에서 기독교의 교리와 일맥상통하는 부분을 이용해 기독교 교리를 다시 해석하고 그리스인의 이성과 로마인의 윤리, 유대인의 신앙을 완벽하게 결합시켰다. 아우구스티누스의 기독교 개조는 신과 인간 두 가지 관점에서 분석할 수 있다.

우선 신에 대해서는 '삼위일체'를 합리적으로 해석했다. '삼위일체'란 성부, 성자, 성령이 완전히 평등하며 하나임을 의미한다. 초기 기독교의 교리를 살펴보면 예수는 하나님의 아들이기도 하고 동정녀 마리아가 성령을 받아 낳은 아들이기도 하며 또 하나님의 육신이기도 하다. 무엇이든 다 될 수 있다는 것은 그 무엇도 될 수 없음을 의미하기도 한다. 만약 그중 하나라고 규정하면 나머지 두 가지는 어떻게 할까? 아우구스티누스는 플라톤의 이데아론으로 이 모든 것을 해석했다. 플라톤은 이데아만이 완벽하고 영원하며 구체적인 사물은 이데아의 복제품일 뿐이라고 했다. 빨간 사과, 초록 사과, 노란 사과가 모두 사과이고 그들의 본질은 모두 이데아 '사과'다. 쉽게 말해서 크기, 색깔, 맛이 달라도 사과의 본질은 객관적으로 존재하는 '이데아' 사과라는 것이다. 같은 이치로 성부, 성자, 성령도 동일한 본체를 가지고 있으며 '신'의 표현 방식이 다를 뿐이라는 것이다. 아우구스티누스는 사랑하는 사람, 사랑을 받는 사람, 사랑이 사랑 하나로 통일되고, 기억, 이해, 의지가 정신 하나로 통일된다고 했다. 이것이 그가 말한 삼위일체다. 그는 '삼위일체' 외에도 '세계창조', '하나님의 존재 증명' 등 몇 가지 논증을 통해 신에 관한 체계를 세웠다.

인간에 대해 아우구스티누스가 제시한 것은 '원죄설'과 '예정설' 이다. 기독교 교리를 보면 아담과 하와가 몰래 선악과를 따먹음으로써 현실의 모든 고난과 죽음의 원죄가 생겨났다고 한다. 그런데 일부 기독교도들은 여기에 의문을 제기한다. 하나님이 전지전능하고 위대하다면 어째서 인간이 그런 죄를 짓도록 용인했을까? 하나님이 인자하고 세상 모든 것을 창조했다면 죄악 또한 하나님이 창조한 것이 아닌가? 이런 질문은 철학자 에피쿠로스가 제시한 패러독스와 비슷하다. "신은 악을 없애려 하지만 그럴 수 없는 것인가? 그렇다면 신은 전능한 것이 아니다. 그렇다면 그는 할 수 있지만 하지 않고 있는 것인가? 그렇다면 그는 악의를 갖고 있는 것이다. 그렇다면 그는 능력도 있고 없애려 하기도 하는가? 그렇다면 악이 어떻게 있을 수 있는가? 그렇다면 그는 능력도 없고 없애려 하지도 않는가? 그렇다면 우리는 왜 그를 신이라 부르는가?" 에피쿠로스의 패러독스는 전능의 패러독스와 비슷하다. "전능자가 너무 무거워서 누구도 들 수 없는 바위를 만들 수 있을까?" 그런 바위를 만들 수 있다면 전능자는 그 바위를 들어 올릴 수 없으므로 전능하지 않은 것이고, 그런 바위를 만들 수 없다면 또 그는 전능하지 않은 것이 된다. 이 패러독스는 신의 명예를 심각하게 침해했다. 아우구스티누스가 '원죄설'을 내놓은 것은 바로 이런 패러독스가 신에게 피해를 주지 않도록 하기 위함이었다.

아우구스티누스는 신이 창조한 모든 사물은 선하며 이렇게 객관적으로 존재하는 창조물은 모두 실체라고 생각했다. 신은 악을 창조하지 않았고 악은 실체가 아니라 신이 창조한 선의 부족함일 뿐이라는 것이다. 그는 죄악의 진정한 원인이 자유의지에 있다고 보았다. 자유의지란 원래 신이 인간에게 부여한 선이다. 자유의지가 있으면 인간은 더 행복하게 살 수 있다. 그런데 인간이 자유의지를 이용해 악한 일을 하고 말았다. 이것은 신이 인간에게 두 손을 주어 더 행복하게 살도록 했지만 인간이 그 두 손으로 사람을 죽이고 불을 지른 것과 같은 이치다. 비난을 받아야 할 것은 두 손을 잘못 사용한 인간이지 두 손을 창조한 신이 아니다. 이렇게 해서 아우구스티누스는 '원죄설'을 완벽하게 해결한 것처럼 보였다. 그런데 사람들은 끈질기게 그를 난처하게 만들었다. 인간이 자유의지를 이용해 악을 행하리라는 사실을 신이 예지하지 못했을까? 신이 예지하지 못했다면 신은 전능한 것이 아니다. 만약 신이 미리 알았다면 신이 예지한 일은 반드시 발생하는 것이므로 범죄는 필연적으로 발생하는 것이고 처벌을 받을 필요도 없지 않은가? 이에 대해 아우구스티누스는 이렇게 논증했다. 신이 인간의 범죄를 예지하는 것은 인간에게 범죄를 강요하는 것이 아니다. 신은 범죄를 예지할 수 있지만 범죄의 원인은 인간의 자유의지다. 신이 범죄를 예지했기 때문에 인간이 범죄를 저지른 것은 아니다. 신의 예지와 인간의 범죄 사이에는 인과관계가 성립되지 않는다.

자유의지에서 중요한 것이 있다. 아우구스티누스가 말한 '자유의지'가 마르크스 철학에 등장하는 '의식의 주관적 능동성'과 매우 비슷한 것처럼 보이지만 사실은 본질적인 차이가 있다는 사실이다. 주관적 능동성에서 강조하는 것은 물질이 의식을 결정한다는 전제하에서 의식이 스스로 작용한다는 점이다. 하지만 자유의지는 영혼 깊숙한 곳에 있는 주동적인 힘을 의미하며 물질에 직접적으로 작용할 수 있다. 자유의지의 존재 여부 자체가 유물주의와 유심주의의 분기점이다.

누구나 원죄를 가지고 있다면 그 죄를 어떻게 씻을 수 있을까? 이에 대해 아우구스티누스가 내놓은 것이 바로 '예정설'이다. 인간은 원죄를 가지고 있고 선을 잃어버릴 가능성도 있다. 범죄는 자유의지를 남용하기 때문에 생겨난다. 그런데 범죄를 없애는 것은 자유의지로는 불가능하다. 악을 행하는 사람의 의지는 이미 악에 의해 통제당하고 있기 때문에 자유의지는 '자유롭지' 않다. 그러므로 스스로 죄를 구원할 수는 없으며 인간이 죄를 씻는 것은 오로지 신의 은총으로만 가능하다. 신을 믿는 것이 유일한 방법이다. 그러나 신의 선택은 '예정되어' 있다. 신은 모든 인간에게 은총을 내리는 것이 아니라 자신이 선택한 인간에게만 은총을 내린다. 신에게 선택받지 못했다 해도 신에게 감사해야 한다. 어쨌든 인간에게는 원죄가 있고 신은 공정하기 때문이다. 만약 운 좋게 신에게 선택되어 구원받는다면 신의 은총에 더욱 감사해야 한다. 신이 누구를 선택할 것인지는 신의 소관이며 그 신비한 비밀은 인간이 알 수 없다.

돌아온 탕아 아우구스티누스는 자아를 분석하는 데 일생을 다 바치고 미련도 여한도 없이 신을 추구했다. 아우구스티누스는 신과 기독교를 지키겠다는 일념뿐이었다. 그가 자신의 영혼을 채찍질하며 써 내려간 《고백록》이 커다란 반향을 일으켜 후대 철학자들도 그를 모방했다. 루소의 《고백록》도 그중 하나다. "나는 의심한다. 고로 존재한다"라는 아우구스티누스의 말은 "나는 생각한다. 고로 존재한다"라는 데카르트의 말보다 1,200년이나 앞섰다. 아우구스티누스는 플라톤 철학을 응용해 그리스 철학의 정신을 기독교 안에 녹여냈으며 이성을 통해 종교를 해석하고 비교적 완전한 형태의 기독교 이론 체계를 수립했다. 그의 사상은 아우구스티누스주의라고 불린다. 800년 후 토마스 아퀴나스가 등장했다. 플라톤 철학을 기초로 한 아우구스티누스주의는 아리스토텔레스 철학을 기초로 한 토마스주의에 자리를 내어주어야 했다. 13세기는 토마스주의의 전성기였다.

　욕망으로 가득 찬 방탕아에서 신에게 일생을 바친 독실한 신학자로 변신했다는 특이한 이력이 아우구스티누스에게 무한한 매력을 부여했다.

　아우구스티누스의 화려한 인생에 비하면 아퀴나스의 인생은 마치 고행승처럼 단조로웠다. 아우구스티누스의 저서가 생동감 넘치고 열정적이라면 아퀴나스의 저서는 조리 있고 논리적이다.

　아퀴나스가 태어났을 때 기독교는 전성기가 끝나고 쇠퇴기로 접어들어 국왕과 교황이 정치적으로나 경제적으로나 치열한 권력 다툼을 벌이고 있었다. 명문 귀족 출신인 아퀴나스는 가문이 왕실과 밀접한 관련을 맺고 있었다. 그의 사촌형이 바로 국왕이었던 것이다. 아퀴나스의 부모는 아들을 왕실에 도움이 되는 인물로 만들기 위해 어린 그를 몬테카시노의 수도원으로 보내 교육시켰다. 장차 아들이 장성해 수도원 원장이 되면 수도원을 교황에게서 떼어내 왕실 편으로 끌어들일 수 있을 것이라는 계산이 깔려 있었다.

그러나 모든 계획에는 변수가 생기는 법이다. 아퀴나스가 집안의 기대를 저버리고 수도사가 되어 교회의 편에 서기로 한 것이다. 이 소식을 들은 그의 부모는 아들이 집안을 배신하고 왕실의 명예에 먹칠을 했다고 크게 화를 냈다. 결국 아퀴나스는 사촌형인 국왕이 보낸 군대에 체포된 후 친형 두 명에 의해 집으로 압송되어 집 안에 연금 당했다. 그때부터 그의 부모, 형제, 자매는 그의 마음을 돌리기 위해 1년 넘도록 온갖 노력을 기울였다.

그의 어머니는 애원했다.

"토마스, 네 아버지도 나도 이제 늙었어. 시국이 어지럽고 가문의 명예가 위태로워졌단다. 그러니 제발 잘못된 길로 가지 말아다오."

그의 누나가 말했다.

"효도는 자식의 의무란다. 부모님께 불효할 생각일랑 하지 마."

그의 형은 그를 설득했다.

"왕실에서 태어났으면 왕실에 충성을 다해야 해. 절세미인을 선물해줄 테니 어서 마음을 돌려. 우리 형제가 함께 손을 잡고 왕실을 위해 큰일을 해보자."

하지만 어떤 말로도 아퀴나스의 마음을 돌릴 수는 없었다. 그는 신앙이 목숨보다 더 중요하다며 버텼다.

집에서 연금 당해 있는 동안 아퀴나스는 가족들에게 전도를 했다. 그의 끈질긴 노력으로 그의 누나 하나가 마음이 바뀌어 그가 도망칠 수 있도록 도와주었다. 집에서 도망친 아퀴나스는 갈증을 풀듯 종교와 철학에 미친 듯이 몰두했다. 과묵하고 뚱뚱한 체격에 행동도 굼떴기 때문에 주위에서는 그를 '벙어리 황소'라고 불렀다. 하지만 자유를 얻은 아퀴나스는 호랑이가 날개를 단 것처럼 신학 분야에서 무섭게 발전하기 시작했다. 철학은 이 '황소'로 인해 신학의 시녀로 전락했다.

신학의 모든 명제는 신을 중심으로 하고 있다. 아우구스티누스는 '조명설'을 통해 지식론의 관점에서 신의 존재를 논증했고, 아우구스티누스의 추종자이자 '마지막 교부 겸 최초의 스콜라철학자'인 안셀무스도 존재론의 관점에서 신의 존재를 논증했다. 다음은 안셀무스의 삼단논법이다.

대전제: 상상할 수 있으며 그 무엇보다도 위대한 존재가 관념 속에서도 존재하고 현실에서도 존재한다.
소전제: 신은 상상할 수 있으며 그 무엇보다도 위대한 존재다.
결론: 신은 관념 속에서도 존재하고 현실 속에서도 존재한다.

지금 이 삼단논법을 들으면 누구나 실소를 금치 못할 것이다. 어떻게 '상상할 수 있으며 그 무엇보다도 위대한 존재'가 있다는 것을 대전제로 삼을 수 있을까? 신이 존재한다고 생각하면 현실에서도 신이 존재한다는 말인가? 그런데 당시 사람들의 인식 속에서 이 전제는 굳이 증명하지 않아도 당연히 옳은 것이었다. 그런데 유명세를 날리고 있던 안셀무스의 이 논증에 대해 아퀴나스는 의문을 제기했다. "신의 존재는 동일률이나 모순율처럼 증명하지 않아도 당연히 옳은 것일 수 없다. 신을 믿지 않는 사람들은 신이 존재한다는 관념을 가지고 있지 않을 수도 있다. 신의 존재는 인간이 이성적이고 직관적으로 알 수 있는 것이 아니다." 아퀴나스는 선험적인 관념 세계에서 출발한 증명에 반대하고 경험 세계에서 출발해 신의 존재를 증명하기로 했다. 세상 만물의 현상에서 출발해 신의 존재를 증명하겠다는 것이다. 아퀴나스는 아리스토텔레스의 학설을 근거로 신에 이르는 다섯 가지 길을 제시했다.

(1) 사물의 운동을 통해 얻어지는 길
사물은 항상 움직이고 모든 사물의 운동과 변화는 다른 무엇에 의해 이루어진다. 즉 모든 사물을 움직이게 하는 무언가가 있을 것이다. 아리스토텔레스의 '제일동자'가 바로 신이다.

(2) 능동인을 통해 얻어지는 길
모든 결과에는 원인이 있으며 그 원인은 동시에 다른 일의 결과이기도 하다. 이렇게 계속 거슬러 올라가 보면 최초의 원인이 있을 것이며 그것이 바로 신이다.

(3) 가능성과 필연성을 통해 얻어지는 길

모든 사물의 개별적인 존재는 우연적인 것이다. 그러나 세계는 필연적인 존재다. 필연이 없으면 이렇게 많은 우연이 존재할 수 없다. 이 절대적인 필연이 바로 신이다.

(4) 사물의 각기 다른 등급을 통해 얻어지는 길

세상 모든 사물에는 각기 다른 등급이 있다. 등급이 나뉘는 기준은 완전한 선이다. 완전한 선이 바로 신이다.

(5) 사물의 목적론을 통해 얻어지는 길

모든 사물은 목적을 가지고 움직인다. 아무것도 모르는 사물이 목적성 있고 의식적인 지시에 따라 움직이는 것이다. 이것은 궁수가 화살을 쏘는 것과 같다. 만물의 위대한 목적을 설계하는 것이 바로 신이다.

아퀴나스의 다섯 가지 증명은 발표되자마자 큰 관심을 모으며 플라톤 사상을 이용한 신의 존재 증명을 초월해 신의 존재에 관한 최고의 증명으로 인정받았다. 이 다섯 가지 논증 가운데 앞의 세 가지는 결과를 통해 원인을 도출해내는 인과론 증명이고 뒤의 두 가지는 목적론 증명이다. 이 증명들은 모두 아퀴나스가 처음 만들어낸 것이 아니라 아리스토텔레스의 《자연학》과 《형이상학》 속에 있는 이론들이다. 물론 아퀴나스도 아리스토텔레스가 저지른 오류를 피해가지 못했다. 그의 다섯 가지 논증도 완벽하지는 않았고 훗날 오컴, 칸트 등의 비판을 받았다.

교부 아우구스티누스는 플라톤주의와 신플라톤주의를 논증에 이용했다. 13세기에 이슬람 문화가 전파되면서 아리스토텔레스의 철학이 다시 주목받기 시작했다. 아리스토텔레스의 형이상학, 논리학, 자연철학, 윤리학 저서들이 라틴어로 번역되어 기독교 세계에서 강렬한 반향을 일으켰다. 처음에는 아리스토텔레스의 사상이 이단으로 규정되어 금지 당했지만 머지않아 플라톤을 대신해 신학자들의 사상적 우상이 되고 기독교 신학의 주요 도구가 되었다. 아리스토텔레스주의가 거부할 수 없는 새로운 사조가 된 것이다. 혜안을 가진 아퀴나스는 이러한 흐름을 빠르게 읽고 아리스토텔레스 학설을 받아들여 이성 인식과 자연철학을 연구했다. 그는 플라톤의 보수적인 학설은 버리고 아우구스티누스주의의 선험론은 수정해 기독교를 발전시켰다.

아퀴나스는 이성과 신앙, 철학과 신학의 관계를 정리했다. 이성과 신앙, 철학과 신학이 대립적인 관계가 아니며 철학이 신학의 시녀임을 논증한 것이다. 아우구스티누스와 안셀무스 등 선배 철학자들은 플라톤의 학설을 논증에 이용하면서 이성과 신앙, 철학과 신학의 관계를 명확하게 밝히지 않았다. 그 때문에 철학은 신학을 반대하고 신학에서 인정하는 것은 철학에서 반드시 부정한다는 오해가 생긴 것이라고 아퀴나스는 생각했다. 철학과 신학, 이성과 신앙은 서로 병존할 수 있다. 다만 신학이 최고의 지혜이며 이성이 신앙에 복종해야 한다는 것이 그의 주장이다. 신학의 확실성은 인간의 이성이 아니라 신의 계시가 갖는 절대적인 정확성에서 나온다. 그러므로 절대로 틀릴 수 없다. 반면 철학은 인간의 지혜에서 나오고 이성은 오류를 범할 수 있다. 그러므로 철학은 통속적이고 등급이 낮은 학문이다. 신학은 철학보다 높은 위치에 있으며 철학은 신학의 시녀다. 이것이 아퀴나스의 사상이다.

아퀴나스는 중세의 가장 유명한 신학자일 뿐 아니라 가장 유명한 스콜라철학자이다. 스콜라철학이란 교회, 수도원 등에서 탄생한 것으로 종교 신학에 봉사하기 위한 철학 사조다. 스콜라철학은 교부철학의 기초 위에 세워졌다. 아우구스티누스로 대표되는 교부철학은 기독교가 처음 시작될 때 생겨났다. 기독교가 갖가지 내우외환을 겪으며 교부들이 기독교의 교리를 변호하기 위한 논거가 필요했기 때문이다. 스콜라철학이 탄생했을 때는 기독교가 이미 정통 종교로 우뚝 서 있었으므로 학자들은 기독교의 교리를 논증하는 데 집중했다. 스콜라철학은 초기에는 기독교 교리를 논증하고 체계화시키는 데 크게 기여했지만 자연과학 배척, 경험과 지식 무시, 권위에 대한 맹목적인 숭배, 형식논리의 단편적인 이용 등의 한계를 가지고 있었기 때문에 점차 형식주의의 대변인으로 전락했다. 황당하게도 그들은 "천당의 장미에도 가시가 있을까?", "신은 자신도 들 수 없는 바위는 만들 수 있을까?", "바늘 끝에 천사 몇 명이 설 수 있을까?", "천사는 무엇을 먹을까?" 따위의 현실성 없고 공허하고 따분한 문제들을 연구했다.

스콜라철학자들은 유명론과 실재론 두 파로 나뉜다. 두 파는 '개별자'와 '보편자'의 문제를 둘러싸고 철학 논쟁을 벌였다. 개별자와 보편자를 둘러싼 논쟁은 플라톤과 아리스토텔레스에서부터 시작되어 유명론과 실재론을 거쳐 훗날 경험론과 이성론의 논쟁으로 이어졌다. 플라톤의 이데아론은 보편자가 개별자보다 높다고 주장하며 실재론을 대표한 반면, 아리스토텔레스는 개별적인 사물이 제1실체이고 개별적인 사물일수록 실체성이 강하다고 주장했다. 그런데 아리스토텔레스는 한편으로는 또 형상이 질료보다 우월하다고 했기 때문에 관점이 애매하다. 근대에는 유명론에 대응되는 경험론과 실재론에 대응되는 이성론이 서로 논쟁을 벌였다.

유명론과 실재론 간의 논쟁의 핵심은 바로 '개별'과 '보편'의 관계다. 유명론에서는 보편자는 객관적인 실재성이 없으며 개별적인 사물만이 진정으로 존재한다고 주장했다. 로스켈리누스, 아벨라르, 로저 베이컨, 던스 스코터스, 오컴 등이 유명론의 대표적인 학자들이다. 실재론에서는 보편자가 객관적인 실재성을 가지며 개별적인 사물보다 우선해서 독립적으로 존재하는 정신적 실체라고 주장했다. 이 학파의 대표적인 인물로는 안셀무스, 토마스 아퀴나스 등이 있다. 오랫동안 이어진 유명론과 실재론의 논쟁으로 두 학파 모두 타격을 입었으며 스콜라철학도 내리막길을 걸었다.

아우구스티누스와 토마스 아퀴나스 두 사람은 기독교철학의 양대 기둥이다. 그중 한 사람은 플라톤철학과 신플라톤주의의 사상을 흡수하고 다른 한 사람은 아리스토텔레스의 사상을 받아들여 기독교에 녹여냈으며 종교의 문제를 이성으로 해석함으로써 기독교철학에 전성기를 가져다주었다.

무신론자인 나의 마음속에는 그 어떤 신도 들어 있지 않다. 그러나 아우구스티누스와 토마스 아퀴나스의 책, 특히 아우구스티누스의 《고백록》을 읽을 때마다 내면에서 우러나온 진심과 영혼에 대한 호된 채찍질을 행간에서 느끼며 무한한 감동을 받는다. 종교가 없는 사람도 천상의 음악처럼 아름다운 시나 음악을 들으며 자기도 모르게 마음이 차분하고 경건해지는 것과 같다.

인간은 불완전하며 우울함으로 가득 차 있다. 니체는 "신은 죽었다"라고 외쳤고 사람들은 이성으로 신을 쫓아냈다. 하지만 신이 없이는 인간도 자유를 얻을 수 없다. 과학이 나날이 발전하면서 사람들 사이에 틈이 벌어지고 냉랭함이 감돌았다. 재앙 앞에서 이성은 아무런 힘도 없었다. 욕망이 무한대로 팽창하면서 도덕은 계속 좌절했다. 종교에서 가리켜주는 피안의 세계를 망각한 인간들은 제멋대로 방종했다. 그러자 푸코는 "인간은 죽었다"라고 외쳤다. 이성적인 사람과 주체적인 인간은 모두 비명에 사라졌다.

이런 때일수록 종교와 신앙이 더욱 순수해지는 법이다. 인간에게는 신앙이 반드시 필요하다. 꼭 하나님, 부처님이 아니고 극락과 천당을 믿어야 한다는 뜻은 아니다. 우리는 바로 인간, 고상한 인격으로 우뚝 선 인간을 믿는다!

어둠 속 요염한 꽃, 미셸 푸코

어느 날 갑자기 원수의 악의적인 보복으로 강제로 정신병원에 감금된다면 당신은 어떻게 할 것인가?

첫 번째 반응: 갑작스러운 일에 놀라 어쩔 줄 모르고 울부짖는다. "나는 정상인이야. 미치지 않았어! 누가 나를 일부러 가둔 거야! 날 내보내줘!" 그러면 의사가 더 이상 참지 못하고 당신의 엉덩이에 커다란 주사를 놓을 것이다.

두 번째 반응: 어찌된 영문인 줄 몰라 놀라고 두렵지만 꾹 참고 의사와 이성적인 대화를 나눈다. "오해가 있는 게 분명합니다. 나는 지극히 정상적입니다. 명문대 우수한 과에 다니고 있고 아이큐가 140이죠. 전국 수학경시대회에서 대상을 받은 적

도 있어요. 그러니 저를 내보내주세요." 그러면 의사는 들을 필요도 없다는 듯 옆 침대에서 침을 질질 흘리고 있는 노인을 가리키며 말한다. "저분도 유명한 수학 교수죠." 잠시 후 당신은 주사를 맞게 될 것이다.

세 번째 반응: 고분고분한 척 연기해 의료진을 안심시킨다. 매일 약을 삼키는 것처럼 하고 입에 물고 있다가 간호사가 없을 때 뱉어낸다. 그러다가 의료진의 감시가 소홀한 틈을 타 몰래 병원을 탈출한 다음 방송국으로 달려가 이 사실을 알린다.

이 황당한 이야기 속에 곤혹스러운 문제가 담겨 있다. 이성적인 사람은 자신이 미치지 않았음을 어떻게 증명할 수 있을까? 이성과 광기는 어떤 관계가 있을까? 정신병원은 어떤 곳일까? 그곳이 병원이라면 환자들이 자의에 따라 떠날 수 있어야 한다. 그런데 어째서 정신병원에서는 타인의 자유를 박탈할까?

1975년 오스카 최고작품상, 남우주연상, 여우주연상, 감독상, 각본상 5개 부문에서 상을 휩쓴 영화 〈뻐꾸기 둥지 위로 날아간 새〉에 정신병원에 관한 이야기가 나온다. 범죄를 저지르고 교도소에 수감된 주인공 맥머피는 교도소의 강제노동을 피하려고 실성한 척 연기해 정신병원으로 옮겨진다. 정신병원이 더 자유로울 것이라고 생각한 맥머피는 정신병원에서 재밋거리를 찾아다니며 튀는 행동을 한다. 병원에서 금지된 행동을 하고 민주주의를 사람들에게 전파하고 병원으로 여자를 데려오기도 한다. 맥머피의 열정, 유머러

스함, 가벼움은 정신병원의 냉랭함, 과학의 엄격함과 번번이 충돌한다. 그의 입원 자체가 간호사의 절대 권위에 대한 심각한 도전이었다. 마찰과 충돌이 반복되면서 영화 말미에서 맥머피는 정말로 환자가 된다. 강제로 뇌수술을 당해 식물인간이 된 것이다.

은유로 가득 찬 이 영화는 '정신병에 걸린 환자들이 검사, 진단, 치료를 받는 장소'라고 정의된 정신병원이 사실은 엄격한 규정과 복잡한 문화를 통해 인간의 자유를 박탈하는 곳이라는 주제를 담고 있다. 영화 속 정신병원은 따뜻한 인도주의의 가면을 쓰고 민주적으로 관리하고 있는 척하지만 사실은 간호사의 독재가 이루어지고 있었다. 간호사에게 복종하지 않는 환자는 모두 뇌수술을 당했다. 정신병원에 있는 환자들 가운데 진짜로 미친 사람은 몇 명 되지 않았다. 그들은 그저 사회가 용납하는 정상인보다 약간의 개성을 더 가지고 있을 뿐이었다. 〈뻐꾸기 둥지 위로 날아간 새〉는 1962년 미국 켄 키지의 동명 소설을 각색한 것이다. 이 소설은 냉전 시기인 1960년대 매카시즘이 성행하던 미국에서 체제, 전통, 주류에 대한 강렬한 반항심을 드러낸 작품이다.

〈뻐꾸기 둥지 위로 날아간 새〉가 보여준 광기, 권력, 징계 등의 주제는 철학자 미셸 푸코^Michel Foucault(1926~1984)가 자신의 저서 《광기의 역사》에서 피력한 사상과 매우 흡사하다. 푸코는 20세기 프랑스의 유명한 철학자이자 역사학자이자 포스트모더니스트다. 푸코의 사상은 철학, 역사학, 문예이론 등에 지대한 영향을 미쳤다. 그는 '20세기 프랑스의 니체'라고 불린다. 푸코는 동시대의 그 어떤 철학자, 심지어 사르트르보다도 20세기 시대정신에 더 길고 강한 영향을 미쳤다. 특히 영화 각본가들이 푸코의 문예이론에 가장 열광했다. 영화 〈뻐꾸기 둥지 위로 날아간 새〉, 〈시계태엽 오렌지〉, 〈닥터 스트레인지러브〉, 미국 드라마 〈아메리칸 호러 스토리〉 등 많은 영화와 드라마에서 푸코 사상의 흔적을 엿볼 수 있다.

철학자마다 연구 분야는 각기 다르지만 그들의 연구에는 인간의 생존, 자유, 행복이라는 공통된 목적이 있다. 이 주제를 가지고 수많은 철학자가 머리를 싸매고 연구해왔다. 그런데 괴짜 푸코는 남들과 똑같은 길을 걷지 않고 자기만의 길을 개척했다. 그는 사회의 주변인들과 손을 잡고 현대인들의 생존을 비판했으며 인류의 생존과 자유를 탐구했다. 칸트와 헤겔의 철학이 클래식 음악처럼 심오하고 한결같고, 러셀과 사르트르의 철학이 대중음악처럼 쉽고 단순하고 통속적이라면, 푸코의 철학은 자유분방한 로큰롤과 같다.

우리 주변을 둘러보면 이런 사람들이 한두 명쯤은 꼭 있다. 어쩌면 이웃일 수도 있고 친구일 수도 있다. 그들은 보통 머리를 길게 기르거나 아예 머리를 삭발한다. 행동이 어딘지 모르게 독특하고 남들과 자주 이야기를 나누지도 않았다. 그들은 오랜 세월에 걸쳐 정해진 사회의 관습이라는 올가미를 거부하고 자기만의 세상을 찾으려 한다. 시간이 흐르면서 그들 중 일부는 결혼해서 자식을 낳고 정상적인 생활로 돌아오고, 일부는 너덜너덜해진 영혼을 이끌고 구차한 삶을 이어가며, 또 일부는 반항이 극대화되어 범죄자의 길로 들어선다. 그런데 극소수지만 반항을 통해 성과를 내고 철학자,

예술가, 작가 등이 되어 새로운 사조를 탄생시키는 경우도 있다. 미셸 푸코가 바로 반항으로 성공한 인물이다. 그는 어릴 적 의사인 아버지의 수술실에서 사람들의 잘린 팔다리를 숱하게 보며 자랐다. 파시즘의 잔인함과 제2차 세계대전으로 고통받는 사람들을 직접 목도한 그에게 세계는 위협적이고 무섭고 암울한 곳이었다. 그는 스페인 화가 프란시스코 고야의 그림 〈정신병원〉을 벽에 걸어 놓고 에로티시즘 작가 사드의 사디즘 작품에 심취했으며 괴벽스러운 행동을 즐겼다. 이렇게 튀는 성격은 훗날 그의 남다른 연구에 기초가 되었다. 과연 성년이 된 푸코는 전통을 뒤엎고 이성에 반대하는 책을 발표하며 광기의 역사, 성의 역사, 감옥의 역사, 감금, 징벌 등 흔치 않은 주제에 대해 독자들에게 이야기했다. 그는 사회 하층민과 주변인들을 위한 철학자라고 인식되었다.

나는 푸코의 《광기의 역사》가 니체의 《차라투스트라는 이렇게 말하였다》의 뒤를 이어 철학성과 문학성을 겸비한 완벽한 작품이라고 생각한다. 훌륭한 글, 치밀한 묘사, 투철한 논리, 정곡을 찌르는 예리함에 감탄하지 않을 수 없다. 푸코는 이 책에서 새로운 관점을 제시했다. 광기가 자연적인 현상이 아니라 문명의 산물이라는 것이다. 다시 말해 야만적인 상태에서는 광기가 나타날 수 없으며 광기는 오로지 사회에서만 생겨난다. 정신병원도 인류 사회의 정치, 경제, 문화의 산물이며 규범화, 제도화의 특징이 강하게 나타난다. 통치 계급은 정신병원을 통해 개체에 대해 규칙을 적용시키고 감독하고 훈련시키고 조종한다.

《광기의 역사》에서 푸코는 서양 사회에서 광인에 대한 인식이 세 차례 변화를 겪었다고 말했다.

중세 말에서 르네상스 시기까지는 나병이 점점 줄어들었지만 나병 환자들을 감금하던 장소와 나병 환자에 대한 무시와 경멸은 계속 남아 있었다. 그러자 나병 환자를 대신해 광인이 없어져야 할 비정상적인 사람들로 인식되기 시작했고 광인들이 살던 곳에서 쫓겨나 떠돌아다녔다. 그들이 집으로 돌아오지 못하도록 하기 위해 사람들은 그들을 아주 먼 곳으로 보냈다. 에라스뮈스, 셰익스피어, 세르반테스 등 이 시기 작가의 작품들을 보면 광인에 대한 인식을 엿볼 수 있다. 셰익스피어의 희곡을 보면 언제나 모든 것을 꿰뚫어 보고 진리를 알고 있는 광인이 등장하고, 세르반테스의 《돈키호테》는 미치광이 기사의 이야기다.

17, 18세기에는 데카르트의 이성주의 철학이 주류로 떠오르면서 원래 자연 상태인 광기가 이성으로부터 배척 당하고 광인들이 감금당했다. 이 시기에는 광인이 빈민, 부랑자, 방탕아, 동성애자 등과 함께 감금되었으며 병원도 의료 기관이 아니라 인간을 징벌하고 심판할 수 있는 권력기관으로 변했다. 이성이 광기를 감금하고 아무런 간섭 없이 독자적으로 발전했으며 광기를 절대적으로 다스렸다. 이때부터 광기는 어두운 감금실에서 비존재물로 전락했다.

18세기부터 현재까지는 현대 정신의학과 정신병원의 시대다. 프랑스인 피넬이 프랑스대혁명 이후 실증주의의 정신병원을 만들었다. 과거의 감금 기관이 사라지면서 광인들의 육체는 인도적인 대우를 받기 시작했지만 그들의 정신은 여전히 이성으로부터 감금당했다. 이성은 계속해서 비이성을 절대적으로 통제했다.

푸코가 내린 결론은 다음과 같다. 광기는 사회적인 것이자 인간이 인간에게 내리는 판결이며, 인간이 자신과 다른 사고방식을 가진 사람을 고립시키는 것이다. 이성은 광기에 대해 독재적인 권력을 휘둘러왔다. 푸코의 사상은 반이성적이며, 특히 반데카르트주의다. 푸코는 이성주의의 주도자인 데카르트가 말한 "나는 생각한다. 고로 존재한다"라는 말이 성립되지 않는다고 했다. "나는 생각한다"가 '주체적인 나', '나는 존재한다'와 동등할 수 없다는 것이다. 무의식의 나, 꿈을 꾸고 있는 나, 광기에 휩싸인 나는 존재하지 않는다는 말인가? 사람들이 이성을 찬양할 때 푸코는 비이성을 대변해 불공평하다고 외쳤고, 사람들이 인도주의를 칭송할 때 푸코는 인도주의가 쓰고 있는 위선의 베일을 찢었다. 또 사람들이 지식의 진보에 환호할 때 푸코는 지식과 권력이 가지고 있는 어두운 면을 사람들에게 보여주었다. 푸코는 이성은 독재 군주이며 사람들은 묵묵히 이성에 충성을 다하고 있다고 했다. 얼핏 보면 이성이 점잖고 고상한 것 같지만 실은 폭군이며 광기를 억압하고 감시하고 감금하고 있다는 것이다. 푸코는 "인간은 죽었다"라고 큰소리로 외쳤다. 주체적인 인간이 죽고 지식, 역사, 언어의 근원과 기초가 죽었으며 주체성을 특징으로 하는 서양 문명도 곧 무너질 것이라는 뜻이다.

데카르트가 주체를 최고의 가치로 인식하는 근대 철학의 문을 열었다고 한다면 푸코는 이 주체 철학을 철수시켰다.

　푸코는 이성이 정신병원을 통해 광기를 복종시키고 감옥을 통해 변태적으로 광기를 감시하고 있다고 주장했다. 영화 〈쇼생크 탈출〉이나 미국 드라마 〈프리즌 브레이크〉를 보면 둥근 형태의 건물, 높다란 감시탑, 안이 들여다보이는 죄수의 수용실 등이 나온다. 이런 형태의 감옥이 바로 근대의 '팬옵티콘' 감옥을 이어받은 것이다. 근대 이후에 나타난 '팬옵티콘' 감옥은 건물이 원형으로 되어 있고 한가운데 감시탑이 있으며 그 감시탑의 둘레를 따라 수용실이 배치되어 있다. 수용실마다 창문이 두 개씩 나 있는데 하나는 감시탑을 향하고 또 하나는 밖으로 향해 햇빛이 들어온다. 이렇게 배치하면 감시탑에 있는 사람이 모든 죄수의 일거수일투족을 감시할 수 있다. 감옥의 이런 효율적인 관리는 사회 전체로 퍼져나가 사람이 사람을 감시하는 풍조가 생겨났다. 노동자들은 공장에서 강제로 열심히 일하고 학생들은 학교에서 강제로 공부에만 열중했다. 징벌과 감시가 사회 전체에 보편적으로 나타나면서 사회는 규율 잡히고 질서 있는 사회가 되었다.

　푸코는 중세 정신병원의 형태를 고찰했다. 르네상스 시기의 광인들의 배에서부터 고전주의 시대의 대감호, 18세기의 정신병원까지 푸코는 고고학자처럼 사실과 사상을 긴밀하게 결합해 역사의 질서를 찾아냈다. 푸코는 자신의 이런 사상 연구를 '지식의 고고학'이라고 명명했다. 고고학은 역사적으로 남겨진 유적과 유물을 연구하고 고증해 역사의 연결 고리를 다시 잇는 학문이다. 푸코는 자신의 연구 방법이 인간의 지식을 정리하는 과정이라고 생각했다. 그는 동일하고 연속적인 역사의 발전에는 관심이 없고 역사의 차이와 다양성을 찾아내는 데 집중했다. 말기에 이르러서 그는 '지식의 고고학'을 '계보학'으로 발전시켰다. 계보학이라는 개념은 니체의 저서 《도덕의 계보학》에서 따온 것이다. 푸코의 계보학은 과거의 역사학과 철학이 본질과 근원에 대한 탐구에만 너무 몰두했다고 비판하고 웅장한 서사만을 일삼는 과거의 철학적 기초를 거부했다. 과거의 역사학자와 철학자 들이 고귀한 시대만을 연구하고 추상적인 개념이나 순수한 이성을 논했다면 푸코의 계보학은 인간의 육체, 소화계통, 신경계통을 연구의 출발점으로 삼아 '권력-지식-육체'의 삼각관계를 연구했다.

예전에는 푸코의 이론 연구를 쓸데없는 것으로 치부하는 사람들도 있었다. 정상인이 무엇하러 미치광이를 연구하느냐는 것이다. 그런데 그렇게 말하는 사람들은 정상인이라도 누구나 광기를 가지고 있음을 모르는 것이다. 멀쩡히 길을 걸어 다니는 사람들, 가족을 부양하기 위해 열심히 일하는 사람들, 심지어 이성적인 지식과 과학을 다루는 사람들도 그들의 냉정함과 침묵, 또는 온화하고 예의 바른 얼굴 뒤에 남들이 모르는 이야기나 진정한 모습이 숨겨져 있을지 모른다. 우리는 자기 주변 사람들은 모두 정상적이며 기이한 생각이나 기괴한 사람들은 소설 속에서나 등장한다고 생각하지만 사실은 우리 모두가 이미 소설 속 주인공임을 인식하지 못하고 있다. 작가가 그 은밀한 성향을 크게 부풀려 겉으로 드러내지 않을 뿐이다. 누구에게나 우울하고 은밀하며 남들과 다른 기이한 성향은 있다. 현실에서 어떤 이들은 이런 성향을 평생 감추고 억누르며 살아가고 어떤 이들은 겉으로 표출했다가 다시 이성을 회복하지만, 또 어떤 이들은 이런 성향을 억누르지 못해 차라리 자아를 완전히 드러내고 '미치광이'가 되는 것뿐이다. 사실 '광인'을 어떻게 바라볼 것인지는 인간 자신을 어떻게 대할 것인가에 대한 문제다. 공리주의자들은 광인은 인류 사회에서 자연적으로 도태되는 개체이며 이는 정상적인 사회 진화라고 생각했다. 퇴화된 광인들을 굳이 먹여주고 재워주고 치료할 필요가 있을까? 실제로 나치라는 또 다른 '광인'들이 정신병원의 '광인'들을 학살한 일이 있었다. 제2차 세계대전 때 나치는 십수만 정신병자들을 죽였다. 나치는 물질의 생산과 창조에 종사할 수 없고 그저 밥만 축내는 정신병자들은 생명을 유지할 가치조차 없으며 그들을 죽이면 사회의 자원을 절약할 수 있다고 생각했다. "인간은 시적으로 대지 위에 거주한다"라고 했던 시인 휠덜린은 정신이상으로 절친한 친구 헤겔에게 버림받았다. 이성의 집대성자인 헤겔에게 있어서 이성과 광기는 절대로 섞일 수 없는 것이었다.

푸코는 철학자 가운데 유명한 동성애자다. 그의 선배 철학자 비트겐슈타인은 자신이 동성애자임을 철저히 숨겼지만 푸코는 자신의 성적 성향을 당당하게 밝히고 기회만 있으면 공개적으로 나서서 동성애를 변호했다. 그러나 불행하게도 그는 게이바 극한 체험과 잦은 SM으로 인해 에이즈에 걸려 1984년에 사망하고 말았다.

그의 나이 58세였다.

푸코가 사망한 후에 그에 대한 평가가 엇갈렸다. 그는 철학자인가 역사학자인가? 그는 구조주의자인가 반구조주의자인가? 나는 "푸코는 비역사적 역사학자이고 반인문학적 인문주의자이며 반구조주의적 구조주의자다"라는 클리퍼드 기어츠의 평가가 가장 정확하다고 생각한다. 푸코의 일생은 보들레르의 《악의 꽃》처럼 어둡고 부패한 곳에서 핀 요염한 꽃과 같다. 새롭고 독특한 사상과 예측 불허한 사생활 때문에 지금까지도 그는 논란이 많은 사상가다. 아마도 푸코가 미친 것이 아니라 세상 사람들이 그를 제대로 꿰뚫어 보지 못하는 것이리라. 그런데 한 가지는 인정하지 않을 수 없다. 오늘날 사람들이 동성애에 관용적인 시선을 보내고 개방적인 사상을 가지게 된 데에는 푸코의 공이 매우 크다는 사실이다.

찌질한 철학자들의 위대한 생각 이야기

고로, 철학한다

초판 1쇄 2016년 1월 11일 펴냄
개정판 1쇄 2017년 7월 17일 펴냄

지은이 저부제
옮긴이 허유영
펴낸이 김성실
디자인 채은아
제작처 한영문화사

펴낸곳 시대의창   **등록** 제10－1756호(1999. 5. 11)
주소 03985 서울시 마포구 연희로 19－1
전화 02)335－6121   **팩스** 02)325－5607
전자우편 sidaebooks@daum.net
페이스북 www.facebook.com/sidaebooks
트위터 @sidaebooks

ISBN 978－89－5940－651－7 (03100)

이 도서의 국립중앙도서관 출판시도서목록(CIP)은
서지정보유통지원시스템 홈페이지(http://seoji.nl.go.kr)와
국가자료공동목록시스템(http://www.nl.go.kr/kolisnet)에서 이용하실 수 있습니다.
(CIP제어번호: CIP2017015426)